社会科学の冒険 II　9

新版

比較史の遠近法

斎藤　修

書籍工房早山

もくじ

Ⅱ　〈夜明け前〉の社会構造

装幀　加藤光太郎

初出一覧

第一章　比較史の遠近法　　旧版序に大幅加筆
第二章　〈歴史と社会〉と二つのリアリズム
　草光俊雄・近藤和彦・斎藤修・松村高夫編『英国をみる――歴史と社会』（リブロポート、一九九一年）所収
第三章　稲作と発展の比較史――タイからみた日本の中世と近世
　原洋之介編『東南アジアからの知的冒険――シンボル・経済・歴史』（リブロポート、一九八六年）、第Ⅴ章
第四章　プロト工業化の時代と社会
　Ⅰ　工業化以前の工業化
　『経済セミナー』一九八一年三月号
　Ⅱ　近代化前の山梨県（「〈夜明け前〉の社会構造――一八七九年末の山梨県」と改題）
　『経済セミナー』一九八〇年九月号
第五章　前近代経済成長の二つのパターン――徳川日本の比較史的位置
　『社会経済史学』第七〇巻五号（二〇〇五年）《第七三回社会経済史学会全国大会特別講演》
第六章　数量史とミクロストリア――歴史人口学の現場から（「人口行動をめぐる家族と個人――ミクロ・ストリアと数量史」と改題）
　二宮宏之編『歴史への問い／歴史からの問い』、岩波講座『社会科学の方法』第

Ⅸ巻（岩波書店、一九九三年）、第7章

第七章　熟練・訓練・労働市場――工業化と技術移転を考えるために
（「熟練・訓練・労働市場――英国と日本」と改題）
川北稔編『生活の技術　生産の技術』、シリーズ『世界史への問い』第2巻（岩波書店、一九九〇年）、第6章

第八章　農民の時間から会社の時間へ（「家族の労働時間と生活時間――日本は特殊か」と改題）『社会政策学会誌』第一五号（『働きすぎ――労働・生活時間の社会政策』、法律文化社、二〇〇六年）

第九章　男性稼ぎ主型モデルの歴史的起源（「女性の時間配分行動――英国・スウェーデン・日本」と改題）

『日本労働研究雑誌』第六三八号（二〇一三年九月号）

第十章　家族再生産とセーフティネット（「家族再生産とセーフティネットの比較史」と改題）社会経済史学会編『社会経済史学の課題と展望』（社会経済史学会創立七〇周年記念）所収

第十一章　マルサスの処方箋
草光俊雄・近藤和彦・斎藤修・松村高夫編『英国をみる――歴史と社会』（リブロポート、一九九一年）所収

第十二章　歴史のなかの児童労働――ヨーロッパ・日本・コロンビア
旧版への書下し

まえがき

小さいころより何かにつけ違いを見つけるのが得意だったように思う。学校にいるあいだはその特技が意味ある成果を生みだしたことはなかったけれども、助手時代に英国へ留学したときは大いに役立った。一九七六年から七八年のことである。英国人の道路横断の仕方から親子関係、指導教員－院生関係、セミナーでの立ち振る舞いまで、観察をしていて飽きなかった。退屈しのぎになったというよりは、その観察が異邦人である私の英国理解を助け、ひいてはその異邦人が英国史を研究する上でも目にみえない役割を果たしていたように思う。もともと日本を研究の対象としていた経済史専攻の若手研究者が、わずか二年余のあいだにイングランドの史料を使った研究に熱中することができ、結果として二、三本の論文の出版までこぎつけることができたのも、もしかしたら、そのおかげといえないこともない。

英国へはその後も十年《ディケード》に一度の割合で長逗留をしたので、そこは私にとっての定点観測地となった。母国以外にそのような測量地点をもつと、それら以外の文化のこともそれなりにわかってくるものである。違いばかりではなく、何が普遍的かということについても確信をもった判断ができるようになる。英国が大陸ヨーロッパとどう違うか、どこに共通点があるかを考えることによって、ヨーロッパ全体への理解も進み、それらとまったく異なる第三の文化を考える際にも、二つの定点観測地との距離からある程度のことを推しはかる術を学んだように思う。

本書に収めたのは、テーマ上は多岐にわたっているが、比較史の「視角と方法」にかんする小論二本と比較史の実践にかかわる論文一〇本である。後者の一〇本は、テーマ別というよりは切り口に即して、「構造と変容」「営為と選択」「診断と処方箋」の三つに区分けした。文字どおりに複数の並行した歴史現象を比較したものもあれば、それ自体は直接に比較を意図してはいないが、比較史のパースペクティヴのなかで書かれた論文も含まれている。前者の場合、比較の軸は日本におかれていることが多いが、比較の対象は地理的にも内容的にも遠近さまざまである。旧版では、それらを執筆した時点での思いを追体験しながら、自分流の〈比較史の遠近法《パースペクティヴ》〉について再考した一文を序章として書下したが、新版で四つのエンピリカルな論文と一つの方法論ペーパーを収録したので、今回その章（本書第一章「比較史の遠近法」）に増補と改訂とを加えた。

　四本の論文収録にあたっても、旧版のときと同様、表記法を統一し、誤記を改め、説明不足を補い、時間の経過によって必要となった補訂を加え、さらにいくつかの章のタイトルやサブタイトルを変更した。加筆と補訂の度合はさまざまであるが、論旨にかんするかぎり原論文のままである。

　本書の旧版は旧友早山隆邦氏との交流の産物であったが、新版を出すことができたのもまた彼のおかげである。新版の構想自体はだいぶ前から話に出ていたけれども、諸般の事情から本づくりは急遽、それも時間に追われるかたちで始まった。編集と校正とが重なりあいながら進むというとんでもないことになったが、校正を担当してくださったのが同じ旧友仲間の井上雅靖氏であった。おかげでかつての級友三人による本づくりは知的な化学反応を伴う仕事となった。早山君と井上君には心からの感謝をささげたい。また、新版で新たに収録した論文の選定にあたっては岡山大学の尾関学氏から受けた助言が有用であった。記して同君へも謝意を表したい。

二〇一四年一一月

斎藤　修

視角と方法

視角と方法 1

一　比較史の遠近法

はじめに

比較政治、比較文学という学問分野はあっても、比較史というのは独立したジャンルとしては認知されていない。大学における歴史の講座は地域別、時代別に構成されており、歴史学者のなかで、自分の専門を〈比較史〉と記すひとはほとんどいないのではないかと思う。私自身も三〇代、四〇代のときは、とくに意識して比較史をやろうとしたことはなかった。

しかし、比較というのは私たちにとってごく日常的な知的営為である。歴史学においても、これまでに多くのひとが比較というパースペクティヴでもって書かれた論文や著作を公刊してきた。私自身もそうである。本書の旧版以前に出版した二冊の本は、たまたまサブタイトルに比較史という言葉を選んでいた。一九八五年に出した『プロト工業化の時代』は「西欧と日本の比較史」であり、二年後の『商家の世界・裏店の世界』は「江戸と大阪の比較都市史」という内容であった(1)。また、旧版出版後二〇年たって上梓した単著では書名に『比較経済発展論』を選び、比較史を前面に出すことにした(2)。私が書く論文の過半数は日本をフィールドとしているけれども、英国について本気で研究していた時期もあった。それが、西欧と東アジア、そして必要に応じてインドをも加えたユーラシア規模の比較史となったのである。

今回新版を編む事となったのを機会に、半世紀におよぶ自らのヒストリオグラフィを改めて振りかえりながら、比較史の遠近法《パースペクティヴ》とはどのような意味をもっているのかを考えてみたい。

一　マルク・ブロックの〈方法〉

比較史におけるきちんとした方法論というものがあるのかどうか、知らない。私が読んだもののなかでは、マルク・ブロックに「比較史の方法」という古典的論文があるのみである。

それによれば、比較史とは、

一定の類似性が存在すると思われる二つあるいはそれ以上の現象を選び出し、選び出された現象それぞれの発展の道すじをあとづけ、それらの間の類似点と相違点を確定し、そして可能な限り類似および相違の生じた理由を説明すること(3)

と定義される。そしてこの手続が適用されるにあたっては、第一に、比較の対象が「時間的にも空間的にも著しく隔たっているため、明らかに相互の影響関係によってもあるいはいかなる意味の起源の共通性によっても、その類似性が説明されえない」場合と、第二に、「隣接していると同時に同時代のものであり、相互に絶えず影響を与えあっており、発展の過程において、まさにその近似性と同時性故に、同一の大きな原因の作用に支配されており少なくとも部分的には共通の起源に遡りうる」場合とを区別したほうがよいという(4)。ただ、ブロックが論文のなかで説明しているのはほとんどすべて後者のケース、すなわちヨーロッパ内における諸地域間の比較であり、そのもとで「相互作用の存在」を明らかにし、「親縁関係および系統関係の確定」をいかに行うかといった点に議論を集中していた。私の場合でいえば、改版に際して『江戸と大阪』となった、「近接性と同時性」をもつ二つの都市の比較史である『商家の世界・裏店の世界』がその一例となる。

しかし、本書所収の論文の多くは、西欧と日本、あるいは東南アジアと日本といった「時間的にも空間的にも著しく隔たっている」事象間の比較が中心をなしている。いいかえれば、本書では、ブロックが展開した方法論とは若干異なる比較の作法が要求されるということであろう。もっとも、私自身はこのような意味での方法論を意識したことはあまりなかったし、また本書をそのような次元の書とするつもりもない。本章に続く第二章では歴史研究への姿勢について論じてはいるが、他はすべて具体的な実証研究と密接に関連した章で構成をしている。それら全体として、ものごとを比較の遠近法においてみるという知的作業の、歴史学における意味と効用について再考してみようというのが著者のねらいである。

二　読書の効用

私が最初にブロックの論文を英訳で読んだとき、もっとも印象に残ったのはこのような方法論的論議ではなく、彼自身の経験を語った次の文章であった。それは、フランス、とくにプロヴァンスの農業史において共同利用地の消滅という、それ以前の歴史家によっては注意されることのなかった趨勢を明らかにしたときのことである。

このことは、私がこの地方の資料に特別精通していたことを意味しない。それどころか、私は、プロヴァンス史を自らの通常の研究領域としている諸碩学と比べればはるかにこの地方の史料を知らないし、また知ることもないであろう。［中略］私が、彼らに対してもっている唯一の強みは、きわめて控え目な、全く平凡なものである。すなわち、それは、私が、イギリスのエンクロージャー、あるいは他のヨーロッパ諸国において生じた同種の農村革命に関する諸著作を読んできており、それから示唆を得ようと努力してきたということである。一言でいえば、私は、全く霊験あらたかな魔法使いの杖すなわち比較の方法を用いたのである。(5)

歴史において「諸現象は解釈される前に発見されねばならないが」(6)、その発見のために幅広い読書は有効だというのがブロックのいいたいことであった。この「霊験あらたかな魔法使いの杖」は、第一の比較史にも第二の比較史にも、どちらにも通用する。ただ、狭い専門分野の読書しかしない人には授かるチャンスがまったくないのである。

三　事実の発見

嬉しいことにブロックのこの言葉は、私の大学院生と助手の時代における読書に見られた性癖を正当化してくれるものであった。当時、日本経済史を専攻していたにもかかわらず、ともすると他地域の経済史、特に英国史の論文を読み漁っていたりしたからであった。そして、その後もこの性癖はなおっていない。いま読み返してみると、本書の各章はいずれも、このような「平凡」な読書がもとになった「発見」から始まっていることがわかる。

しかし、その「発見」がもっとも顕著なかたちであらわれているのは第三章であろう。この論文を書く直接のきっかけは、京都大学東南アジア研究センターの共同研究『タイ国――ひとつの稲作社会』、とくにそこへ収められた石井米雄及び高谷好一論文を読んだこと[7]、そのうえで、旧友原洋之介の案内でデルタの農村と水田とを自分の目でみたことにある。それが、日本の水田開発における赤米導入の役割を発見させることとなった。

しかし、それだけではない。論文の低音部には、発展の早い段階における土地と人口、その市場経済発展との関連という、より一般的な問題関心がある。それは、いま想い起こしてみると、二〇代に読んだマイクル・ポスタンら中世史家の影響のように思う。とくにポスタンの一連の論稿には、それぞれの論文における議論の展開のシャープさにおいて、また、土地と農業生産と人口をめぐるマルサス的な議論と、物価・賃金と金納化といった市場経済発展の道すじとを結びつける視角を提供してくれたという意味でも、目から鱗が落ちる思いであった。この視角は――後の論文で言及されている名前も付け加えて――マルサス＝リカード流と呼べると思うが、それは開発の初期段階における経済史を考えてゆくうえで、一つの準拠枠組を私に提供してくれた。[8] ただそれは、あくまでも比較のための枠組であって、そのまま適用しても、異なった生態系の下にあった日本の中世から近世にかけての変化を捉えることは、難しいのではないかという気もしていた。そのような下地の上に自分の目でみたアジア農村のイメージが重なって、マルサスやリカードが想定したのとは異なった発展の道すじが描けることになったのである。[9]

四　「発展の道すじ」のモデル

複数の「発展の道すじをあとづける」とは、ブロックの比較史が目的としたことであった。その場合、理論的にしっかりとした準拠枠組が明示されていると、比較史は一段とやりやすくなる。

その場合、いわゆる発展段階論はその準拠枠組たりえるであろうか。かつてドイツ歴史学派の経済学者や経済史家は、競って独自の経済発展段階説を提示した。けれども、どの図式も普遍主義的な立場から構築されたモデルではけっしてなかった。彼らにかぎらず、「そもそもドイツの歴史主義的思考に共通していたのは、歴史を諸民族の上昇・発展・没落の連続として、そうした諸民族の発展の並行や交錯としてとらえるという基本的な観点[10]」だったからである。しかしもともと、ドイツあるいは西欧というまとまりのある歴史上の主体に個々人と同じような個性を認める、独特の思考様式をもっていた彼らの概念操作には、方法論的にみて混乱があった。マクス・ウェーバーの理念型概念とそれに立脚した類型学（「カズイスティーク」）は、そのような同時代の学問に対する批判であった。ウェーバーにとって、思弁的に創りあげられた発展段階の図式は退けられるべきものではあったが、特定の地域、たとえば西欧の文化的土壌を前提として析出された〈型〉固有の「運動傾向」を解明し、それら相互の連関を検討し、その「適合的連関の規則」をモノサシとして発展の過程を跡づけてゆくことは十分に意味のある学問的営為であった。彼の『一般社会経済史要論』は、そのような方法論的立場の表明と類型論の提示としてみることができる。(11)

わが国の大塚史学も異なった発展の途に目を向けた。それが比較経済史学と呼ばれたのは、大塚久雄が描き出した英国における資本主義成立への途を理念型として他の諸国の〈型〉を明らかにしようとする志向をもっていたからであろう。(12) また、別な視点より近世から近代の経済発展のシナリオを描いたプロト工業化論も、そのような準拠枠組の一例である。一九八五年の著書では、このモデルをモノサシに使って西欧と日本の発展の道すじを比較しようとしたのであった。

本書第四章のⅠは、その「原型《プロト》」となった習作である。この場合、ある特定のモデルをモノサシに使用するということを、当てはめるということと同一視してはならない。それはあくまで、建築家が設計段階でつくる模型《モデル》のようなものであって、決して模範《モデル》という意味ではないからである。それはとくに、西欧の経験から生まれた準拠枠組を使って日本や他のアジア・アフリカ諸国を考える場合に、気をつけなければならないポイントである。『プロト工業化の時代』のなかで、私はこう書いた。

その意図はプロト工業化モデルを日本経済史に当てはめようというところにあるのではない。［中略］その点からいえば結論は単純で、プロト工業化モデルは徳川・明治経済史に適用することはできないのである。ここでの究極的な目標はむしろ、なぜ適用できないか、相違点は何処にあるかの検討を通して、徳川・明治経済史に新しい視角と新たな論点を提供することにある。これまで気が付かなかった問題を提示し、それにたいするアプローチと考え方を示すことが、究極的な目的である。(13)

私の本がどこまでこの試みに成功しえたのかは別として、比較という行為が問題の発見をも促すということは認められていいのではないかと思う。歴史の諸現象が発見されねばならないのと同時に、問題自体も発見されねばならないのである

五　数量の役割

最初の書物『プロト工業化の時代』以来、私の研究上の関心は、近世から近代へという、過去数世紀のあいだに起こった経済発展を比較史として描きだすことへと向かった。その場合、比較史の実践がもつ発見機能は——それが事実の発見であれ、問題の発見であれ——比較軸上における各国の位置を数字で表わすことができると、いっそうよく発揮されるであろう。各国の人口や出生・死亡率、世帯所得、国内総生産、賃金と物価のデータ、産業別の産出高、労働者の産業別分布など、数量化できる指標の推計値が揃っ

ていれば一目瞭然となることが多いからである。

ただ、数字で表現された発見事実をいくら積上げても、真の意味での理解にはいたらない。そこで必要とされるのは経済学や他の社会諸科学で蓄積されてきた理論枠組であり、私が目指したのもそのような意味での社会科学を志向した歴史研究であった。もっとも、抽象的な理論用語、すなわち史料に登場する言葉とは区別された、理論的、抽象的な考察から導きだされた概念を歴史に援用するということだけなら、それはとりたてて目新しいことではない。大切なのは、実証可能な仮説を導きだすことのできる理論の援用であろう。社会科学的な歴史研究が歴史学のなかで革新的な役割を果たせるとしたら、それは現実の史料に即して定義可能という意味での概念化、それに対応した数量データの整備と利用、そしてそれらに立脚した説明と議論にある。私が目指したのもこのような営みの一つとしての比較史であった。

私は一九七〇年代に、ケンブリッジ・グループ（正確には人口・社会構造史のためのケンブリッジ・グループという名称をもつ研究センター）へ二年余留学をした。そのときのメンターであったピーター・ラスレットは、かつて、歴史人口学において家族復元という手法がもたらした方法論上の意義にふれて次のように述べたことがある。その手法を適用することによって得られたのは、「社会科学者なら、できたら欲しいとかねてより思っていた種類の数値であり、一方、歴史家はとうてい手の届かないところのものとあきらめていた知識」であった。その点にこそ社会科学的方法に依拠した歴史研究の革新性がある、と[14]。二〇〇八年にまとまった『比較経済発展論』は、そのような意味での比較数量経済史であった[15]。

同書は、大分岐《グレート・ダイヴァージェンス》論争に参加したことをきっかけとして誕生した。論争自体が、一八世紀中国の先進地帯における人びとの生活水準は西欧とひけをとらなかったと主張した、ケネス・ポメランツの『大分岐』への批判的検討から始まったので[16]、論争の最大の焦点は必然的に生活水準の計測をめぐるものとなった。そのマクロの尺度としてよく使われるのは一人あたり国内総生産（GDP）であろう。これまでに試みられたGDPの推計によれば、徳川後期における日本のレベルは英国やオランダとは水準において大きな差があったが、他のヨーロッパ諸国との水準差はそれほどではなかった。『比較経済発展論』における研究サーベイの後、私は徳川時代の一人あたりGDPの再推計を試み、暫定的ではあるが新しい結果を得ている[17]。それによれば、水準という面では大きな違いはないものの、徳川後半期の成長率にかんしては従来の推計が示唆していたのとは若干異なる構図が描ける。すなわち、英国にはやはり劣るが、他の諸国との比較ではむしろ高い成長率となる場合が多くなるのである。これは、プロト工業化の時代のパフォーマンスという観点からみて興味深い結果である。

とはいえ、それは水準比較とは若干異なった問題である。もう一つの尺度である実質賃金を使った研究の場合、それらを諸国間でどう比較するかの問題がいっそう大きな課題となるが、『比較経済発展論』でも詳しく紹介したように、ボブ・アレンの生活水準倍率という新尺度、すなわち賃金所得がどれだけのカロリーを購買できるかの尺度が手がかりを与える。それ自体の計測結果は一人あたりGDPの場合と大きく異ならないが、この方法論の核にあるカロリー摂取量のデータを別途渉猟し、検討してみると、幕末における農家人口のカロリー摂取量は英国の農業労働者グループのそれとほぼ等しいという興味深い観察が浮かび上がる。

この観察結果が含意することは何か。それは、徳川後期における所得の階層間不平等は西欧よりもずっと小さかったということではないか。『比較経済発展論』では、このような問題意識から若干の試論を展開した。最近、この点をさらに一歩踏み込んで再検討をし、いちおうの結論に達することができた。それは，士・工商・農という三つの身分グループそれぞれの平均を観察するかぎり、徳川日本は前近代としては稀にみる平等社会であったというものである。もちろん、各身分内における不平等は存在したので社会全体の真の不平等度はそれなりの値をとったとは想像されるが、その点を考慮に入れても、徳川社会のエリート層や都市商工階級の所得水準は、ムガール朝インドの支配者層やスチュアート・イングランドのエリートおよび中産階級とは比較にならないほど低かった一方で、人口の大部分をしめた小農層の生活水準は極端に低くなかったということはできそうなのである(18)。

このような比較検討からわかってくるのは、徳川日本においては、所得を産みだす、世帯単位の稼得様式に独自性があったのではないかという問題である。農家世帯を構成する人びとの行動、具体的には結婚や世帯形成から始まり、働き方、農業以外の生業への関わり方、時間配分の問題まで、経済学者ならミクロ分析と呼ぶ問題群が重要ではないかということである。それ自体は、私が以前から関心をもってやっていたことであった。そこで、この点については節を改めてみてゆくこととするが、その前に、本書の第五章について一言しておきたい。

この章は『比較経済発展論』のなかでは第四章に対応する論文で、二〇〇四年における社会経済史学会全国大会特別講演が原型である(19)。その冒頭にも記されているとおり、そこでの議論はトマス・スミス「前近代の経済成長──日本と西欧」から出発する。四〇年前にスミス自身によってなされた発見事実にもとづく刺激的な問題提起への、日欧両分野でその後に蓄積された知見にもとづくポジティヴな意味での応答と、そこからの新たな展開とを意図した論稿であった。すでに一瞥したマクロ指標の検討に加え、その背後で起きていた変化を交易、都市、農村工業、農業、家計それぞれの次元で得られるエヴィデンスにまで立ち入って吟味し、日欧の対照的なパターンを〈スミス的成長〉論として理解しようと試みた。

スミス的成長論とは、成長の源泉をアダム・スミスが強調した分業の利益、それも社会的分業が迂回生産の拡大と中間財市場の分化・増殖とを通じてもたらす収益逓増効果に求めるものである。学説史的な検証も含めた詳細は『比較経済発展論』をみていただきたいが[20]、そのことによって、第四章の1で紹介したプロト工業化論も、労働集約的な農業の意味を問う勤勉革命論も、さらにはアジアにおける日本の径路の意味と意義も、その概念枠組のなかで位置づけることができるというのが私の主張である。

六　理論の役割

ここでいったん、プロト工業化論に戻ろう。そこでは、ミクロ経済学、とくに小農民世帯の労働供給理論が説明図式の一つの柱となっている。それに雇用主の行動分析と市場の論理を加えれば、その図式における経済サイドの構成要素は出揃う。

ところで、このうちの労働供給は、ケンブリッジ・グループにいたときに本格的に取組んだ経験があった。対象としたのは、一八世紀後半から一九世紀にかけてのイングランド農村人口、ほとんどが農業労働者世帯の人口である。当時、念頭にあったのはミクロ経済学の教科書にある労働供給理論であった。ただし、筆者がもっとも影響を受けたのは——個人のではなく——世帯の場における意思決定を重視する〈小尾図式〉で、その基礎となっている経験法則、いわゆるダグラス＝有沢の法則は歴史的事象を分析するうえでも有効ではないかと考えていたのであった。[21]

そのためには、まず個々人の就業がどのような世帯の状況のなかでなされたのかを知る必要がある。すなわち、世帯構成員各人の就業の有無がわかる世帯別の個票データである。けっしてどこにでもあるような史料ではないが、そのようなデータは存在した。それらを使い、男女ごとに有業率の年齢別プロファイルを描いたり、婦女子の就業と賃金率との関連を調べたりして、三本ほどの論文を仕上げた。[22]結果は、世帯主（稼ぎ主）以外の成員、すなわち婦女子にかんするダグラス＝有沢の図式の有用性を確認しただけではなく、当時の英国社会において最大の問題の一つであった貧困と、そのための施策であった救貧法の現実的有効性をめぐる論議の理解を深めてくれることとなった。

この理解は、本書のなかでは家族の時間配分行動に焦点をあてた第八、第九章、救貧法についての第十一章、そして児童労働にかんする第十二章の下敷きとなっている。すなわち、歴史上の人びとの行動を理解し、社会政策的な処方箋の意味と意義を論ずる上で、このように理論に裏打ちされた考察の役割は大きいのである。

しかし、ケンブリッジでの経験が私に与えた影響はそれにとどまらない。もっと実証的、かつ比較史的な面で受けた影響のほうが重要であったといってよい。すなわち、英国農村とは非常に異なった成りたちをもつ日本の村落社会では、家族世帯の就業様式はどうなっていたのだろうか、と考えたのである。私が取組んだ英国の二つの教区は、工場制度の誕生とか都市化の影響を直接にこうむることのなかった、その意味では〈工業化以前〉の農村であったが、一八世紀にはすでに完全に資本主義的な社会の姿をとっていた。村の人口の大部分は、賃金収入で生計を営んでいる家族だったのである。それゆえ、それらの村で、二〇世紀の賃金俸給生活者世帯の観察から得られたダグラス＝有沢の経験法則が追試できたのも、さして驚くことではなかったともいえる。

これに対し、日本の農村はまったく違う。明治維新のとき、人口の七、八割が農家世帯であったといわれるが、その農家は——いかに貧しくとも——家族農業を営む経営体であって、賃金を稼いで生計を立てる世帯ではなかった。小農家族経済《ペザント》である。彼らの行動様式は近代人のそれとは異なっているようにみえる。そのようなところでは近代経済学が前提とする〈労働と余暇の選択〉の論理は適用できない、と考えるひともいる。しかし、私はそうは思わなかった。むしろ、同じ論理がどのように違ったかたちをとって現われるのだろうか、と発想したのである。その論理を図式として表現すると、のちに『賃金と労働と生活水準』に収録した定式化となる(23)。

この問題に実証的な解答を与えるためには、やはり世帯レベルの調査データが必要であったが、幸い、山梨県下においてそれも見つけることができた。『甲斐国現在人別調』というのがその調査の名前で、プロト工業化の時代を活写している。その詳細な分析結果は別なところで報告したが(24)、この作業過程で書かれた習作が第四章のⅡである。それ自体は理論の検証も比較も目的とはしていないけれども、問題関心は紛れもなく理論的かつ比較史的であった。

七　一次《プライマリ》史料からのイメージ

私のケンブリッジでの研究は、しかし日本研究のためにやったのではなかった。それどころか、その期間、私は英国そのものに没頭することになってしまった。二世紀近く前の一次史料を自分の手で整理してゆくうちに、史料が語りかけてくれることの豊富さに魅了され、英国社会そのもののイメージをふくらませていったからである。

私が利用したのは、主として二つの教区のデータであった。その一つが農業州ベッドフォドシャーのカーディントンである。そこでは一七八二年に住民調査が行われ、その書上記録が残されている。公の調査ではなかったが、国勢調査のときに家族ごとに作成される個票のような記録簿が作成されたので、名前、年齢、家族の構成、続柄などがわかる。しかも、州文書館が出した翻刻版には同村の他の記録と突き合わせた情報がすべて盛りこまれていたので、家族ごとのカードを作り、個々の構成員の就業記録を整理した。しかしその過程で、そのために必要な情報以上のもの、とくに村の人々の一生、ライフサイクル、世代間の関係といったことにかんする興味深いケースに出合ったのである。(25)

たとえば、ジョシュア・クロクフォードとエリザベスという夫婦がいる。夫は一七三四年、近隣のゴールディントン生まれ、農業労働者、非国教徒と記されている。妻は一歳年上で、カーディントン生まれであった。奉公人あるいは労働者としてこの町にやってきたジョシュアが、村の娘と恋におち、結婚したのであろう。そのとき夫二三歳、妻二四歳であった。彼らの暮らし向きについては多くのことを知りえないが、調査の翌年の土地税帳簿に一二シリング払ったという記録がある。これは、あの経済変動の時代、多くの労働者が救貧法の世話にならなければならなかった時代としては、例外的に恵まれた境遇であったに違いない。彼らは全部で四人の子供をもうけたが、そのうちひとりは洗礼前に死んでいる。調査が行われたとき、長男は二三歳、ロンドンで大工をしており、一六歳の次男もロンドンで奉公人となっていた。長女は一九歳で、やはり近くの町へ奉公に出ていた。つまり、親が還暦を迎える前に、子供たちはみな家を離れてしまっていたのである。一八〇〇年に娘が死んだとき、孫娘を引きとったらしいが、二人の息子はついに家に戻ることはなかった。ジョシュアの遺言状作成のときの記録によると、長男はカーディントンから少し離れた村に住んでおり、次男はロンドンに出たままであった。ジョシュアが死んだのは一八二三年である。享年八九歳、零歳時の平均余命が三〇歳台であった当時としては非常な長寿であった。

こういった例は挙げればきりがないが、これだけでも日本の農民の生涯とはだいぶ異なったものだということが実感できる。たとえば、基本的には核家族であったジョシュア・クロクフォードに対応する徳川時代の事例をみてみよう。

たまたまジョシュアが死んだのと同じ一八二三（文政六）年に、数え年七六歳で死亡した男が美濃国安八郡西条村にいる。そこは米作中心の純農村である。男の名前は藤三郎、同村に残る宗門改帳によると、カーディントンの住民調査が行われた一七八二（天明二）年には藤三郎夫妻、母、娘のほか下男一人という、五人世帯であった。この家が最初に宗門改帳に登場するのは、一七七三（安永二年）であるが、母と二人きりの水呑百姓としてであった。それが一〇年もたたないうちに、二石余の持高を有し、下男を一人抱える一人前の百姓になり、晩年には一七、八石余の土地持になっていた。彼もまた、ジョシュア同様、当時としては恵まれた経済状態のなかで一生を終えることができた村民であったといえよう。彼が結婚したのは（前年の改帳が欠けているので正確ではないが）一七七八（安永七）年のことであったようだ。新郎三二歳、新婦一八歳であった。近隣の村から嫁入した妻の結婚年齢はその頃の平均よりわずかに低い程度であったが、夫の場合は、彼の若い頃における貧乏が影響したのであろうか、相当に晩婚であった。彼らは妻が三三歳で死亡するまで三人の子供をもうけ、（もっとも出生児は数え年二歳でしか改帳に登場しないので、乳児のうちに死んだ赤子はいたかもしれない）、二年後に再婚した後妻が残した一人を加えて計四人が成人した。後妻も二年後に死亡、藤三郎はその後はやもめ暮らしをとおした。しかし彼は、息子夫婦に孫二人、二年後に分家することとなる弟一人に囲まれて息をひきとったのであって、ジョシュアの場合とは異なり、晩年は賑やかな直系三世代家族のなかで過ごすことができたのである。(26)

このような一次資料《プライマリ》を見ることは、たとえばタイの農村で農民の屋敷地や浮稲の水田をみたように、現場に足を運んで自分の目で状況を確認したときに得られる感覚に近い。ジョシュアや彼の隣人たちの記録を弄っているうちに、英国における家族のあり方について、書物で読むのでは得られないようなイメージがふくらんでいった。それは本書の第六、七章を書くうえで、さらには第十一章をまとめるうえでも貴重な下地となった。

八　家族の発見

その経験は、一言で言えば経済史研究における〈家族〉の発見といってよい。家族世帯《ハウスホールド》、すなわち家計《ハウスホールド》は、経済学的に見れば消費の単位であり、労働供給の単位である。また、農家のように生産の単位であることもある。しかし他方、家族世帯という共住集団はそれ自体の形成原理をもっている。

私が籍をおいたケンブリッジ・グループは、この家族と世帯の歴史社会学と歴史人口学の研究センターであった。それゆえ、たんに英国農村の史料それ自体から学んだだけではなく、彼らの研究視角からも多くを学んだのである。

ケンブリッジ・グループの仕事の一端については『家族と人口の歴史社会学』という本を編み、その序論においてその研究上の新しさについて述べたことがあるので、ここでは繰り返さない[27]。しかし、私が学んだことのなかで比較史の観点からみて重要なポイントが、家族形成の原理は相当程度に文化固有のものだということは、記しておくべきであろう。藤三郎の形成——再興であったかもしれない——した家が縦につながる、すなわち家の永続を願う直系家族であるのにたいし、カーディントンのジョシュア・クロクフォードの家は典型的な核家族である。ケンブリッジ・グループの研究によれば、跡つぎ夫婦が親と同居するという慣行はイングランドの家族システムのなかには存在しない。クロクフォード家のような家族は一八世紀ではごく一般的であって、しかも史料が得られるようになる一六世紀まで遡ってもそうであった[28]。中世末か近世初頭までにはすでにでき上がっていた家族のあり方は、市場経済の発展とか資本主義の登場、工業化、さらには近代化といった社会変化によって簡単に変容をとげるものではなかったのである。

労働供給というのは家族世帯の場で意思決定がなされるがゆえに、この認識は就業行動の比較史にとって決定的な重要性をもっていた。日本の場合を取りあげてみよう。徳川時代のあいだに複合大家族制の構造が解体し、単婚小家族化していったというのがこれまでの通説であったが、イングランドについてみたことからの含意はそれとは異なる。日本の家族システムもかなり頑健であって、商品経済の発展や都市化などの影響によって簡単に構造変化をとげるものではなかったのではないか。実際、徳川前期の史料を再検討してみると、すでに基本構造は直系制であったことがわかる[29]。いいかえれば、日本経済史が通常対象とする時期、すなわち近世から近代のあいだは、農家にしても商家にしても、経済行動の少なからぬ部分はこの直系家族世帯の場においてなされたと前提できるのである。第四章のⅡや第五章での議論に即していえば、日本の農民たちの労働市場へのかかわり方はホモ・エコノミクスのそれとは異質の論理にしたがっていたと思いこむ必要はない。彼らの就業行動も英国の農業労働者のそれと基本的には同じであったが、彼らの行動が決定される場である家族世帯のあり方が異なっていたため、結果的に違った行動様式をもっていたようにみえるのだ、と考えればよいのである[30]。

他方、家族は人口再生産の場でもある。社会の出生力水準は、個々の家族にとってもっともインティメートな部分である生殖行動の帰結であり、したがって家族のあり方に強く規定されている。そして現代の歴史人口学は、概念上、この出生行動を分析の核にして発展してきたといっても過言ではない[31]。それだけではない。プロト工業化論を例にとってみても、それは人口と経済が相互に絡み合った変化であった。比較分析的にみれば経済サイドでは西欧でも日本でも基本的には同じ論理が働いていたのにたいして、人口学《デモグラフィ》サイドでは事情が非常に異なっていたという観察事実は、この人口再生産のメカニズムの違いと関連しているのである。ただ、『プロト工業化の時代』では、出生行動そのものは議論の対象としなかったので、ミクロ・デモグラフィの研究成果を取りいれて比較を試みたのが第六章である。

〈家族〉の発見は、まったく異なった領域でも新しい問題の所在を教えてくれた。ピーター・ラスレットが『われら失いし世界』のなかでいうように、シェークスピアのころのイングランドでも「賃金をもらっていたサーヴァントは、住み込んでいるあいだは、この家族すなわち世帯《ハウスホールド》集団のなかで、息子や娘たちと同じような位置を［中略］しめていた」。非血縁者である徒弟も家内奉公人も、共食・共住集団の一員とみなされていたのである[32]。この観点を都市の雇用構造論に投影させて比較を試みたのが『商家の世界・裏店の世界』であったが、その延長として第七章では、技能《スキル》訓練すらも世帯で行われたということの意味をさらに追求した。それは家族世帯から出発し、スキル形成を媒介に、労働市場の分析へ、そして経済社会全体のパフォーマンスへとテーマをふくらませてゆく試みでもある。

九　処方箋の書き方

ラスレットの『われら失いし世界』は、産業革命前のイングランドが個人主義と核家族社会であったと同時に、地域社会レベルではすでに福祉国家でもあったと示唆している。それは、個人主義的行動規範と核家族社会であったということを前提に、貧困という社会経済のパフォーマンスにかかわる問題への対処の仕方が制度化されていた、といいかえてもよい。第十一章は、救貧法を中心に、英国におけるこの伝統——レセフェール経済学とは異なった系統の伝統——の実態をみようとしている。

貧困は、普遍的な市場経済や技術のロジックの結果としても生じうると同時に、家族という経済主体のあり方が投影された問題である。カーディントンのジョシュアと西条村の藤三郎とは、異なった家族システムのなかで暮していた。それゆえ、かりに彼らがともに貧乏の底に突き落とされることがあったとしても、その現われ方は異なっていたであろう。まったく同じことは児童労働という、産業革命の時代に登場して以来、現代にいたるまで根絶しえていない社会問題についてもいえる。第十二章でみるように、父親の収入が一家を支えるには足りないとき、母親が内職をして家計補充をするか、それとも一一歳の子供を働きに出すかは——稼げる賃率などの条件が同じならば——家族の価値観の問題である。それが反映した家族経済のあり方の問題である。それゆえ、プロト工業化にかんして、またスキル形成と労働市場の問題にかんして述べたように、普遍的な力と文化固有の原理、あるいはその現実的表現としての諸制度との相互作用の結果、問題の現われ方は国によって異なるであろう。それは、書かれるべき処方箋の違いとなって現われるのである。

古典派経済学者の何人かの人たち、その現代の後継者である新古典派ないし新自由主義《ネオリベラリズム》の信奉者たちは、文化をこえて普遍的な市場経済や技術の論理だけで社会問題への処方箋が書けると考えがちである。その意味で、以上の例は現代の政策担当者にとっても教訓となろう。

ただ、このことから、家族のあり方の違いを認識しさえすれば、どこでも効果的な処方箋を出せるというように考えてはならない。『商家の世界・裏店の世界』（改版後『江戸と大阪』）では、徳川時代の大商家のなかに形成された内部労働市場をイエ原理で説明するのは正しくなく、新たな組織原理の登場と捉えるべきだと述べた。すなわち、イエと国家のあいだに存在する企業体の論理についての認識もまた必要だということであり、それは戦後日本社会をみる目としてとくに重要である。本書第八章でみるように、働きバチとその家族が労働と生活活動にどう時間を配分しているかを検討すると、そこに〈会社の時間〉が色濃く影を落としていることが明らかになるからである。

貧困や児童労働、捨て子や飢饉対策といった社会問題についても同様である。そこでも、家族をこえた地域の共同体とか、救貧や棄児養育を目的としたチャリティ団体の果たした役割は無視できない。そして、これらの中間団体の形成原理も国あるいは文化によって異なる。本書第十章では捨て子と飢饉を取上げ、それらへの対処法にみられる家族と公共性の関連を論じたものである。社会的セーフティネットをどう構築するかという問題もまた、比較史の重要な研究対象なのである。

十　比較史の意味と意義

日本と西欧を発展の遅れやキャッチアップという観点から比較するとか、日本と東南アジアの歴史における共通点と相違点を明らかにすることが現代的な要請である場合は、当然ながら存在する。この意味での比較史が、おそらく一般の人びとのイメージにある比較史であろう。しかし、これまでみてきたように、比較するという知的営為には事実発見・問題発見という、平凡で索出的な効用もあることは認識されてよい。それは歴史の愉みを増してくれると同時に、間接的に、現代的な要請によりよく応えることにもなろう。

この後者の意味での比較史に、とりたてて定まった作法はない。ただ、私自身の経験からいえば、理論や分析の枠組が明瞭だと効用は大きいといえる。また、計測尺度がしっかりしているとその効用はいっそう大きいことも、第三節でみたことから明らかであろう。共通のモノサシがあれば、比較が正確となるからである。けれども、その尺度を実際の史料に適用することは想像以上に難しいことが多い。いかなる史料といえども、特定の理論や勘定体系のためにつくられているということはまずない。その意味では、たとえデータ自身が数量的なものであっても、その氏素性や、それに伴う癖を正確に掴んでいることも重要であろう。ひとの研究成果を書物で読み、引用する場合でも、一次《プライマリ》史料のイメージは大事なのである。

しかし、作法とか方法論はどちらかというと二の次の問題かもしれない。比較史の最大の意義は、私たちの固定観念を相対化してくれる、つまり私たちをドグマから自由にしてくれるところに、したがって私たちの歴史的ヴィジョンを豊かにしてくれるところにある。新しい事実も問題も、それゆえにこそ見つかるのである。マルク・ブロックの論文に先立つこと五年前、アンリ・ピレンヌは「歴史学における比較の方法について」と題した講演のなかで、次のように述べた。

歴史学の領域が拡大していくにつれて、歴史学的ヴィジョンの領域は縮小していったように思われるのです。そして歴史学的ヴィジョンの領域は、現代に近づくにつれて、すなわち民族主義と帝国主義がますます定着していくにつれて――このことを認めようではありませんか――ますます縮小していったように思われるのです。［中略］人種の偏見、政治的偏見、国民的偏見は、人間が、その力の及ばぬところに身をおかない限り逃れることができないほど強力に、人間を捕らえています。これらの偏見から解放されますためには、人間は高みに昇らなければなりません。そこから見ると、歴史の全体がその発展の尊厳の中に立ち現れ、この光景の崇高さの前にその時々の一時的激情が落着き鎮静するあの高みにまで昇らなければなりません。比較の方法によらずして、如何にしてこの高みに到達できるでありましょうか。比較の方法のみが、歴史家をして自分を取囲む罠を避けさせることができ、自分の研究する諸事実をその正確な価値において、学問的真理の的確な度合いにおいて、認定するのを可能ならしめることができるのです。比較の方法によって、そしてそれによってのみ、歴史学は一個の学問となることができ、感情の偶像から解放されることができるのです(33)。

この発言は、ピレンヌが交戦国は戦争に化学と一緒に歴史学をも「徴用した」と慨嘆した、あの第一次世界大戦が終結して間もない年になされた。したがってそこには、「偏見」がアカデミズムを支配していた、特殊な一時期の産物という面のあることは否定できない。しかしピレンヌには、歴史学が専門化するにつれ、歴史家の視野が狭くなってきているという、よりアカデミックな懸念もあったことは明らかである。歴史家の関心が狭い領域のことに集中すればするほど、逆説的だが、大戦下のような政治状況では「感情の偶像」あるいはドグマの力に捕えられる危険性は高いものである。そういった「感情の偶像」からの解放、ドグマの緊縛からの解放のために、比較研究は常に有用である——これがピレンヌの講演のポイントであった。比較が唯一の方法かどうか、またドグマが常に「偏見」とか「感情の偶像」のかたちをとるかどうかは、ここでは問題でない。歴史学においても私たちにつきまとうドグマは少なくなく、それがリアルな歴史把握を妨げていることがままある。純粋にアカデミックな世界でも独断と固定観念から自由になることの重要性はいささかも減じていないがゆえに、このピレンヌの発言はいまでも重みをもっているのである。

註

（1）『プロト工業化の時代——西欧と日本の比較史』（日本評論社、一九八五年、岩波現代文庫、二〇一三年）、『商家の世界・裏店の世界——江戸と大阪の比較史』（リブロポート、一九八七年、のち『江戸と大阪』と改題されて、NTT出版、二〇〇二年）。

（2）『比較経済発展論——歴史的アプローチ』（岩波書店、二〇〇八年）。

（3） マルク・ブロック、高橋清徳訳『比較史の方法』（原論文一九二八年、創文社、一九七八年）、五頁。英訳は M. Bloch, *Land and Work in Medieval Europe: Selected papers by Marc Bloch* (London: Routledge and K. Paul, 1967) に収められている。比較史方法論とは少し違うが、同じころに読んだもうひとつの文献にアンリ・ピレンヌの「歴史学における比較の方法について」（原論文一九二三年、佐々木克巳訳『創文』第一六九―七〇号、一九七八年）がある。

（4） ブロック、同書、七、九頁。

（5） 同書、一六頁。

（6） 同書、一〇頁。

（7） 石井米雄編『タイ国――ひとつの稲作社会』（創文社、一九七五年）。

（8） 刊行順にあげれば、「十五世紀」（原論文一九三九年、佐藤伊久男訳『イギリス封建社会の展開』未来社、一九五九年、所収）、'The rise of a money economy', *Economic History Review*, vol. 14 (1944), 'Some economic evidence of declining population in the later Middle Ages', Economic history *review*, 2nd ser. vol. 2 (1950) などである。何れも次の論文集に収録されている。M. M. Postan, *Essays on Medieval Agriculture and General progress of the Medieval Economy* (Cambridge: Cambridge University Press, 1985). マルサスに代わってリカードの名前が登場するのは、次の論稿においてである。M. M. Postan and J. Hatcher, 'Population and class relations in feudal society', in T. H. Aston and C. H. E. Philpin, eds. *The Brenner Debate: Agrarian class structure and economic development in pre-industrial Europe* (Cambridge: Cambridge University Press, 1985).

（9） 本書第三章をこの方向に発展させたのが「大開墾・人口・小農経済」である。速水融・宮本又郎編『経済社会の成立一七世紀―一八世紀』日本経済史1（岩波書店、一九八八年）所収。非マルサス的な視角という点では、エスター・ボーズルプ、安澤秀一・みね訳『農業成長の諸条件――人口圧による農業変化の経済学』（原著一九六五年、ミネルヴァ書房、一九七五年）や、リチャード・ウィルキンソン、斎藤修・安元稔・西川俊作訳『経済発展の生態学――貧困と進歩にかんする新解釈』（原著一九七三年、リブロポート、一九八五年）からも大きな影響を受けた。

（10） 牧野雅彦『歴史主義の再建――ウェーバーにおける歴史と社会科学』（日本評論社、二〇〇三年）、一二二頁。ここにいう「歴史主義」は Historismus の訳語である。カール・ポパーのいう historicism ではなく、英語をあてれば historismとなろう。久野収・市井三郎訳『歴史主義の貧困——社会科学の方法と実践』（原書一九五七年、中央公論社、一九六一年）を参照。

(11) M・ウェーバー、黒正巌・青山秀夫訳『一般社会経済史要論』上下（原書一九二三年、岩波書店、一九五四—五五年）。青山秀夫『マックス・ウェーバーの社会理論』（岩波書店、一九五〇年）、六五—九四頁をも参照。

(12)『大塚久雄著作集』第十一巻（岩波書店、一九八六年）所収の諸論文を参照。大塚が山田盛太郎の資本主義の〈型〉の理論から強い影響を受けていたことは、所収論文の一つ、「山田理論と比較経済史学」をみれば明らかであろう。

(13) 岩波現代文庫版『プロト工業化の時代』前掲（註1）、一七一頁。

(14) P. Laslett, 'Introduction: the numerical study of society', in E. A. Wrigley, ed., *An Introduction to English Historical Demography* (London: Weidenfeld and Nicolson, 1966), p. 5. このラスレットの発言は、下記の論文でも触れられている。斎藤修「ソーシャル・サイエンス・ヒストリィと歴史人口学」、樺山紘一他『世界史のアプローチ』岩波講座世界歴史1（岩波書店、一九九八年）、同「数量経済史と近代日本経済史研究」、石井寛治・原朗・武田晴人編『日本経済史研究入門』日本経済史6（東京大学出版会、二〇一〇年）。

(15)『比較経済発展論——歴史的アプローチ』（岩波書店、二〇〇八年）。

(16) K. Pomeranz, *The Great Divergence: Europe, China, and the making of the modern world economy* (Princeton: Princeton University Press, 2000).

(17) 一橋大学大学院の高島正憲との共同研究である。暫定版は「近世日本の国内総生産——マディソン推計改訂の試み」と題して、二〇一四年五月二四日、社会経済史学会全国大会自由論題セッションにおいて報告された。

(18) O. Saito, 'Growth and inequality in the great and little divergence debate: a Japanese perspective', *Economic History Review*, vol. 68 (2015 forthcoming).

(19) この論文は『社会経済史学』第七〇巻五号（二〇〇五年）に掲載され、後に大島真理夫編著『土地希少化と勤勉革命の比較史——経済史上の近世』（ミネルヴァ書房、二〇〇九年）へ再録された。

(20)『比較経済発展論』前掲（註15）、第二章。

(21) 小尾恵一郎「労働供給の理論」、西川俊作編『労働市場』リーディングス日本経済論3（日本経済新聞社、一九七一年）所収。

(22) O. Saito, 'Who worked when: life-time profiles of labour force participation in Cardington and Corfe Castle in the late eighteen and mid-nineteenth centuries', *Local Population Studies*, no. 22 (1979), reprinted in N. Goose, ed., *Women's Work in Industrial England: Regional and local perspectives* (Hatfield, Herts: Local Population Studies Society, 2007), 'Occupational structure, wages and age patterns of female labour force participation in England and Wales in the nineteenth century', *Keio Economic Studies*, vol. 16 (1979), and 'Labour supply behavior of the poor in the English industrial revolution', *Journal of European Economic History*, vol. 10 (1981).

(23) 『賃金と労働と生活水準――日本経済史における一八―二〇世紀』（岩波書店、一九九八年）、六三―六六頁。

(24) 本格的な分析結果は次の論文で報告をした。「明治初年農家世帯の就業構造――山梨県下四ヵ村『人別調』の分析（1）（2）」『三田学会雑誌』第七八巻一―二号（一九八五年）。『賃金と労働と生活水準』前掲（註23）、六八―七九頁をも参照。

(25) D. Baker, ed., *The Inhabitants of Cardington in 1782*, The Publications of the Bedfordshire Historical Record Society, vol. 52 (Bedford: BHRS, 1973). カーディントンがどのような教区であったかについては、筆者の前掲第一論文（註22）を参照。

(26) 西条村とその宗門人別帳については速水融『江戸の農民生活史――宗門改帳にみる濃尾の一農村』（NHKブックス、一九八八年）を参照されたい。藤三郎はそこには登場しないが、彼とは違った生涯を送った人々が紹介されている。

(27) 斎藤修編『家族と人口の歴史社会学――ケンブリッジ・グループの成果』（リブロポート、一九八八年）。

(28) アラン・マクファーレンは、中世まで遡っても、イングランドは個人主義と核家族の社会であったと主張している。酒田利夫訳『イギリス個人主義の起源――家族・財産・社会変化』（原著一九七八年、リブロポート、一九九〇年）。

(29) 詳しくは「大開墾・人口・小農経済」前掲（註9）をみていただきたい。

(30) 直系家族制が労働市場にたいしてもつ含意については、別稿で論じたことがある。「直系家族型世帯と労働市場――日本の比較史的位置」『歴史学研究』第六三八号（一九九二年）、「労働」西川俊作・尾高煌之助・斎藤修編『日本経済の二〇〇〇年』（日本評論社、一九九六年）所収。

(31) 戦後における歴史人口学の進展と研究動向については、O. Saito, 'Historical demography: achievements and prospects', *Population Studies*, vol. 50 (1996)、中里英樹訳「歴史人口学の展開」、速水融編訳『歴史人口学と家族史』(藤原書店、二〇〇三年)所収、を参照。

(32) P・ラスレット、川北稔・指昭博・山本正訳『われら失いし世界——近代イギリス社会史』(原著一九八三年、三嶺書房、一九八六年)、五頁以下。

(33) ピレンヌ、前掲論文(註3)、引用は『創文』一七〇号の一七—一八頁による。ブロックの『比較史の方法』前掲書(註3)に添えられた訳者解説でも、この一節は紹介されている。なお、しばらく後に、ずっと客観的なトーンで書かれた次の英語論文においても、比較史の必要性と重要性は同じように強調されている。H. Pirenne, 'What are historians trying to do?', in S. A. Rice, ed., *Methods in Social Science: A case book* (Chicago: University of Chicago Press, 1931).

視角と方法 2

二　〈歴史と社会〉と二つのリアリズム——エンピリカルにしてリアルな歴史学

……I mean that I am trying to consider but not simply copy nature, and that I am taking account of both the properties of the material I am using and the idea that I wish to release from that material.

(Henry Moore)*

はじめに

英国人は経験主義的だ、という観念がわが国で拡まったのはいつ頃からであろうか。古くは、明治時代、たとえば福沢諭吉あたりまで遡ることができるに違いないが、その観念の普及に大きく貢献した書物として笠信太郎の『ものの見方について』をあげても異存はないであろう[1]。「イギリス人は歩きながら考える」という言葉で始まる、敗戦後まもない一九五〇年に出版されたこの本は一〇年位の間に八〇万部は売れたというから、その影響力の大きさが分ろうというものである。英国人は「理屈っぽい学問的なことや哲学めいたこと」は好まないが、「よく四方に目を配って」観察し、考える国民だという、笠の言葉は、英国人の経験主義《エンピリシズム》的性向として翻訳され、人びとのあいだに定着した。もちろんこれは日本人だけの見方ではない。「イギリス人は歩きながら考える」という言葉自体スペイン人外交官のいったことと笠も断っているとおり、他の国の人びと皆がいだいている観念だといってよい。それどころか、それは英国人自ら認める、国民性のごときものの一部なのである。

それだけに、経験主義的性向は英国の学問研究のあり方をも特徴づけると考えられている。「学者とか評論家とかいう連中になると、その考え方の根本の型は同じであっても、その多面的な見方に流石に説明はつけるし、一応矛盾のないように話を進めはするものの、しかしその場合にイギリス人が使う〈論理〉は、ドイツの学者が物の〈本質〉から説き出すような体系的な行き方のなかで〈論理〉というものに与えている重みとは、おのずから重みが違うわけである」と笠もいう。とりわけ歴史研究・社会研究においてその傾向が強い。もっともこれらの分野における用語法としては〈経験主義〉よりも〈実証主義〉のほうが日本語として通りがよいが、内容的には変わらない。(2) 実証史学、実証主義的な社会学や経済学こそ英国のトレードマークだというわけである。

しかし、この empiricism、つまり経験主義とか実証主義という用語は、分ったようで分らない言葉である。先年亡くなった英文学者で歴史家のレイモンド・ウイリアムズはこういう。「これらの言葉がさらに国を表わす形容詞によって修飾される場合——〈イギリスの empirical な性向〉、〈悪名高きアングロ・サクソン的 empiricism〉のように——通常、議論はまじめに受け取れない」と。(3) 実際、意外な感がしないでもないが、慧眼な笠信太郎は英国人の「頭の動かし方」を論じた『ものの見方について』の五〇頁余においても、一、二か所は別として、経験主義的という言葉を避けて使っていないのである。

以下、この経験主義・実証主義というレッテルでは落ちてしまう、社会史・経済史研究における英国風とでも呼べるものの、多様な側面に目を向けてみたい。英国の歴史学を実証的と呼ぶことが間違っているというのではない。英国人はたしかにそのような性向が顕著である。けれども、そもそもこれが英国人の思考法（*the* British way of thinking）だ、と規定しようとすること自体、英国風ではないといえる。英国人の観察には、笠もいうとおり、「多数の眼」に支えられたものという性格がある。そして、その「多数」のなかには相対立し、競合する考え方もあるであろう。と同時に、それらの相対立し、競合する考え方は、結局のところ補完しあって、ゆるいまとまりをもつ伝統を形づくってきているともいえる。以下、最初の二つの節で社会経済史を例にエンピリシズムの多様な側面について触れ、次いで第三節においてそれにリアリズムを対置させる。これは英国アカデミズムの中にある方法論的緊張関係に着目することであるが、同時にそれは英国実証史学のイメージをふくらます試みといえるかもしれない。それもまた、本章の意図していることである。

一　エンピリシズム

英国の歴史家や社会科学者が実証主義的・経験主義的というとき、具体的には何を意味しているのであろうか。どのようなタイプの研究方法をイメージしたらよいのであろうか。オクスフォード英語辞典は「観察と経験のみにもとづく、あるいはそれらのみに導かれた」という定義を与えるが、しかし実際の研究現場で考えると、そこには少なくとも三つの側面があるように思われる。(4)

第一は右の定義が含意していることで、〈理論ぎらい〉ということである。それもたんに理論ではなく、〈理屈っぽく、哲学めいたこと〉、つまり壮大な理論や歴史観・社会観を拒否する姿勢、である。たしかに、グランド・セオリーをうさん臭いと思い、それを持ちだすことによって説明がついたとすることを嫌う傾向は、英国の社会経済史家の間で根強い。ネジリィ・ハートはその英国経済史研究成立史を綴ったエッセイのなかで、ジョージ・アンウィンが『ギルドの解体過程』を出版した一九〇四年以降を「モノグラフの時代」と呼び、それらモノグラフに特徴的なことは一般化が厳格なまでに最小限に抑えられていたことである。ジェヴォンズ流であれ、シュモーラー流であれ、マルクス主義であれ、ウェーバー風であれ何であれ、どのような理論も、「研究に拍車がかかるにつれて事実上「それらのモノグラフから」姿を消した」と述べている。(5) そしてその場合「研究《リサーチ》」とは、なによりも史料・データの渉猟・整理・加工・分類と、それにもとづく観察・記述とを意味していたのである。アンウィンのもう一つの労作 *Samuel Oldknow and the Arkwrights*（一九二四年）や同じ年に出版されたT・S・アシュトンの *Iron and Steel in the Industrial Revolution* は、そのような実証研究の典型とみなされている。

しかし、人びとが普段なにげなく使う実証主義というレッテルには、もうすこし多様な意味合いがこめられていることが多い。実際、第一の意味での実証に加えて、イデオロギー的、政治哲学的な価値判断から中立の態度をもった行き方を実証主義的と呼ぶ場合がある。また最近では、やはり第一の意味での実証に、数学的、統計学的手法への反発を加味したスタンスをもって実証主義的ということもある。すなわち、第二の側面は価値判断から中立ということであり、第三の側面は反数量的方法ということである。

これらはともに、〈理論ぎらい〉という傾向から出てきたものである。経済史や社会史において理論といった場合、どのような理論を想いうかべるであろうか。多くのひとはマルクスの史的唯物論のようなタイプの理論を考えるであろう。これら壮大な理論あるいはメガ・ヒストリーは、その本質的な部分において事実による検証が不可能である。それどころか、その思想家の歴史観・社会観の表明であることが多い。それゆえ理論を拒否することが、現実的な社会問題・政治問題の一切から身を引くことにつながるわけである。政治的・道徳的・イデオロギー的価値判断から中立を保とうとする、このような歴史家や社会科学者を中立論者《ニュートラリスト》と呼ぶとすれば、経済史の場合、今世紀初頭から始まるモノグラフの時代は、ニュートラリスト陣営が着々と地歩をかためてゆく時代でもあった。歴史学一般についてみれば、それは「歴史の専門職業化」の進行とも重なりあった動きであった。もっとも英国史学といっても、始めから実証的で、道徳的な説教から無縁であったわけではない。ヴィクトリア朝の歴史家はたいていはジャーナリズムに身をおく「アマチュア」であり、ケンブリッジの欽定講座教授であったアクトン卿も本質的には「モラリスト」であったといわれる。しかし、それも二〇世紀にはいると変化する。「一九三〇年代には専門的歴史家は民主主義対ファシズムの大論争はもちろん、当時の時事論争には何ひとつ寄与していない」とまで、いわれるようになっていた(6)。

戦後になると、これにさらにもう一つの側面が加わる。〈数字ぎらい〉、〈数学ぎらい〉がそれである。歴史研究の専門職業化は、その結果として個々分野がそれに対応する理論分野との結びつきを強めるという方向を生んだ。経済史が経済学と、社会史が社会学・人口学・人類学と、というようにである。計量経済史とか数量経済史と呼ばれる経済学的な歴史研究、歴史社会学、歴史人口学、歴史人類学は、いずれもその産物である。しかし、それらの新しい学問隆盛の一方で、それらへの反発もまた強まっていったことも事実である。社会科学の諸理論との結びつきが強化されると、どうしても理論の側から発想された問題提起や問題設定が多くなる、経済学の専門用語や人口学の専門用語が多くなるのは必然であろう。産業革命が国内総生産・純生産（ＧＤＰとＮＤＰ）や資本形成比率という言葉によって、近世の人口変動が完結家族規模や合計特殊出生率という用語によって記述されるというのは、その例である。そしてまた、それらとともにそれらの変数の数量化が入りこんでくるというのも必然である。けれども、ひとたびこのような傾向が登場すると、伝統的な歴史家は困惑し、反発する。われわれは生きた人間を扱っているのであって、それを一つの数字で表わそうとすれば人間的な側面の多くは切り捨てられてしまう、とかれらは思う。そして、そのぶんだけ個別具体的事例に、それゆえまた個別文書史料と文献学的渉猟とに傾斜することになる。このような傾向は中立論《ニュートラリスト》的志向ともマッチする。ドナルド・コールマンが戦前における数少ない経済史教授のひとりであったＧ・Ｎ・クラークについていみじくもいった、「分析するのではなく、経済学を使うのではなく、経済学的な問題をたてるのでもなく、どのくらいの期間、どのくらいの量、あるいはどの程度に代表的かといったことを明らかにしようともせず、ただ跡《トレース》づけるだけ。これこそ、歴史家の中立論者《ニュートラリスト》陣営への途であった」という言葉(7)は、戦後の伝統的な〈実証的〉経済史家についても当てはまるであろう。素朴実証主義という言葉が蔑みをこめて使われることがあるが、それはこのようなタイプの行き方にたいしていわれているのである。

二　多面性

しかし、経験主義・実証主義という言葉をここまで広く把えると、そのイメージの凝集力は失われる。第一、素朴実証主義が *the* British approach だとはどうみてもいえない。政治や社会改良からの逃避・退行も、数字ぎらいも、いずれも英国歴史学の一面でしかない。それだけではない。厳密な意味での実証主義とニュートラリスト志向と反数量史とのあいだには、なんの必然的な結びつきもないのである。

数量史についてみよう。たとえば、数年前に亡くなった経済史学界の重鎮マイクル・ポスタンは、数量経済史が〈新しい〉経済史としてアメリカから上陸、華々しく登場したとき、「彼らの主張は、経済史と経済理論とを関連させる今日の傾向と――また経済史家の数量的方法に対する昔からの好みとも――みごとに適合しています。実際、大ざっぱに考えますと、〈新経済史〉がみずから〈新〉と名のる必要があると考えたことに少なからず驚かされているような次第であります」といったことがある(8)。数量史的アプローチは、英国歴史学の伝統の一部であって、いまさら〈新しい〉などという必要はないというわけである。

実際、物価史・賃金史の本格的な研究は一九世紀末ヴィクトリア朝に始まったといえるし、戦間期に国際物価史研究委員会が設置され、中世にまで遡る物価・賃金史料の組織的な収集が始められたとき、その委員長を務めたのは、英国における福祉国家生みの親としても知られるウィリアム・ベヴァリッジであった。また、第一回国勢調査以前の一八世紀における人口動態推計の最初の試みも、やはり一九世紀の統計調査担当官の手になるものであった。さらにいえば、モノグラフの時代の旗手アシュトンはたしかに偉大なニュートラリストであったが、彼の姿勢は、〈理論ぎらい〉とは程遠かった。アプローチにおいては経済学的、そして手法においては数量史的であった。もし経済理論にのっとった問題のたてかたと統計的分析とが戦後の〈新しい〉経済史のエッセンスであるとしたら、アシュトンはまぎれもなくそのような新しい傾向の旗手でもあった。ただ、戦後の時点でみれば、それはもはや英国経済史の伝統の一部を構成する流れとなっていたということなのである。実際、ポスタンが――先の引用に続けて――アメリカ生れの〈新しい〉経済史を皮肉っているように、「蘇生」(resurrected)とか「不老」(ever-green)という形容詞をつけてもそれほどおかしくはないかもしれない。

それではもう一つの側面、政治的・社会的価値判断からの中立性の問題にかんしてはどうか。ものごとに惑溺しないニュートラリストというのは、たしかに笠信太郎の描く英国人のイメージにあう。しかし他方、笠の愛する英国人は、社会をたえず改善してゆこうという静かな情熱をもった人びとでもある。社会改良は英国の伝統の一部である。そして、この中立論者《ニュートラリスト》と社会改良家との共生・拮抗ということは社会経済史の研究においてもみられる構図である。たとえば、産業革命の時代における生活水準の問題をみてみればよい。トインビー、ハモンド夫妻、ウェッブ夫妻以来の悲観説は、産業革命以降の経済成長にもかかわらずはかばかしい改善をみせなかった貧困という、現実的な社会問題と密接に結びついた発想であった。R・H・トーニィの一六―一七世紀における農業問題研究も同様である。かれらの学問は、眼のまえの社会問題をなんとか解決したいという静かな情熱の投影であったのである。これにたいし楽観説は、産業革命とそれに続く時代の労働者階級の生活水準が事実として低下しなかったことを主張する。その場合、〈資本主義〉を擁護しようというイデオロギー的な動機が見え隠れすることがないわけではないが、多くのニュートラリストはもっと実証的な態度をとる。すなわち、資料を集め、推計し、バイアスがないかどうかを検討し、結論をただすのである。それゆえ、労働者階級の平均的な生活水準を平均賃金・生活費指数で表現しようとするかぎり、現在のところ楽観説のほうが分がよい。ただ、そこへ格差の問題をいれてくると話は少し複雑になる。不熟練労働者や婦女子の労働のことは悲観説を唱えたひとたちも指摘したことであるが、彼らと他の（熟練工を含む）労働者との間の賃金格差は——少なくとも半世紀ほどは——拡大していたかもしれない。「経済進歩の利益にあずかることができたひとの数はその利益からしめだされた人の数よりおおかったであろうし、その数は着実に増加しつつあったであろう。しかし労働者階級のなかに［これら］二つのグループがあったことはみとめられる必要がある」[9]という言葉が、楽観説の中心的人物で偉大なニュートラリスト、アシュトンの口から語られるのを聞くと、英国実証史学の面目躍如たるものがあると思う。

それにしても、社会改良を志向した歴史研究はヴィクトリア朝後期という一時代の産物ではなかった。何を問題と考えるかは時代とともに変遷してゆくが、そのような態度そのものは伝統の一部となっているとさえいえるのである。たとえば、大不況期から戦後にかけての時代は景気変動の不安定な波が失業問題に影をおとした時代であった。それはケインズの理論形成に影響を与えただけでなく、ベヴァリッジを歴史的な研究に向かわせた動機でもあった。一九七〇年代中頃になると産業革命研究が新展開をみせ、最近ではその革命性を否定する見解――すなわち、固定資本投資のスピードはずっと緩慢で、したがって経済成長率も考えられていたよりもはるかに低く、かつ手工的技術が無視しえぬ役割を果していた――が有力となりつつあるが、デヴィッド・カナダインのいうように、その背景には英国の産業的衰退、より一般的には成長の限界、スモール・イズ・ビューティフルといった七〇年代的症候群が歴史家をして産業革命の新解釈へ乗りだささせたということがあるのかもしれない。[10] 八〇年代にはサッチャー夫人の新保守主義・ネオリベラリズムが戦後英国の福祉国家を打ち壊そうと躍起になったが、後にみるように、それとその動きへの反発とが新たな視角と緊張感を歴史研究にもたらすこととなった。

これは結局のところ、歴史とは現在と過去の対話、当為に左右される学問だということではないか、といわれるかもしれない。たしかにデイヴィット・カナダインの最近の論文などをみると、そのようなニュアンスが感じられる。しかし、そこにはもう少し違った側面、英国人のリアリスティックな態度というものもあるように私は思う。すなわち、このリアリスティックあるいはリアリズムという言葉もまた、英国風の社会経済史・社会研究を理解するためのもう一つのキーワードだと思うのである。

三　リアリズム

芸術の世界ではアイデアリズムあるいはロマン主義の流れとリアリズムの流れとが拮抗しているが、現代の歴史学や経済学・社会学ではアイデアリズムあるいはロマン主義の入りこむ余地はほとんどない。もっとも社会諸科学とは異なって歴史の場合、現在でも理念《イデー》やイデオロギーの影響を無視しえるほど〈科学的〉になっているわけではないが、ヴィクトリア朝のモラリスト的歴史観からは大いに隔たったところまできたことは事実であろう。その意味では、現代の歴史学はリアリズムの学問だということになる。

ここで問題なのは、それがどのようなリアリズムかということである。ある美術辞典をみると、それに写実主義という訳語を与えたうえで、「写実というと客観的現実をあるがままに写しとる意が強いが、言語［realism］には〈写す〉の意は含まれず、むしろ現実主義とか実在主義といった訳語の方が適切な場合も多い」と述べている。また、中世・ルネサンス史の泰斗ヨハン・ホイジンガは「ルネサンスとリアリズム」と題する論文のなかで、「図解的」(illustrative)、叙述的なリアリズムと、「強調的」(emphatic)、連想・喚起的なリアリズムとの区別について語ったことがある。[11] それゆえ、これらからの類推でいえば、素朴実証主義的な社会経済史も写実主義という意味でのリアリズムの一つであるが、リアリスティックな歴史叙述、リアリスティックな歴史分ひとにはもっと違うタイプのものもありうると考えられよう。

歴史や社会研究の分野で、リアリズムという言葉を聞くことは少ない。けれども、この用語を使って問題を直截に論じたひとがいないわけではない。実際、英国の新しい歴史社会学に指導的役割を果たしてきたピーター・ラスレットは、一九八四年にロンドン・スクール・オヴ・エコノミクスで行われた、やはり歴史家でもあり社会統計学者でもあったデイヴィッド・グラス追悼講義において、社会認識における二つのリアリズムと、それらの英国的伝統とについて語っているのである。[12]

その講義の直接のテーマは、一七世紀末英国における、いわゆる政治算術学派のひとりグレゴリー・キングの業績とその評価とである。ウィリアム・ペティに始まる政治算術学派の学説史的意義は、経済学・統計学の分野でよく知られている。しかし、彼らの社会認識とその学問史的な意義を英国におけるもう一つの伝統であるロバート・マルサスの行き方に対置し、リアリズムの視角から比較・考察する点で、ラスレットの立論は新鮮である。

ラスレットによれば、社会認識にかんするリアリズム（social realism）には二つの系譜があるという。Gregorian realism と Malthusian realism がそれである。命名法は、いうまでもなく、グレゴリー・キングとマルサスに――ただし前者はファーストネーム、後者は姓にであるが――由来している。

まず、後者からみよう。この系統の社会科学者が記述しようとしているのは、社会のなかにみられる〈相互依存関係〉である。関係といっても、それはたんにある出来事と別な出来事との間の因果関係や発生史的な関係にとどまらない。たとえば、市場において一時的な超過需要が発生したときのことを考えよう。それは価格を騰貴させるが、高騰した価格は今度は需要を減少させるので、結局もとの水準へ価格を引き下げる力が働いていることになる。

マルサスは経済学者であると同時に、人口論の確立者でもあった。そこで、このような相互依存関係を彼の人口理論（あるいは経済人口学）に即して考えてみよう。彼のモデルは、（1）出生率は生活水準（実質所得）の正の関数である、（2）死亡率は生活水準（実質所得）の負の関数である、（3）実質所得と人口規模の間には負の関係がある、という命題から成りたっている。人口の増加は出生率が死亡率を上回ったときに生じ、両者が等しくなると停止する。ただしマルサスの考えでは、出生率の経済的変化にた

図2-1　マルサス的リアリズムの一例：人口と経済との相互関連

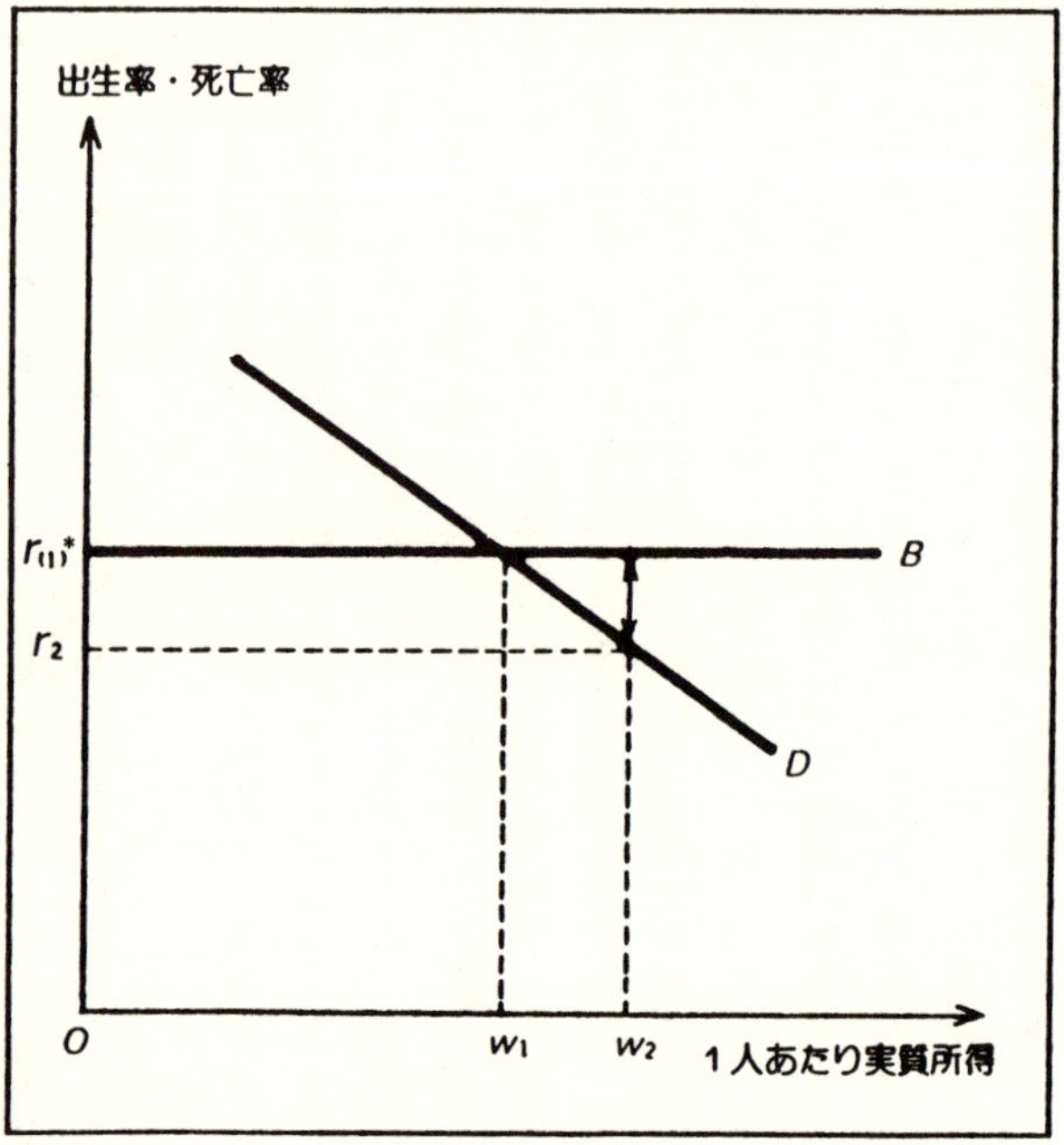

いする反応はスローで、死亡率のほうがアクティヴな働きをする。ここで図2-1によって、仮に何らかの外生的理由(たとえば政府による所得扶助)で一時的な生活水準の上昇(w_1→w_2)があったときの影響をみよう。それは、右の関係式(2)によれば死亡率を引下げるから($r_{(1)}^*$→r_2)、人口は増加しはじめる。人口規模が大きくなれば、関係式(3)が示しているように実質所得水準は低下を始め(w_2→w_1)、人口増加は止み(r_2→$r_{(1)}^*$)、結局もとの均衡点へと引き戻されてしまうだろう。

　このような相互依存関係は眼にみえず、したがって、単純な写実主義、素朴な実証主義の手法をもって捉えにくい。この系譜をひく作品に抽象派、すなわち数学モデル派が多い所以である。またそれらの作品が、多くの場合、人びとに「冷酷無情な帰結」（relentless consequences）を平然と提示してみせるという傾向をもつという点も付け加えておくべきだろう。このような相互依存関係とその帰結を認識・理解しえないということは、知的な意味での社会進歩を妨げるものだと、これらの作者は考える。マルサスや、彼の親友でもあり論敵でもあったディヴィッド・リカードはまさにそうであったし、最近のいわゆる自由主義経済学（サッチャー政権の経済政策を想えばよい）にもこの性向が顕著である。「結局のところ」、とラスレットはいう、「彼［マルサス］にとって敵は人びとの無知蒙昧（stupidity）であった[13]」。そしてこのような衆愚観もまた、サッチャー夫人に顕著な性向なのである。

マルサス的なリアリズムは抽象派に属するといえるかもしれない。しかし抽象化されていても、またデフォルメされていても、それがかえってリアリティを感じさせる効果をもつことがあることは事実である。ヘンリー・ムアが自らの芸術について語ったときにいっているように、「抽象という行為はリアリティから遠のくことと人びとは考えるが、たいていの場合その正反対」なのである。その意味で、マルサスはたしかにリアリストであった。彼の先駆者としては哲学者ホッブスの名前があげられようが、社会のワーキングスをこれだけみごとに模型化して示したという点で、彼の同僚リカードとともに、偉大なリアリストといってよい。

けれども、彼にはリアリストとはいえない面もあった。一七九八年に出版した『初版人口の原理』をみると、マルサスは英国の人口を約七〇〇万人と見積り、人口増加が生じていたという認識をもっていなかったことがわかる[14]。しかしその三年後に行われた第一回国勢調査によれば、実際の人口は約一一〇〇万人、かなりのテンポで人口増加が起こっていた。マルサスの推測はまことにいいかげんであった（もともと、その事実に彼はかなり動かされたらしく、第二版以降、彼の主張自体は少しずつ変化していった。そして、図2－1のモデルにも重要な変更が加えられることとなったのである。マルサスの名誉のために付け加えておく）。

　モデルが記述している人口と経済の間の相互依存関係がたとえリアルであっても、現実に起こっていることへの認識がいいかげんであれば、正しい結論を導きだすことはできない。マルサスの、産業革命期の人口政策・救貧政策にかんする処方箋が――本書十一章で明らかにされるように――的を射たものといいがたいのも、事実認識における不備と無関係ではないだろう。

　それゆえ――とラスレットはいう――リアリズムにおけるもう一つのタイプ、グレゴリアン・リアリズムが大事である。社会についての私たちの事実認識に空白部分があるとすれば、それをリアルに見つめる眼が必要である。マルサスより一世紀前の政治算術家グレゴリー・キングこそ、社会にかんする事実認識の欠如（これをラスレットはSocial opacityと呼ぶ）を克服しようという、最初の努力をした社会科学者――「彼の前にそれをしたひとなく、またずっと後になるまでそれを再び試みたひともない」――として評価されるべきだという[15]。

　キングの業績は、*Natural and Political Observations and Conclusions upon the State and Conditions of England* という長い名前の、しかしたいして厚くない著作に収められている。しかもそれは、ほとんど

図2-2　キングの国民所得勘定表

§ VI.—THE Annual INCOME, and EXPENCE, of the Nation, as it ſtood Anno 1688.

THAT the yearly INCOME of the Nation, Anno 1688, was - - - - - - -	£.43,500,000 Sterling.
That the yearly expence of the nation was -	41,700,000
That then the yearly increaſe of wealth was	- 1,800,000.
That the yearly RENT of the lands was about	10,000,000
Of the burgage, or houſeing, about - - - -	- 2,000,000
Of all other hereditaments, about - - - -	- 1,000,000
In all	13,000,000.
That the yearly PRODUCE of trade, arts, and labours, was about - - - - - -	30,500,000
In all	43,500,000.
That the number of inhabited houſes being about	1,300,000,
the number of families about - - - - -	1,360,000,
and the number of people about - - - -	5,500,000 ;—

The PEOPLE anſwer to 4¼ per houſe, and 4 per family.

That the Yearly Eſtates, or Income, of the ſeveral families, anſwer,

In common, to about - - - -	£.32.	0.	0.	per Family.
And about - - - - - - - - -	7.	18.	0.	per Head.
That the yearly expence of the nation is about	7.	11.	4.	per Head.
And the yearly increaſe about - - - -	0.	6.	8.	per Head.

That the whole value of the kingdom, in general, is about - - - - - - -	£.650,000,000 Sterling.
Viz. The 13 millions of yearly rents, at about 18 years purchaſe - - - - - - - -	234,000,000 Sterling.
The 30 millions and a half per annum, by trade, arts, labours, &c. at near 11 years purchaſe, (which, being the value of the 5 millions and a half of people, at £. 60 per head), comes to - - - - - - -	330,000,000.
The ſtock of the kingdom, in money, plate, jewels, and houſehold goods, about -	28,000,000.
The ſtock of the kingdom, in ſhipping, forts, ammunition, ſtores, foreign or home goods, wares, and proviſions for trade abroad, or conſumption at home, and all inſtruments and materials relating thereto - - -	33,000,000.
The live ſtock of the kingdom, in cattle, beaſts, fowl, &c. - - - - - - - -	25,000,000.
In all	£.650,000,000 Sterling.

D 4　　SCHEME

Gregory King. *Natural and Political Observations and Conclusions upon the State and Conditions of England* (1696), p. 47 より．キングはここで，1688 年名誉革命時のイングランドにおける国民所得（yearly income）・支出（yearly expence）・生産（yearly produce）と，総ストック（whole value of the Kingdom）およびその構成とを示している．

統計表と数字なのである。

すなわち、イングランドの人口規模、その性別・年齢・婚姻状態別・都市農村別分布、その成長率、平均世帯規模、世帯（家計）の平均所得、その社会階層別分布、国民所得と支出（図２－２を参照）等々、一国の社会経済の状態を示す数量情報なのである。それは分析の書ではない。社会と経済のメカニズムを解き明かした、というタイプの書ではない。あくまでも現実の社会と経済の記述に徹している。しかし他方、それは写実主義の作品ともいえない。抽象的とはいえないが、ありのままを描写したものでもない。実際、この本に載せられた統計のほとんどがキング自身の推計である。そして〈推計〉とは、眼前のものをただあるがままに写していたのでは得られない情報を、工夫と努力によって数量的に表現しようとする試みに他ならない。

この推計が労多く、また周到な作業の結果であったことは、キングの自筆ノートブックの存在によってわかっている。政府の公式記録を参照するだけではなく、人口についていえば〈サンプル・センサス〉の実施、消費についていえば自分自身の家計消費記録（図２－３をみよ）等々、ベンチマークとなるデータの収集、社会階層ごとの積み上げ――これらは現在行われている推計作業と何ら変わるところがない。

彼の著作に盛られた数字は、黙って座っていたのでは知りえないものであった。もちろんキングは現代の国民所得理論を知らない。したがって彼のいう annual income, and expence, of the nation は、現在の国民所得・国民支出とは違うかもしれない。しかし、いま私たちが、一七世紀末、近代経済成長の開始はるかに以前のイングランドについて現代版の国民所得統計表をみることができるのは、キングの推計があっ

図2-3　キングのノートブック

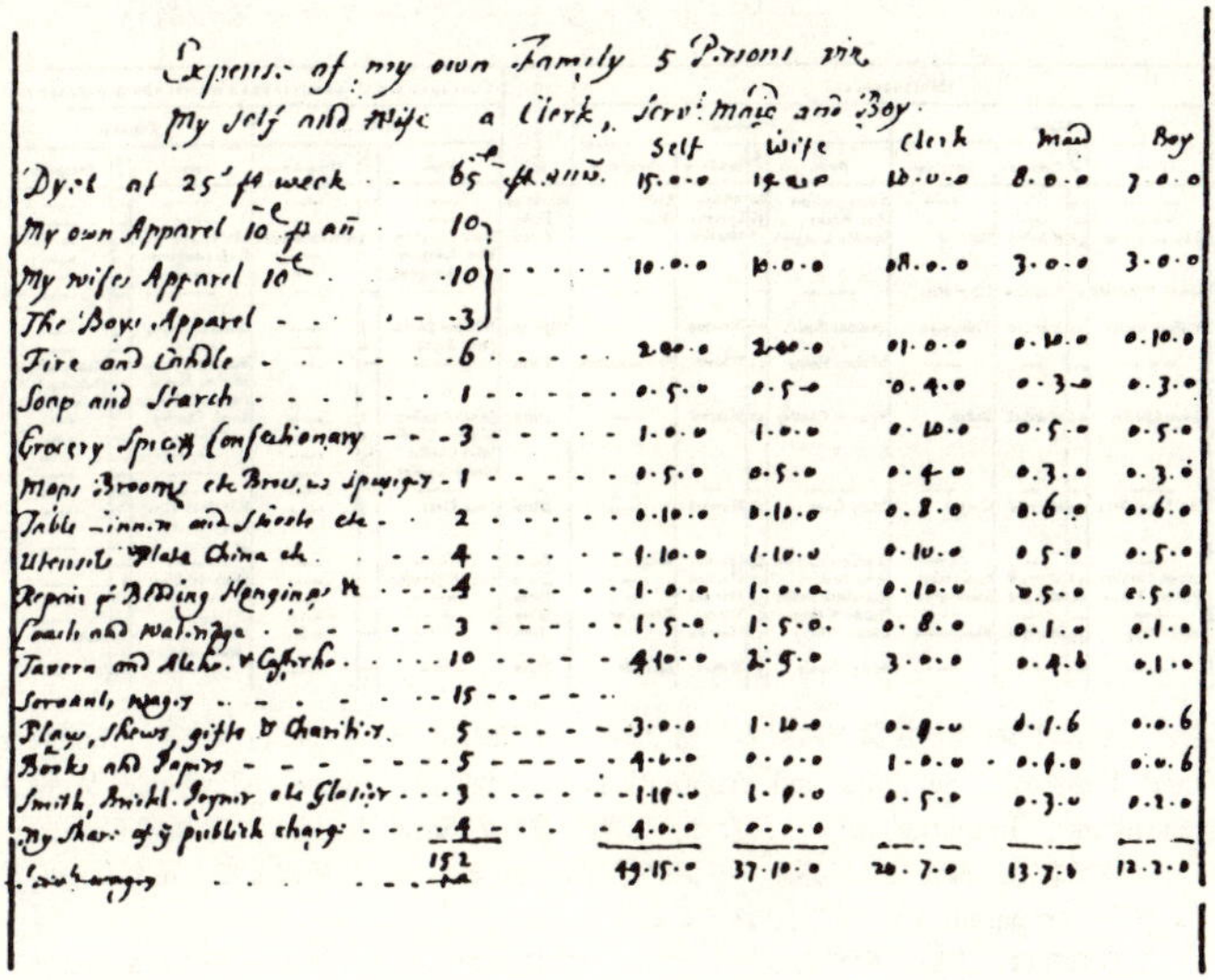
Expenses of my own Family 5 Persons viz.
My Self and Wife a Clerk, Servt Maid and Boy.

		Self	Wife	Clerk	Maid	Boy
Dyet at 25s p week	65 p annu.	15.0.0	15.0.0	10.0.0	8.0.0	7.0.0
My own Apparel 10l p an.	10					
My wifes Apparel 10l	10	10.0.0	10.0.0	08.0.0	3.0.0	3.0.0
The Boys Apparel	3					
Fire and Candle	6	2.0.0	2.0.0	01.0.0	0.10.0	0.10.0
Soap and Starch	1	0.5.0	0.5.0	0.4.0	0.3.0	0.3.0
Grocery Spices Confectionary	3	1.0.0	1.0.0	0.10.0	0.5.0	0.5.0
Mops Brooms etc	1	0.5.0	0.5.0	0.4.0	0.3.0	0.3.0
Table linnen and Sheets etc	2	0.10.0	0.10.0	0.8.0	0.6.0	0.6.0
Utensils Plate China etc	4	1.10.0	1.10.0	0.10.0	0.5.0	0.5.0
Repair of Bedding Hangings etc	4	1.0.0	1.0.0	0.10.0	0.5.0	0.5.0
Coach and Walkings	3	1.5.0	1.5.0	0.8.0	0.1.0	0.1.0
Tavern and Alehouse & Coffeeho.	10	4.10.0	2.5.0	3.0.0	0.4.6	0.1.0
Servants wages	15					
Plays, Shews, gifts & Charities	5	3.0.0	1.10.0	0.9.0	0.1.6	0.0.6
Books and Papers	5	4.0.0	0.0.0	1.0.0	0.0.0	0.0.6
Smith, Brickl. Joyner etc Glasier	3	1.10.0	1.0.0	0.5.0	0.3.0	0.2.0
My Share of ye publick charge	4	4.0.0	0.0.0			
	152	49.15.0	37.10.0	20.7.0	13.7.6	12.7.6

17th Century MS. Book of Gregory King, p. 250 より．これはキング自身の家計（夫婦プラス，住込の clerk，servant maid，boy の5人）の年間消費にかんする自筆メモである．第1行目の食費をみると，夫婦が15ポンドずつ，30ポンド，奉公人25ポンドである．主人夫婦と奉公人の間にはずいぶん格差があるが，夫婦間にはまったく差がないのが興味深い．居酒屋と喫茶店（11行目）への支出も10ポンドあるが，さすがにこの項目では本人の支出が一番多く4ポンド10シリング，夫人の支出は2ポンド5シリングである．キングは，このようなデータおよび他の記録から，社会階層別の家計消費および1人あたり消費額を算定し，それに別途推計された世帯数・人口数を乗じて国民総支出を計算した．

図2-2，2-3の図とも，Peter Laslett, ed., *The Earliest Classics* (Farnborough, Eng.: Gregg International, 1973) より．

たからなのである。手直しを加えれば、現代の国民所得フレイムワークに置きかえることのできる統計表が用意されていたからなのである。社会と経済についての認識における不分明な部分（opacity）を埋めたいという、現実的《リアル》な問題関心とアクティヴな探究心との果実が用意されていたからなのである。(16)

もちろん、グレゴリアン・リアリズムというのは国民経済全体にだけかかわる話ではない。家計の消費行動、労働供給行動につい

図2-4　18世紀における町村レベルの社会調査
――ドーセットシャー・コーフカースル教区の例

HOUSEKEEPERS.								RESIDENCE.	CHILDREN and GRANDCHILDREN resident with their PARENTS.					
Males.				Females.					Males.			Females.		
Name.	Age	Condition.	Occupation.	Name.	Age	Condition.	Occupation.		Name.	Age	Occupation.	Name.	Age	Occupation.
—		—	—	Sarah Jenkins	66	Widow	Knits	Markt-pl.	—		—	—		—
—		—	—	Ann Rolles	38	Spinster	Baker	Ditto	—		—	—		—
Wm. Langtree	38	Married	Butcher	Martha Langtree	38	Married	—	Ditto	Wm. Langtree	13	Breechesmaker	Mary Langtree	9	—
									Tho. Langtree	12	—	Eliz. Langtree	4	—
									Mary Langtree	1	—	—		—
Robert Whitcher	25	Bachelor	Claycutter	—		—	—	—	—		—	—		—
William Smith	32	Married	Fisherman	Susanna Smith	29	Married	—	High-str.	William Smith	5	—	Susanna Smith	4	—
									John Smith	2	—	—		—
—		—	—	Miriam House	45	Widow	Schoolmistress	Ditto	—		—	Elizabeth House	24	Plain work, &c
												Miriam House	22	Plain work, &c
												Susannah House	18	Plain work, &c
James Chaffey	36	Married	Baker	Frances Chaffey	32	Married	—	Ditto	James Chaffey	7	—	Sarah Chaffey	9	—
									William Chaffey	4	—	—		—
									John Chaffey	[illegible]	—	—		—
									Henry Chaffey	[illegible]	—	—		—
—		—	—	—		—		—	—		—	—		—
Rev. John Gent	49	Married	Curate	Mary Gent	29	Married	—	Ditto	John Gent	3	—	Elizabeth Gent	9	—
												Mary Gent	7	—
												Jane Gent	1	—
—		—	—	Elizabeth Damon	60	Spinster	Knits	Ditto	—		—	—		—
Robert Jenkins	38	Married	Shoemaker	Ann Jenkins	28	Married	—	Ditto	Joseph Jenkins	1	—	Mary Jenkins	2	—
William Butler	60	Married	Blacksmith	Elizabeth Butler	54	Married	—	Ditto	—		—	—		—
—		—	—	Julian Webber	67	Widow	Knits, &c.	Ditto	—		—	—		—
John Chipp	39	Married	Blacksmith	Honor Chipp	31	Married	—	Ditto	—		—	Mary Chipp, his bastd daughter	13	Knits
—		—	—	Mary Dennis	70	Widow	Midwife	Ditto	—		—	—		—

註）　これは1790年住民調査結果の一部である．表頭の項目はさらに右へ続き，'Lodgers and Inmates'，'Servants and Apprentices'，'Total per House'，'Probable Weekly Earnings'，'Remarks' がくる．たとえば第一番目の Sarah Jenkins は寡婦で66歳，一人住いである．編物をして週1シリングを稼いでいるが，それではとても足りないのであろう，on parish pay と註記されている．

この調査は，当時首相であった小ピットの甥にあたるウィリアム・モートン・ピットが行ったものといわれている．彼はドーセットシャーの地主で，コーフカースルは彼のホームタウンであった．調査のオリジナルは残っていないが，結果が J. Hutchins, *The History and Antiquities of the County of Dorset* という本の第2版（調査の6年後に公刊された）に載せられてひとの知るところとなった．上図はその第2版の vol. I, p. 290 より．（なおこの教区については，筆者の 'Who worked when: life-time profiles of labour force participation in Cardington and Corfe Castle in the late eighteenth and mid-nineteenth centuries', *Local Population Studies*, no. 22, 1979, pp. 14–29 を参照）．

ても同じことがいえる。人口学の領域では、結婚行動、出生行動にかんしてもそうである。ロンドンに在住の知識人が地方を回って――たとえばフレデリック・モートン・イーデン卿のように――各地の労働者の家計資料を収集し、*The state of the poor* という書物として出版する場合もあった。さらにまた、このような知的努力をしたのは中央の専門家にかぎられていたわけではなかった。一七―一八世紀のイングランドでは地域レベルで、あるいは教区レベルで、牧師などの地方の名士・識者が――素朴な方法によってではあるが――グレゴリアン・リアリストぶりを発揮することもあった。そのような営為の成果の一つに教区住民調査があり、ラスレットらの研究グループ（ケンブリッジ・グループ）は約六〇〇点の所在を確認している。その調査項目は作成者の問題関心——宗派問題から救貧問題まで——によって様々であるが、いずれもミニ・センサスの形態をとっていることは興味深い。それらの住民書上のうち最良のものといわれている、一七九〇年のコーフカースル教区（ドーセットシャー）の書上記録では、性・年齢・配偶関係といった一般的なことがらのほか、個人の職業が記載され、さらには雇用労働・賃仕事に従事しているものについては probable weekly earnings が、また教区から救貧費の支給をうけているものには on parish pay と注記がなされている。救貧問題というのは（本書の第十一章でもみるように）一八世紀末における最大の社会問題の一つであったが、この調査表をみると、作成者の頭のなかで何が〈不分明な部分〉であったのか、調査によって何を知ろうとしたのかが、私たちにも伝わってくるようである。

抽象派の優れた作品には鋭さがある。しかし、グレゴリアン・リアリストが問題とするようなことがらにかんする、根気よい、丹念な観察がなければ、抽象派の作品も結局のところはリアリティの感じられぬ、たんなる〈お遊び〉になってしまうであろう。

四　伝統と普遍性

二つのリアリズムに共通しているのは、積極的に問いかけようという姿勢である。単に眼の前にあるものをコピーしたのでは分からない何ものかを知ろうとする、強い探究心である。それは、マイクル・ポスタンが、史実（facts）に問題意識あるいは問題関連（relevance）を対置させて歴史的方法の問題を議論したのと基本的には同じといえるかもしれない[17]。何をレレヴァントと考えるかはそのひとの政治的・イデオロギー的志向によって違うであろうし、またそれは必ずしも狭い意味で現代的であることもないであろう。しかし、知的に能動的な態度はこれらリアリスト皆に共通している。

それゆえ、強調的《エンファティック》リアリズムも、またレレヴァンスを重視することも素朴実証主義への批判と看なすことができる。けれどもそれは、英国の伝統からの訣別ではけっしてないのである。それどころか、ラスレットはいう、「キングもマルサスもともに英国の《イングリッシュ》伝統に属する」と。二人は相対立し排除しあうのではなく、ともに今日の歴史家・社会科学者に必要な知的遺産を残してくれたのである。ただ、マルサス的リアリズムは英国の独占物ではないかもしれないが、グレゴリアン・リアリズムが最初に明瞭なかたちをとって登場したのは間違いなくイングランドにおいてであった。別ないいかたをすれば、グレゴリアン・リアリズムを伴わないマルサス的なリアリズムは他の文化圏においても発展をしたかもしれないが、両者がともに知的伝統の一部になったところは他にはないということであろう[18]。

そして、両者が拮抗すると同時に補完しあっているということは、伝統的な実証主義との間にも拮抗と補完の関係があるということにほかならない。歴史学におけるグレゴリアン・リアリズムは過去の知りたいと思うことがらを推測し、数量的に表現しようとするが、そのためにはデータがなければならない。それも史料がただ存在するだけではなく、その史料が何を示しているか、どの程度に代表的か等々、データの氏素性や地理的・歴史的バックグランドを知らなければならない。そしてこれは伝統的な実証史家のもっとも得意とするところであり、歴史人口学者や数量経済史家との協力が可能な場なのである。最初にかかげたヘンリー・ムアの言葉を援用していえば、マテリアル（史料）の性質に十分の注意をはらった上で、自分が打ちだしたいと思うアイディアをその史料を通して表現させることなのである。ピーター・ラスレット自身を例にとってみよう。彼は、新自由主義と市場経済万能主義への回復が顕著なこの頃においてなお、福祉国家、あるいは所得再配分のビルトインされた社会機構は産業革命以前にまでに遡る英国の伝統だという信念をもち、これをグレゴリアン・リアリズムの視角から数量史的手法によって描きだそうとしてきた。歴史の専門職業化が極端にまで進んだ今日、彼のような新しいタイプの歴史社会学者が英国歴史学会のなかに無視し得ぬ地位を築きうるのも、あるいはまたE・P・トムソンのような、経済決定論と正反対のところにいる左翼の歴史家の作品が——モラル・エコノミー論にみられるように——新鮮なインパクトと広範な影響力をもちうるのも、このような知的バックグランドと歴史的遺産があるからだといえないであろうか。

しかしよく考えてみると、それをなにも英国に特殊な知的風土と看なす必要はない。エンピリカルにしてリアルな、リアリスティックにしてエンピリカルな歴史研究は、私たち自身が目指していることではないだろうか。リアリティの感じられない理論と素朴実証主義とが奇妙に結びあっているような作品が多い日本の歴史学界が、英国の伝統に学べることがあるとしたら、それは特定の学派の理論や方法論にではなく、その背後にある姿勢と態度、すなわち笠信太郎のいう〈ものの見方〉、〈頭の動かし方〉にあるというべきであろう。

＊註

H. Moore and J. Hedgecoe, *Henry Moore: My ideas, inspirations and life as an artist* (London: Ebury Press, 1986), p. 87.

（1）笠信太郎『ものの見方について』（初版、一九五〇年／朝日文庫版、一九八七年）、「イギリス」の頃。

（2）英国人は実証主義的だといおうとするとき、英国人は positivist だとはけっしていわない。いまここでは実証的という言葉を empirical の訳語として使っているが、それをもし positivist の対応語として考えるなら、話ははなはだややこしくなる。オーギュスト・コントに始まるところの positivism は、一方では推測を排した科学的な学問方法論であると同時に、他方ではその上に社会学、さらには社会哲学が構築され、最後は一種の宗教的な色彩すら帯びるにいたった。それゆえ、あの歴史家は非常に empirical だというかわりに positivist というと、empiricism 以上の社会哲学的なニュアンスが加わってしまうため、奇妙な混乱が生ずるのである。

（3）R・ウィリアムズ『キイワード辞典』（原著初版、一九七六年／岡崎康一訳、晶文社、一九八〇年）、一三九頁。

（4）以下、次の文献によるところが多い。N. B. Harte, 'Introduction' to *The Study of Economic History: Collected inaugural lectures 1893-1970* (London: F. Cass, 1971); D. C. Coleman, *History and the Economic Past: An account of the rise and decline of economic hisory in Britain* (Oxford: Clarendon Press, 1987); D. Cannadine, 'The present and the past in the English industrial revolution 1880-1980', *Past and Present*, no. 103 (May 1984), pp. 131-72; J・ケニョン『近代イギリスの歴史家たち――ルネサンスから現代へ』（原著初版、一九八二年／今井宏・大久保桂子訳、ミネルヴァ書房、一九八八年）、第四章以下。

（5）Harte, p. xxxvii.

（6）ケニョン、一一五―一一六、三三八頁。

（7）Coleman, p. 87.

（8）M・M・ポスタン『史実と問題意識――歴史的方法に関する論文集』（原著初版、一九七一年／小松芳喬監訳、岩波書店、一九七四年)。
(9)T・S・アシュトン『イギリス産業革命と労働者の状態』(原論文、一九四九年/杉山忠平・松村高夫訳、未来社、一九七二年)、三六頁。
(10)Cannadine, pp. 142–49, 159–67.
(11)J・ホイジンガ『ルネサンスとリアリズム』(原論文、一九二九年/里見元一郎訳、河出書房新社、一九七一年)、一三頁。
(12)以下は筆者が以前に書いた「リアリズムの学問としての経済学——理論と実証」(『経済セミナー』一九八五年八月号)の一七—一九頁を発展させたものである。ラスレットの講演は、その後 P. Laslett, 'Gregory King, Robert Malthus and the origins of English social realism', *Population Studies*, vol. 39 (November 1985), pp. 351–62として発表された。彼の歴史人口学と、彼の創設したケンブリッジ・グループの成果とにかんしては、筆者の「家族と人口の歴史社会学序論」(斎藤修編『家族と人口の歴史社会学——ケンブリッジ・グループの成果』リブロポート、一九八八年、所収)を参照していただきたい。
(13)斎藤修『プロト工業化の時代——西欧と日本の比較史』(日本評論社、一九八五年、岩波文庫版、二〇一三年)、九五—一〇〇頁を参照。ただ、これはマルサスの叙述から定式可能な唯一の図式ではない。これとは若干異なった——しかし含意においては相当に異なった——モデルを区別することができ、かつ、そのほうがイングランドの歴史的現実に合致するということが、近年明らかにされてきている。斎藤、同書、一〇四—九頁をみよ。
(14)Laslett, p. 357.
(15)T・R・マルサス『初版人口の原理』(原著初版、一七九八年/高野岩三郎・大内兵衛訳、岩波文庫、一九六二年)、三六頁。
(16)Laslett, p. 353.
(17)ポスタン、第二、第五章。
(18)Laslett, p. 357.

構造と変容

三　稲作と発展の比較史

――タイからみた日本の中世と近世

一　起

はじめに

異文化との出合いは、多かれ少なかれ、カルチャーショックをひとに与える。いわゆる知識人の場合でもそれは同じだろうが、大部分の知識人は西欧のことはよく知っているので、アジアやアフリカとの出合いから強い衝撃をうけることが多いのではないか。

異文化圏の社会をみることは、他方で、私たちの知識の幅をひろげてくれる。視野がひろがることもあるだろう。しかし、その最大の効用はおそらく、アジア（あるいはアフリカ）から振りかえって自分が専門としている領域を見直す場合に得られるだろう。私個人の場合でいえばアジアの現実を念頭において創られた概念や視角でもって、もう一度日本の社会や歴史を考えてみたら、何か興味深いパースペクティヴがひらけてくるかもしれない、新たな論点がそこから生れてくるかもしれないという思いがあった。

本章は、実際、このような観点からのささやかな試みである。私たちがみたのはタイ、そして本章で取り上げるのは日本の中世である。なぜタイであって、他の国ではないのかはよいとしても、なぜ日本の中世なのかについては若干の前置きが必要だろう。

生態学と歴史

ひとが生存し生活してゆくための活動を社会のなかで捉えようとするとき、私たちは経済《エコノミー》を問題にするという。これにたいし、ひとの同じ営みを自然との関係において把えようとするときのアプローチは、生態学《エコロジー》と呼ぶことができる。社会や経済の非常に長い歴史のなかで生態学的な要因が重要な（ときには決定的な）役割を果たすことがあったということは、エスター・ボースルプやリチャード・ウィルキンソンの著作を繙くまでもなく、真実であろう(1)。本章で私は、このエコロジーを基点として話を始めたいと思うのである。

ボースルプもウィルキンソンもともに、人口の農業発展への（後者の場合にはさらに広く経済発展への）インパクトを問題とする。私自身にとっても人口は最大の関心事の一つではあるが、今回タイで直接にみたものは浮稲《うきいね》、つまり農業と農地の景観であった。そして、稲作と農地開発の歴史はまた、生態学的アプローチがもっとも有効な領域の一つであり、事実、タイ研究にはその角度から書かれた優れた論文が存在する(2)。私はそれらを読み、もしそれらをフレーム・オヴ・リファレンスとして日本を見直すとしたら、新しいパースペクティヴがひらけてくるのは中世から近世初頭にかけての時代を措いて他にないと感じた。その対比が適切であるかどうかは追々わかっていただけるものと思うが、少なくとも私個人にとっては、それによって日本の中世と呼ばれる時代から近世の体制への移りかわりについての理解が深まったことは事実なのである。

日本の中世社会

社会経済史上において、日本の中世はよくわからない時代である。よくわからない時代にレッテルを貼るためには、時間の流れに沿った発展・進化に規則性をみようとする発展段階論、あるいは進化論的枠組は便利な道具であるが、ひとたびそういうモノサシを棄ててしまうと、日本の中世社会をどう考えればよいか――とくに私のような近世から近代を専門とするものにとってそうなのであるが――わからなくなってしまう。

たとえば国家形成の問題をみてみよう。私たちは、古代の律令国家が平安末期にはすでに機能しえなくなっていたことを知っている。そして、戦国時代に各地で大名領国が成立し、そのなかから統一政権が生まれたことも知っている。しかし、その間の時代は何だったのであろうか。これに封建制社会というレッテルを貼ることは容易であるが、それだけでは社会のイメージは浮んでこないのである。

経済に眼を転じても事情はあまり変わらない。教科書にはよく、大名領国が形成された背景には、農業生産力の発展とそれに伴う貨幣経済の発達があったと書かれている。そして後者にかんする証拠として、荘園年貢の貨幣納化（代銭納という）や、戦国大名の貫高制（銭で納められた年貢高を基準に土地の評価を行う制度）、楽市楽座あるいは六斎市の保護・奨励策があげられることが多い。けれども、このような理解では、徳川政権の下で、貨幣ではなく、米の高を評価基準とした石高制が体制的に成立、年貢の納入方法も貨幣から現物（米）への一見したところ逆もどり現象を示すことをどう考えたらよいか説明に苦しむことになる。

　農業面でもそうである。一般に近世社会は、自給自足志向の強い本百姓層を中核とした、典型的な農業社会と見なされることが多い。とくに近世初期、ほぼ元禄時代までについてはそうである。そしてこの考え方からすれば、一段階前の中世は、より低レベルの農業社会ということになろう。けれども、最近出されている新しい中世史解釈はこれと非常に違う。井上鋭夫や網野善彦らの仕事を手がかりにまとめてみると、農業民の定着性は低く、他方で非農業民（遍歴する手工業者、交通と流通にかかわる人びと）のウェイトと社会的地位が高かったというのが、その中世史像である。[3] このギャップは、先に述べた貨幣経済・市場経済の評価とも関連する問題であるが、同時に、そしてなによりもまず稲作と農地開発の歴史にかかわる問題である。

　私は中世史の専門家ではないから、これらの問題に正面から取組む資格はない。ただ、タイ研究にヒントを得た生態学的アプローチを農地開発の問題に適用し、そこから国家形成、貨幣経済の問題に若干の解釈を加えてみたいと思っている。

二　承＝タイの開発史から

稲作の生態学

稲作の歴史は水と地形の問題から切り離して考えることができないが、この点にかんして非常に明快な議論をしているのが高谷好一である。[4] 彼はチャオプラヤー（メナム）川流域の研究をもとに、稲作の歴史を河川の上流から下流へという図式によって要約する。

一般に稲の生育地としては、下流にゆけばゆくほど条件がよくなる。もっとも、山間域から扇状地へと出た場合には、表３－１にみられるように条件はかえって悪化するのであるが、全体としてみるかぎり、大河川の上流から下流への移動は「稲の生え易さ」への方向をもっていた。

この上流から下流への移動はまた、ひとの定住の歴史でもあった。実際、稲の生育地として特等地にランクされている、最下流部の新デルタ、タイの場合ならバンコク周辺の平坦部が開発されたのは、せいぜい一八世紀以降のことであったという。

なぜ山間部から開発が始まったか

それでは、なぜ稲作の特等地から開発が始まらずに、上流部の条件の悪いところから始まったのであろうか。

表3－1　稲作と生活面からみた河川流域の評価

流域の地域区分		稲作からみた評価	生活面からみた評価
		等地	等地
上流部	山間の平坦部	3	1
中流部	扇状地・段丘複合	4	2
	閉塞低地	2	2
下流部	古デルタ	2	2
	新デルタ：微高地	1	3
	腕　部	1	10
	平坦部	特	10

資料）高谷好一「地形と稲作」，石井米雄編『タイ国──ひとつの稲作社会』（創文社，1975年），231-235頁．同，236頁に類似の表があるが，どういうわけか，扇状地，段丘複合の稲作面からの評価が3等地となっている．

それに答える前に、まず表3－1における稲作適性地のランキングが正確には何を意味しているかを知らなければならない。ここでいう評価は、「稲がみずからの生理的な力だけで、何の手も加えられないあるがままの自然の中に生育してゆく」場合に、実際に生育し結実する面積は、各地域においてどのくらいの割合をしめるか、という観点から行われている。新デルタが特等地なのは、そこでは雨季になると徐々に湛水し、その平坦部では「一片の土地をもあますことなく」稲の生育が可能となるからにほかならない。別ないい方をすれば、デルタではそれだけ潜在的な人口扶養力が大きいわけである。そして、そのことは逆に人口規模がまだ小さい開発の初期段階では、山間部の狭い盆地や谷間であってもとくに不都合が生じないということを意味する。

しかし、なぜ山間部においてまず最初に定住が行われたかを説明する、より重要な要因は、生活面からみた河川流域の評価である。表3－1の右の欄がその観点からみたランキングを示すが、それによればもっとも条件の良いのが山間部で、逆に極度に劣悪なのがデルタなのである。山間部の多様な地形は、容易に、安全で健康的な

図3-1　チャオプラヤー・デルタの浮稲田（撮影筆者）
田とはいっても畦はなく，湖水に直植えされた稲のようにみえる．水深がかなりあるので舟（写真中央にみえる）を使うことができる．農作業の必要はないので，釣あるいは移動用であろうか．

住居用地を確保することを可能にするし、流水の存在は水利用の点からも便利である。これにたいし、雨季には微高地を除いてほぼ全域が水没するデルタでは、簡単にひとが住みつける場所がないのである。

さらに、もう一つ問題がある。仮にひとがデルタに住みついたとしても、そこで栽培される稲の品種はデルタの自然条件に適したものでなければならない。氾濫水の増加とともに水のなかに没してしまうような通常の稲ではだめである。氾濫水の増加スピードに合わせてぐんぐんと背丈を伸ばしてゆくことができ、水深が三メートルに達してもその上に穂を出すことのできる品種、すなわち「深湛水に耐えうる伸長潜在力と、急激な増水に耐えうる瞬発的伸長力を兼備した品種」、すなわち浮稲でなければならない。そのような品種を発見しえなければ、デルタは稲作のための適地とはなりえなかったのである（図3－1）。

農学的適応と工学的適応

デルタにおけるこのような品種選択を、自然にたいする農民の〈農学的適応〉と呼んだのは、歴史学者石井米雄である。(5) 彼によれば、農民の自然への対応にはもう一つのタイプがあり、それは〈工学的適応〉であるという。

稲の生育に適した用水条件が自然によってすでに与えられているデルタのようなところでは、「農民に求められる知恵は、品種の選別という、いわば農学者のそれである」が、そのような条件がととのっていないところ（たとえば山間部や扇状地）では、遠くから水を引くか、天水を溜めるか、用水の確保と管理のために多くの労働を費やさなければならない。農民は「導水溝をうがち、揚水装置をもうけ、堰をきずいて川をせきとめ、あるいは貯水のための貯水池をつくらなければならない」、すなわち土木工学が必要とされるのである。

国家の関与

これら二つの途のうち、どちらが選択されるかは自然条件によって決定される度合が高い。そして、ひとたびどちらかの途が選択されれば、その地域に形成される国家の性格が異なってくる。

工学的適応の途をとる場合でも、どの程度の自然改造が必要か、どの程度の規模の工事が行われるか、そのためにどの程度の量の資材や労働力が調達されなければならないかは、さまざまである。しかし、工事がある程度をこえて大きくなるときには、資材の調達や労働力の動員のために、家族や村落共同体の枠をこえた国家レベルの政治権力の関与が必要となってくるだろう。

したがって、結局、国家の農業への関与は大規模な灌漑設備や治水施設を要する地域で最大となり、農学的適応だけで十分な地域で最小となると考えられる。

タイ国家の発展パターン

自然地理との関連でタイ国家の歴史をみると、三つの核心域が存在する。第一はチェンマイを中心とする北タイの山間盆地、第二はアユタヤを南端とするデルタ北部（古デルタ）地域、そしてバンコクを中心とした新デルタ地域である。古代、中世、近代の国家はそれぞれこれらの核心域に成立した。石井米雄の説くところによれば、それぞれの国家の特質は次のようであった。

チェンマイ盆地では、天水だけによる農業は成立しえない。何らかの人工灌漑が必要である。それは一般には共同体レベルで管理しうる程度の規模であったが、幹線用水路は、より大きな政治権力によって管理されなければならなかった。ラーナタイ王朝を典型とする、一四世紀以前の小国家には、このような国家による用水支配――といっても乾燥地におけるほど大規模なものではなかったが――が認められるのである。

しかしタイの場合、その後の発展は、国家権力の生産への関与が強まる方向（大規模な「水力国家」の成立）へは向かわなかった。タイの中世は一四世紀半ばのアユタヤ王朝の建国をもって始まるとされるが、それは氾濫原に立地しており、そこにおいて農民はもはや「営々として用水路の掘削に汗を流す必要はない」。「自然の鼓動に耳を傾けて、これに共鳴するような生産方法」をもって新たな環境に適応したからである。このような農業に基盤をおく以上、国家が農民の生産活動へ関与する余地はきわめて限られていた。国王の関心はむしろ貿易にあったのであり、その意味でアユタヤ王朝は「商業国家」の性格をもっていた。事実、他国へ輸出された商品のなかには、農民が租税として納めた米が含まれていた。

一八世紀になると、核心域がより下流のバンコクへ移動する。しかしそのこと自体は、「巨視的時代区分において、新しい時代の設定を要請するほどの事件であったとは思われない」という。実際、その移動は古デルタから新デルタへの移動にすぎなかったから、農業基盤の基本性格にはとくに大きな変化が生じようがなかったのである。

このように、タイ国家の歴史は大河川の上流から下流へ向って展開したのであるが、その際に、生態学的条件の変化と、それによる農民の自然への適応形態の変化とによって、その歴史には独特の発展パターンが刻印されることとなった(6)。

二つの視点

タイにおける国家形成と発展のパターンについて以上のような紹介をしたのは、その図式がそのまま日本の中世から近世にも当てはまるだろうと考えているからではない。戦国時代の大名領国制から徳川幕藩体制を「国王を最大の『商人』とし、これをたすけて活発な商業活動を行う家産官僚群よりなる『商業国家』」と捉えるとしたら、その現実との距離は誰の眼にも明白だからである（もっとも、室町幕府自体にはその傾向がなかったとはいえない）。

ここで私たちが学ばなければならないのは、開発の過程における農民の自然にたいする二つの適応形態（工学的適応と農学的適応）を基礎に国家の形成と性格を考えようという視点と、その前提となっている考え方、すなわち、稲の生育にとっての有利さと生活のしやすさとの間には逆比例の関係がある、トレード・オフの関係があるということから開発の過程をみようという視点とであろう。

この二つの視点を組合わせることによって、問題を以下のように一般化できる。

歴史の初期段階において人口規模がまだ小さいとき、生活のしやすさが優先されることは一般的といえることだといってよい。すなわち、スタートは山間盆地にあることが多いであろう。ただし、ここでは

表3－2　水田開発に伴う変化の類型

中・下流の水田開発	初期の生産基盤	
	稲作	その他
農学的適応	A	C
工学的適応	B	D

「生活のしやすさ」ということを広く解釈しておく必要がある。たんなる居住ということだけではなく、水稲耕作以外の生活手段獲得の容易さ、たとえば狩猟・採取から畠作（陸稲も含めて）、さらには非農業活動まで含めて考えるほうがよい。タイはたまたまかなり古くから水稲耕作社会であったが、のちに稲作社会となったすべてのところがそうであったわけではないのである。

いずれにせよ、このような状況で人口が増加すると、人びとは谷あいの盆地から出てゆくことになる。そのとき、チャオプラヤー・デルタのように条件に恵まれたところであれば、農民は農学的適応をすることになるが、そうでないところでは何らかの形で工学的適応をせざるをえないだろう。実際、タイのようなケースのほうがまれであって、アジアの稲作地帯では後者の対応を選ばざるをえなかったところが多かったと思われる。アジア的専制主義というような一網打尽的なレッテルが（その当否は別として）成り立ちうる根拠も、ここにあったと考えることができる。

以上を図式にまとめると表3－2となる。タイのように、小型の「水力国家」から「商業国家」へと変化した場合がタイプAである。アジア的専制国家の確立過程は、タイプBの一つの事例と見なせるだろう。

それでは、日本の場合はどのように考えたらよいであろうか。タイプAでないことは明白である。しかし、それでは工学的な対応一本槍と考えてよいのだろうか。たしかにこれまでの通説的理解では、戦国時代における大名領国制成立の経済的基礎として戦国大名による治水・灌漑工事が重視されてきた。けれども私には、いま述べた視点からもう一度この時代を見直してみるとき、単純にタイプBの変化であったともいえないように思える。まず何よりも、最近の新しい中世史解釈において提出されているように初期段階の社会の生産基盤として水田稲作以外の要素も重視すべきであろうし、さらには農民の農学的な対応もまったく無視すべきではないのではないだろうか。次節では、この点についてやや詳しくみてみることにしよう。

三　転＝日本の中世社会へ

谷地田から沖積平野へ

ある雑誌をみていたところ、全国農協中央会の広告、「水稲栽培は、日本の風土に最適」という文章が眼にとまった。「日本で水稲を栽培するようになったのは、二千年あまり昔の弥生時代初期」「稲と日本人の宿縁のいかに深いかがわかります」。「幸い日本は水に恵まれているので、これを巧みに利用し、我々の先祖は水稲の栽培を行なってきました。河川流域の平坦地ばかりでなく、山の急斜面まで開墾して世界一の水田を作り上げたのです」、と。

「世界一の水田」かどうかは知らないが、たしかにこの文章は、私たちの、稲作の歴史についての通念をよくあらわしている。事実、日本の米どころというと、私たちはすぐ越後平野や庄内平野などを想いうかべる。ひろびろとした、稲穂が波うつ平坦な沖積平野の水田である。

しかし、稲作の歴史が遠く弥生時代まで遡ることは事実だけれども、このような水田イメージが一般化したのはそう古いことではない。河川学の大家小出博によれば[7]、西南日本と東北日本とを比較すると、西南日本のほうが大平野の水田地帯が少なく、勾配が大きく急なところに立地した水田が多いという。農業の発展・水田開発という点では西南日本のほうがずっと先進的であったから、この事実からも私たちは、沖積平野の開発が時代的には新しいことに属することを知ることができる。

最初に開発が進められたのは、谷間あるいは山麓であった。谷間に細長く、流水によって灌漑を行う水田、あるいは台地の端の湧水を利用してつくられた小規模な水田、それが初期段階の農業景観であった。これらは谷地田《やちだ》または谷戸田、迫田などさまざまな名称で呼ばれているが、だいたいどの地域でも水稲耕作は谷地田という形態で始まったとみられている。

このような田は現在からみると条件がよくない。多くの場合、水温が低い。また水を得ることは容易でも、排水が思うようにできないところが多かったであろう。けれども、たえず安定した水の供給があるということは大きな利点であった。単位面積あたりの収量は高くなくても、毎年安定した収穫を見込むことができたからである。

しかし、山間あるいは山麓がまず選ばれたのは、そのような耕作上の理由だけではなかっただろう。何よりも住みやすかったからだと思われる。大平野に比べて山間部のほうが、防災面でも、飲料水の確保ということも含めた意味での衛生面でも、暮しやすかったということは——タイの場合ほど極端なコントラストはなかっただろうが――わが国でも同じであった。

それに加えて、山間部のほうが米以外の食糧を得やすかったということもあげなければならない。たとえば飛騨というと典型的な山国であるが、そこに明治初年に作成された『斐太《ひだ》後風土記』という資料がある。それを用いて食糧資源の計量的な分析を行った国立民族学博物館の研究によると、明治維新前後の飛騨ではまだ米以外の畑作物、さらには野生動植物（イノシシ、シカ、サケ、あるいはトチ、ナラ、クリの実など）も重要な食糧資源であったという(8)。時代をもっと遡れば、これらの多様な食物を摂取して生活をしていた地域はけっして少なくなかったはずであり、またそれらの採取が容易であったということが居住地選択の重要な要因であったことは疑いない。

いずれにせよ、日本の場合も、開発は河川の上流から下流へ向って進行したのである。

佐賀平野の例

この点を直截に示してくれるのが、八木宏典の本格的な農業史モノグラフからとった図3－2である。そこには、佐賀平野における開発進展のプロセスが模式的に描かれている(9)。

佐賀平野は、もっとも早く開発に手がつけられたところである。そのためもあってか、この図のなかに谷地田段階は明瞭に現われてこない。しかしそれでも、佐賀平野の開発が下流に向って進展していった様子が一目瞭然であろう。鍋島藩の城下町佐賀は沖積平野の真ん中に位置しているが、律令時代の行政中心地としておかれた国府は山系から扇状地へ出たばかりのところにあったということは、その端的な現われ

図3-2　佐賀平野の開発進展模式図

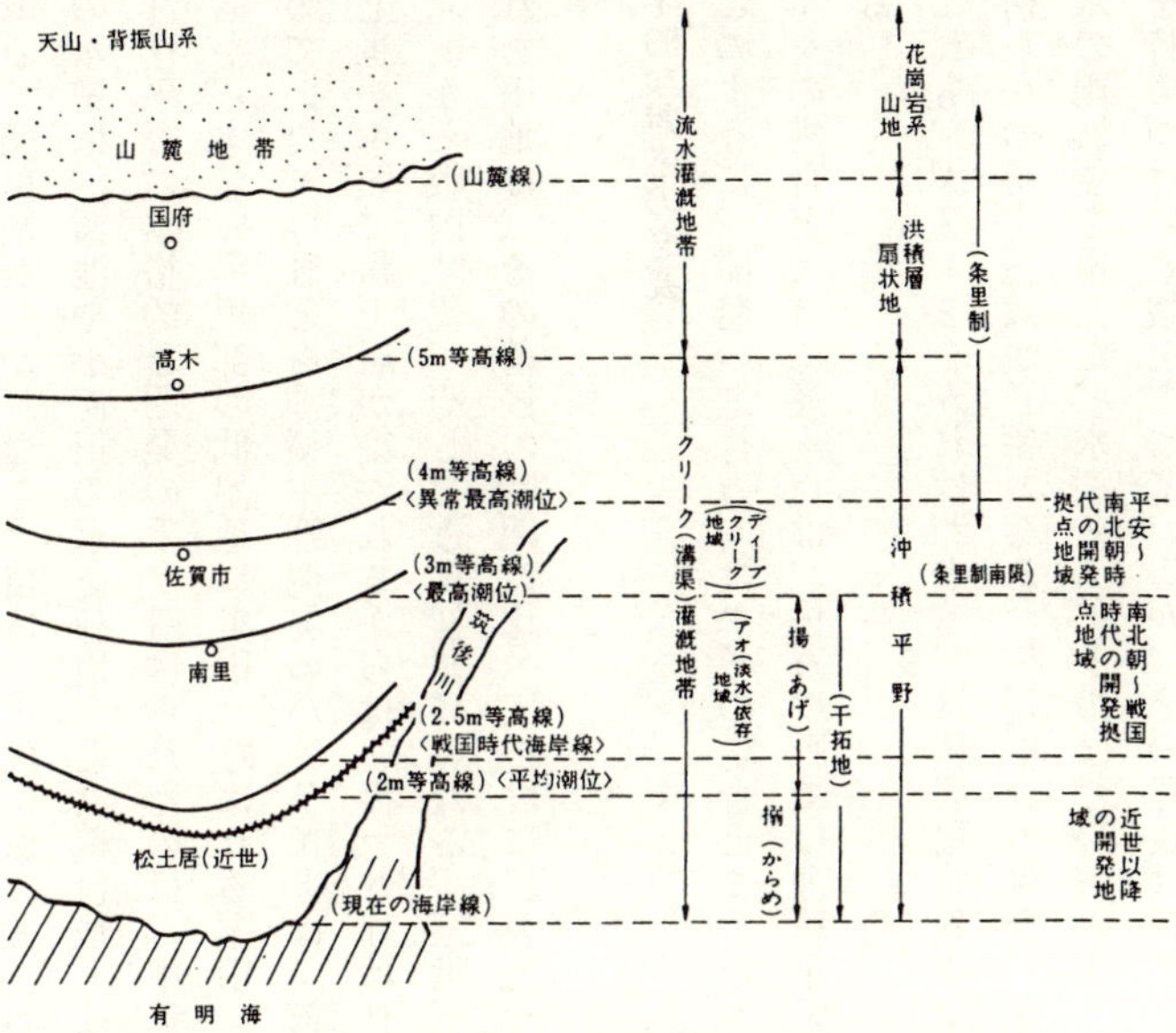

資料）　八木宏典『水田農業の発展論理』（日本経済評論社，1983年），56頁.

である。条里制がしかれたこと自体、古代におけるこの地方の先進性を示すものといえるが、その条里制下の水田は、溜池や小河川の水を利用した洪積台地上に開かれた耕地が主要部分をしめていた。

沖積平野に本格的な開発の手が着けられたのは、中世に入ってからといってよい。もっとも、平安時代後期からすでに平坦部の低湿地に牟田と呼ばれる湿田（たえず湛水していて排水の難しい水田）が開かれ始めていた。けれども沖積平野開発のハイライトは、何といっても標高二メートルから三メートルの間、一七世紀中頃に松土居が築かれてからは「揚」と呼ばれるようになった地域の開発であった。時期的には、南北朝から戦国時代、そして近世初頭にいたる、三世紀間のことであった。面積の上でも、この間に開発された田地は、その前後の時期に比べて格段に広大だったのである。

工学的な対応の必要

このように、開発の進行方向はタイの場合とまったく同じであった。しかし、一つのチャオプラヤー・デルタの場合と大きく違う点は、佐賀平野では沖積平野の開発に〈工学的〉な叡智も必要とされたことである。

これも、図3－2をみればわかる。洪積層扇状地までは流水灌漑でほぼ充分であったのが、沖積平野では何らかの用水施設が必要となる。佐賀平野の場合、クリーク灌漑がそれである。クリークとは、取水・排水の両機能を備えた、水深一メートルほどの堀のネットワークである。現在でもクリーク農業は佐賀平野を特徴づける景観をなしているが、その建設は中世にまで遡ることができるのである。

佐賀平野の特異性は、それがわが国でもっとも干満差の大きい有明海に面しているということである。四メートルの等高線をこえて下流に出れば、異常最高潮位時には高潮被害にさらされる。三メートル・ラインをこえれば、異常時でなくてもその危険が生ずる。何らかの形の潮堤がないかぎり、それ以上の開発は難しいのである。

しかし、「新たな自然の脅威」が生ずることになった反面、新たな可能性も開かれた。そもそも干満の差が大きいということは、ひとたび防潮堤（この地方では潮土居と呼ばれたが、塩堤という名称の地域もある）の築造に成功すれば、今度は干拓がきわめて容易にできるということである。潮土居は必要からつくられたものであったが、開発の拠点ともなったのである。

干満の差が大きいということには、もう一つ利点があった。満潮時に筑後川の逆流水をクリーク網に導入し、貯えることが容易であった。この貯溜された農業用水（淡水）が「アオ」である。しかし、この利点を生かすためには、やはり〈工学的〉な営為、すなわちこの場合には筑後川に樋門をつくるということが必要だったのである。

以上みてきたように、開発が下流へ向うにつれ、一方では工学的な対応に迫られたのであるが、他方ではそれによって水田稲作によりいっそう有利な条件がつくりだされることになったのである。

利水と治水

もちろん、佐賀平野の場合は特殊なケースではないかと考えるひともいるだろう。北九州は古代から朝鮮半島を通じて大陸と交渉のあったところであり、また有明海に面していたということも佐賀平野に特有の条件であった。しかし、高潮との闘いを河川の氾濫との闘いに置きかえてみれば、そしてまた開発のテンポももう少し緩やかなものであったと考えれば、以上にみたパターンは大筋において一般的なものと考えてもよいだろう。

佐賀平野にかんする個別研究を一般化する場合の問題は、むしろ別なところにある。右の紹介を読んだ多くのひとは、おそらく、次のように考えるのではないかと思う。わが国の場合、沖積平野の開発のためには大規模な治水事業が前提であり、またそこにこそ戦国大名、あるいは幕藩制下の領主の存在理由と権力基盤があったのだ、と。

これは通説的な解釈そのものである。しかし、右の事例からこのような結論を導きだすのは正しくない。先にも言及した小出博は治水と利水とを峻別すべきだとして、この時期にかんする通説にたいして次のような警告を発している。

わが国水田の開発経過をみると、治水が利水に先行して行なわれた場合はほとんどなく、治水を前提としなければ水田開発ができない場所はごく限られ、河畔の局部にわずかに分布するにすぎない。農民による水田開発がある程度すすんだ段階で、はじめて治水が取り上げられ、生産の場の安定と整備の役割を果すというのが普通であって、これが沖積低地開発の常道であった。この意味で利水は常に治水に先行する。

［この点が理解されなければ］河川灌漑の開発は大規模な治水を前提とし、戦国大名や領主が手にした土木技術と、幕藩体制の確立によって中央と地方の広域支配を手中におさめた強い権力構造の下で、治水を前提としてのみ可能であったという通史的な考え方が支配的になり、一七〇〇年以上積み重ねた、農民の知恵と経験にもとづく技術はすべて無視されてしまう。(10)

この主張は、日本史家の大名領国制論や幕藩体制論にも影響を及ぼすような、重大な問題提起を含んでいるが、その点の検討は次節へ回すとしても、これによって、沖積平野の開発が〈工学的〉な技術をもった支配者の登場によって初めて可能となったという考えは、佐賀平野の事例解釈としても間違っているということが明らかになったことと思う。

農学的適応——赤米の導入

ここで注意しなければならないもう一つのポイントは、沖積低地の開発過程における〈農学的適応〉の意義についてである。従来、戦国時代から近世前期にかけては大開墾時代と呼ばれ、ともするとその〈工学的〉な面のみが強調される傾向があった。それだけに、このプロセスで農学的にどのような適応がなされたのか、つまり農民によってどのような品種が選択されたのかという問題にも、十分な注意を払わなければならない。

ここでいう品種選択とは、具体的には印度型《インディカ》の赤米導入のことである（赤米には在来の日本型《ジャポニカ》もあるが、以下で問題となるのはすべて印度型の赤米種である）。佐賀平野にかんするモノグラフの著者八木宏典も、中世後期にこの赤米種がこの地方にもたらされ、開発の過程で積極的な役割を果たしたのではないかと想像している。[11] ただ、これには残念ながら史料的裏づけがなく、もっぱら嵐嘉一の精力的な研究の成果に拠っている。そこで、ここでも嵐の研究をみることにしよう。[12]

いま問題となっている赤米は、粒の長い、食べるとパサパサする、いわゆる外米の一種である。それを〈外〉米と称することからも窺えるように、いま私たちは、そのような品種の米は日本人の好みに合わず、国内でこれまでに生産されたことはないと思い込んでいる。しかし実際は、一四世紀から一九世紀にかけて、「とうぼし」（唐干）、「占城米《チャンパ》」あるいは「大唐米」という名の赤米種が想像以上に広く作られていたのである。

図3－3は、嵐が、文献資料、地名考証、聞取調査などによって集めたデータをもとに作成した、印度型赤米の分布図を示している。時点としては、文献資料がもっとも豊富な一八世紀がとられているが、最盛期はもう少し前にあったと考えられている。

これをみると、いくつか眼につく点がある。第一は、東日本に少なく、西日本に多いということである。実際、西日本ではほぼ全域にわたって作付がみられた。

第二は、東でも日本海側は越後、太平洋側は東海・関東地方から仙台まで、沿岸部には、つまり平野部では赤米のみられたところがある。

図3－3　18世紀頃における印度型赤米の作付状況

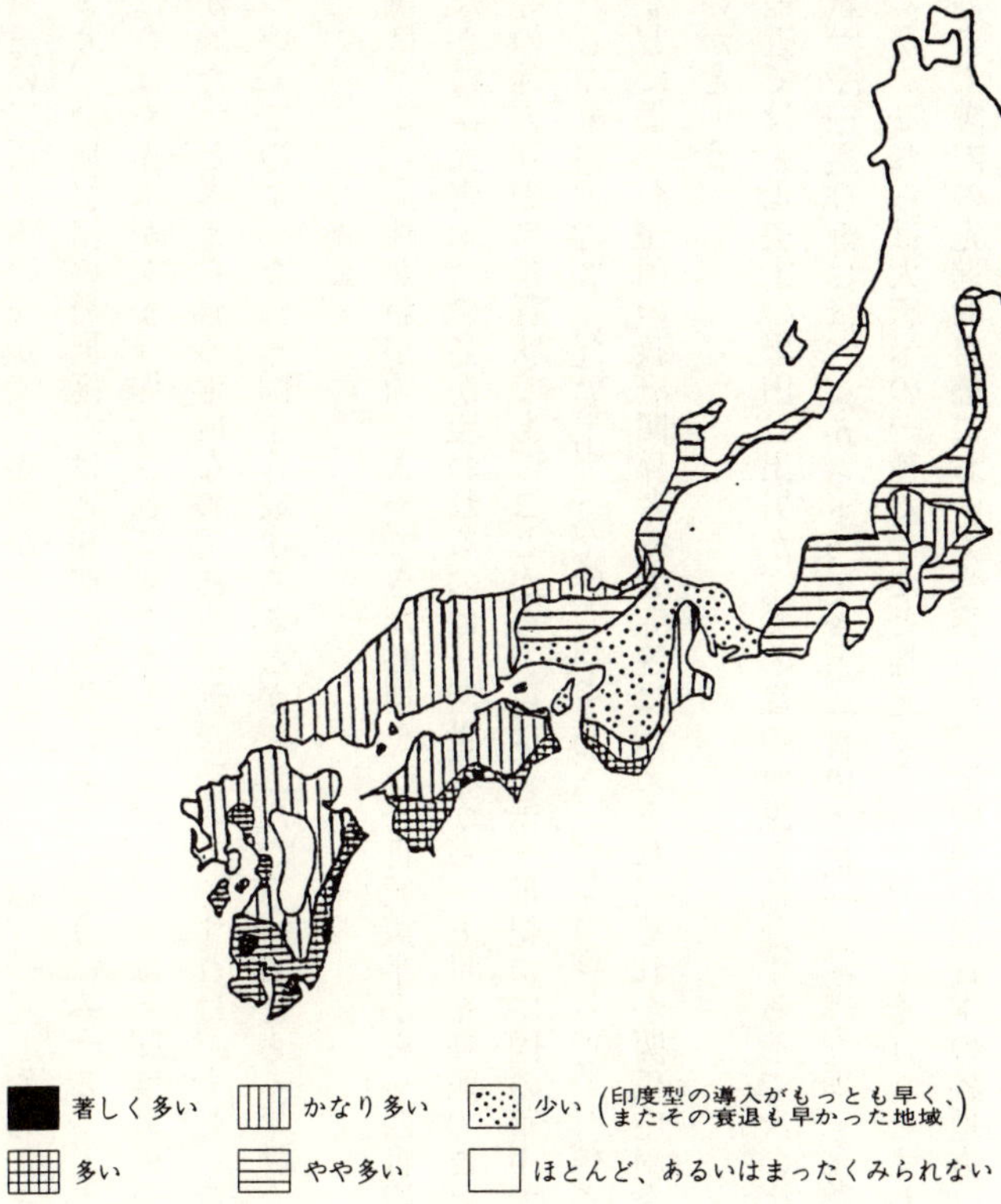

出所）　嵐嘉一『日本赤米考』（雄山閣，1974年），第3－12図，102頁を簡略化.

第三に、西日本のなかでも赤米がとくに多いところは、一見したところ辺境地方であるようにみえる。つまり、地域経済の発展度とは逆相関の関係にあったようにみえる。しかし仔細にみてみると、一八世紀にはもはや赤米があまり作付されていなかった畿内は、実は「印度型の導入が最も早く、またその衰退も早かった」と考えられる地域なのである。別ないい方をすれば、もし一六世紀末、あるいは一七世紀初頭についてこのような分布図を作成することができたなら、おそらく単純な逆相関は観察されなかっただろうということである。

嵐は、この品種がわが国に入ってきた時期を一一世紀後半から一四世紀と推測しているが、確実な史料のなかに「大唐米」の名が現われるのは一四世紀から一五世紀初頭のことである。それが京都の東寺や醍醐寺の地方荘園の年貢状であることから、嵐は、一一世紀に中国の華中で急速に普及した「占城稲」と呼ばれる赤米が、「はじめは華中での高名種として、むしろ珍しい多収種として中国より政府要人または僧侶などによりわが国の政府関係者や大寺院に伝えられ、それが関係庄園などをとおして広がった」のではないかという[13]。

最近では中世史家の黒田日出男が、この嵐の所説を補強する形で次のように述べている。当時の「田植草紙」や田遊び歌には、京から下ってきた「目黒の稲」「節黒の稲」を多収量の「福の種」と謡った歌があるが、これらは大唐米の一種だったと推定できる[14]。そしてそうだとすれば、華中からもたらされた赤米も、まず畿内の先進的農業において受容され、その後に西日本の各地方へ伝播し、しかも「福の種」として歓迎されたという事実が浮び上ってくる。

赤米の役割

それでは、なぜ地方の農民に歓迎されたのか。その理由の一端は、図3-3からも窺い知ることができる。

赤米がとくに多く作付された地域には二つのタイプがあった。第一は、南九州や南四国のように、洪積層台地周辺の強湿田地帯である（牟田という地名は全国に多いが、それはこのような湿田のことを指す）。そこでは赤米が直播されていた。つまり、農耕としてかなり粗放的であり、しかも相当に後の時代まで――鹿児島の一部では昭和に入っても――存続する。後進性と赤米の間に強い関連があるかのように思われるのも、これが理由であろう。

第二のタイプは、八代、筑後、佐賀平野といった干拓クリーク地帯を典型とする、沖積平野の湿田あるいは用水不足田である。これらの地方では直播よりも移植法による植付がなされており、農法としては一歩進んだ段階にある。ここで注意すべきは、沖積平野における新田開発との関連、および、そこでは赤米が開発の先進性と結びついて現われてくるという点であろう。一八世紀の状態を主として示している図3-3からは、このタイプの地域は九州地方に限られるかのような印象を受けるかもしれないが、一六、一七世紀にはもっと広範囲であったに違いない。ただ、それらの地域の多くは、一八世紀以降、排水設備や灌漑施設の整備とともに、湿田が乾田化され、またそれに伴って施肥に多くを依存するより集約的な農業の方向へ向かったため、再び赤米から「真米」へ、いま私たちが知っている日本型《ジャポニカ》の品種への転換が起こったのである。

赤米は、あまり気温の低い地方では無理であった。東北日本にこの印度型がみられないのは、主としてこの理由によるものであろう。しかし他方で、一般に早熟、いわゆる早稲から中手で、晩稲種はなかったため、台風シーズンを回避できる点で有利であった。

また、稲にとって最大の害虫の一つであるウンカにも、赤米は強かったという。ちなみに、徳川時代における三大飢饉の一つとして知られている享保飢饉は、この蝗害、つまりウンカの大量発生に起因するといわれている。しかし、享保時の凶作は、他の二時期の場合と異なって西日本に集中していたことが特徴である。ところが一八世紀の初頭では、図3－3にもみられるように、ウンカに強いはずの赤米が多く植付けられている。どうも少し理屈に合わないのではないか。こう思っていて、たまたまウンカにかんする本をみていたところ、専門家も、享保飢饉の年の気候条件——前年が暖冬、長梅雨の後も曇天が続き低温であった——を考えると、むしろメイチュウかいもち病、とくに低温・長雨につきもののいもち病が原因だったのではないかと考えていることを知った。[15] 実際、西日本における湿田—赤米の結びつきを前提とすると、この推測は整合的である。そして、この飢饉をひとつの教訓として湿田の乾田化への動きに拍車がかかったと考えると、全体の大きな流れのなかでも話の辻褄が合うように思えるのである。

多少脇道へそれたので、話を本題へもどそう。以上のような利点はともかく、赤米が地方の農民から「福の種」として歓迎されたもっとも重要な理由は、それが味の点では劣るとしても、多収量であったこと、より正確にいえば、水はけの悪い湿田であっても、また用水不足気味の水田であっても、安定した収量が見込めるというところにあった。

実際、中世における沖積平野の水田がかかえていた最大の問題は、ひとたび多量の雨が降ればそのあと水がひかず、他方で日照りの年は旱魃に悩まされるという、耕地としての不安定性にあった。たとえば、現在の浜松市と天竜川のあいだに位置し、ちょうどそのような条件の地域に立地していたと思われる東大寺領の蒲御厨では、「天水所にて候間、五年三年一度手かけす候」という状態であったという(16)。干拓クリーク地帯ではクリークが一応排水路も兼ると前に記したが、実情は、中世の間は佐賀平野でも効率のよい排水を行うことは不可能であったらしい。

このようにみてくると、嵐の、以下にみるような結論はきわめて説得力をもってくる。彼は、印度型の赤米は新田への作付が多かったのではないかと述べ、次のようにいう。

当時の開田は、平野部ではすでに熟田化していた丘陵寄りの部分から低湿地の河川近くの方向へ、また沿海部干拓地では海岸近くの方へ順次工事が進められて来たと思われるので、それらの新田には多くの場合まず赤米種が作られ、その後になってその水田が漸次整備され熟田化するにつれて、従来の赤米が真米に代わり、さらにその先の低湿地の方に進んだ新開田地に赤米が作付されるといった順序で、赤米→真米への転換が開田の順序に伴って繰返されて来たのではないかと考えられる。つまり印度型赤米種は常に新田での稲作のパイオニヤとしての役割をつとめて来た(17)。

別ないい方をすれば、印度型赤米の導入は、沖積平野へ進出することによって新たに生じた自然環境変化への、農民の〈農学的適応〉だったのである。その意味では、工学的な対応の要素と農学的なそれとが絡み合った形で開発が進行したというべきであろう。

中世も稲作中心社会だったか

けれども、まだ一つ問題が残っている。開発の具体的進展のプロセスとして先にみた事例は、佐賀平野にかんするものであった。それをもとに考えるかぎり、わが国における開発の初期段階も稲作社会であったと結論できそうである。しかし、そう考えることは現実に合ったことなのであろうか。

すでに言及した網野善彦らの新しい中世史再解釈の試みでは、そもそも農業以外の生業を重視しようという動きがみられる。しかし、いまは話を農業にかぎるとしても、その開発の歴史をみる場合、水田稲作のみに焦点を絞って発展のプロセスをたどればこと足りるのであろうか。

この点でも最近の中世史研究動向は畠作重視の方向へ向かっているようである(18)。しかしここでは、戦後すぐに出された地理学の成果である籠瀬良明の著作によってみてみよう。事例は（西国の佐賀平野とバランスをとる意味でも）越後の高田平野からとられる(19)。

高田平野の事例

信濃川の流域にひらけた越後平野とは違い、保倉川の下流に形成された高田平野はそれほど大きな沖積

図3-4　高田平野の水田開発——大瀁村下三分一の地籍図

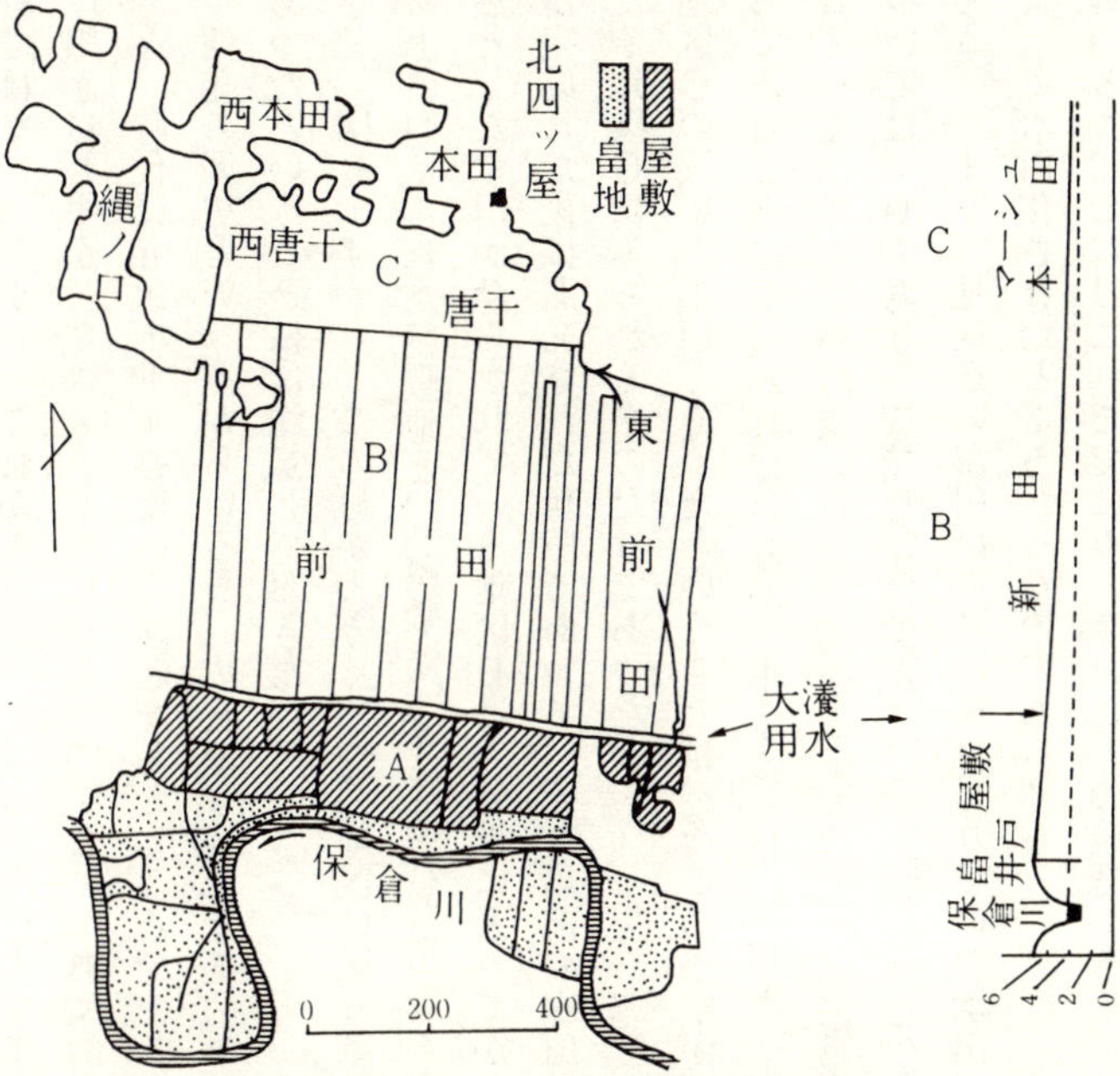

資料）　籠瀬良明『耕地の地理学的研究——その開発と改良』（駿河台出版，1953年），第39，41図，121，126頁より作成．

平野ではない。しかし、これからみようとする大溝村大字下三分一は、蛇行する保倉川の北側に位置し、海岸線からわずか三キロメートルしか入っていない、典型的な沖積平野の村である。ただ、そこはあまり遠くない時代に五メートル程度の小隆起をしたところであるため、全体として用水不足の地域であったこと、開発の歴史という点からいうと、佐賀のような先進的な地域と比較してそのテンポは相当に遅いものであったということには注意しておきたい。

さて、図3－4から、この村が大きく三つの地区に区分されることがわかる。地区Aは、保倉川の自然堤防上につくられた屋敷地と、「屋敷添」と呼ばれた畠地とからなる。BとCが水田であるが、このうち整然とした水田がひらかれている地区Bは、近世に入ってからの、つまり一六四四（正保元）年に大瀁用水が完成した後に開発された新田であって、それ以前の水田は、保倉川のバックマーシュ（後背湿地）にあたる地区Cにみられるものだけであった。

地区Cの湿田が本田であったということは、そこの小字が相互に入り組んでいて、田一筆の反別がまちまちであることにも現われているが、小字の一つ、「本田」の読みが「ほんでん」であることに端的に示されている。さらに興味深い点は、「唐干」あるいは「西唐干」という小字名である。籠瀬は、その意味については不明であり、「識者の教示を待つ」と記しているが、それが何を示しているか、いまや明白であろう。つまり、地区Cの湿田は赤米の植付られていた水田、もう少し想像を逞しくすれば、赤米の導入によって水田化されたところだったのである。

もっとも、これはこれまでにみてきたことの確認である。ここでとくに注意したいのは、用水をひく前の村の状況である。中世におけるこの村の中心部分は、明らかに地区AとCであった。Bの地区は、せいぜい畠地か林地として利用されていたにすぎないといわれている。また、Cの水田中にも畠地が、湿田中に浮ぶ「島畠」として散在している。そうであるとすれば、中世の下三分一では、意外なほど畠地のウェイトが大きかったといわざるをえない。

畠地から水田へ、浮浪から定着へ

先にも述べたように、下三分一は典型的な沖積平野の村である。中世であっても、決して畠作の村であったわけではない。そのような地形的条件のところの村ですら、後の時代からみればもっとも良い水田となりうるところの開発が手つかずで、すでに耕地となっていたところでも全体として畠地の比重が高かったとすれば、他の村の様子も、私たちが知っている近世以降の村の様子とはだいぶ違ったものであったと考えてよいだろう。

戦国から近世前期を大開墾時代と呼ぶことは、前にも記した。こういう用語法は、それ以前の新田開発が停滞的であったということを暗黙の前提にしている。しかし、ここ数年、平安末から鎌倉時代も耕地の増加があったのであり、むしろその時期こそ大開墾時代と呼ぶのに相応しいという意見が出されてきている。こうなると、近世以前はいつをとっても大開墾時代ということになりそうであるが、その言葉の当否は別としても、二つの時代の開発は異なった内容をもっていた。つまり、中世前期の開発は畠地の造成が主体だったと考えられるのである。

律令制下の条里制水田は人工灌漑水田である。しかし、平野部におけるそのような水田の多くは、律令制国家の衰退とともに荒廃、水田開発のフロンティアはむしろ後退したといわれている。それに代わって開発の対象となったのが、水田では谷地田タイプの土地、平野部では畠地であった。河川の旧河道、氾濫原の微高地（「島」）、自然堤防の上が畠地開発の主要対象だったと考えられている。

畠地には何が作られていたか。たしかに陸稲も作られていたであろう。しかし主要な作物は、麦、豆、雑穀、さらには桑のような工芸品原料であったことには注意を払う必要がある。いずれにしても、当時の耕地の状況からして、畠作のほうが安定的だったのである。

畠地のほうが安定的な耕地であったということは、それだけ水田稲作が不安定だったということを意味する。この点はすでに記したとおりであるが、中世前期では「片あらし」「年荒」と呼ばれる一時的な不耕作田が大量に存在したという事実は、その端的な表現である。[20] それだけにまた、農民は簡単に「浮浪」化してしまうことが多かったであろう。

土地を離れた農民のうち、他所へいって再び耕作に従事したものも多かったであろう。しかし、彼らのうち少なからぬ部分は、おそらく遍歴する非農業民、とくに「交通と流通にかかわる人々」の一群に身を投じたかもしれない。そのような流通経済の存在を前提として、一方では桑畠に依存して生計をたてる農民も存在しえたわけである。

一五世紀に入って急速に勢力を拡大する一向宗は、このような交通と流通にかかわる人びと、あるいは遍歴する手工業者「ワタリ」の間で受容された宗派であった。けれども他方で、一向宗門徒は北陸地方の新田開発の担い手であったとも見なされている。小出博が、九頭竜川などがつくる扇状地の開発に門徒衆が果たした役割を「無視することはできないだろう」といっているのは、その一例である。(21)

これら二つの異なった一向宗イメージは、どのように理解されるべきであろうか。一五世紀から二世紀の間に、一向宗に何が起こったのであろうか。そのくい違いは、この間における非農業民の定着化傾向を反映したものと考えられる。実際、井上鋭夫は、一五七〇年から一一年続いた石山合戦の際に各地から上坂して籠城した門徒（たとえば紀州の雑賀鉄砲衆）の社会的性格から、「ワタリ」の定着による商業地区の形成、そして周辺部における新田開発というパターンを読みとっているのである。(22)

このようにみてくると、中世後期に進行した開発には二つの側面があったことがわかる。第一は畠地から水田という変化で、その過程では工学的な工夫と農学的な知恵とが絡み合った形でみられたのである。第二の側面は、一向衆の例が象徴的に示している、浮浪から定着への動きである。平野部における小規模な畠地開発は、その一つの現われであったかもしれない。また畿内では、かなり早くからこの現象がみられていたかもしれない。しかし全体としてみるかぎり、私たちの近世農村イメージ（つまり自給自足性の高い小家族経営からなる、水田稲作中心の農村）に近い村落が形成されたのは、一五世紀以降のことであった。そして、それゆえにまた、自給自足志向をもった小農社会《ペザント》というものも、このような変化の歴史的所産であったということができる。

四　結

要約と整理

ここで話を表3－2に戻し、これまでの議論をまとめてみよう。第一に指摘すべきは、日本の中世から近世初頭にかけての水田開発においては、〈工学的〉な適応と〈農学的〉な適応とが密接に絡み合った形で進行したという点である。

工学的適応ということと、国家形成上におけるアジア的専制ということとの間に密接な関連が想定されているという点は、すでにみた。日本の封建社会の解釈についても、この〈アジア的〉要素を重視する立場とそうでない立場とがある。赤米導入の意義についての本章の解釈は、ある意味で、アジア的要素を過度に重視することはできないとする立場に、生態学的な面から一つの根拠を提供するものといえるかもしれない。それだけではない。工学的な対応が典型的にみられたのは中国の王朝国家でと考えられているが、そこにおいてすら農学的な適応の役割が無視できない時代もあったようである。とくに、宋代における江南デルタの開拓における占城米の意義は小さくないようだ。たとえば作物学の観点から渡部忠世は、その時代の江南は「たわわな穂の実りを感ずるような広大な沃野」のイメージからほど遠く、天水田も湿田もともに多いところであったという。このイメージに、経済史家の斯波義信の発見、すなわち占城米が人口の増大した「フロンティア・マージナルエリアに集中して普及」したという事実を重ねあわせると、開拓の尖兵としての赤米とそれによる〈農学的〉適応のパターンが浮び上ってくる。[23] アジアの米作社会を水力国家論一本槍で考えることには、そもそも無理があるのかもしれない。

しかし第二に、日本の農業史はさらに複雑である。生態学的な角度からみる場合でも、水田稲作の発展のみで割り切ることはできない。一七世紀以前においては、非水田的な面――農業では畠作、さらには非農業における職人的活動や交通・流通にかかわる生業も、けっして軽視できないのである。

したがって表3－2の分類でいえば、日本の中世から近世への変化は、タイプAかBかと考えるよりは、タイプCとBの相互作用という視点からみるほうがより良い理解がえられるということができるだろう。

市場経済

このような視点を設定することから、それではどのようなパースペクティヴがひらけてくるのだろうか。本章は稲作の生態学から話を始めたが、そこに新しい面をつけ加えることができるのだろうか。それは市場経済という側面である。農業開発は経済発展の――とくに工業化以前における経済発展のひとつの重要な側面であるが、もうひとつの側面は市場の成長だからである。

ここで次のステップは、市場経済の順調な発展が工学的適応と農学的適応とのどちらの場合に生ずるかを問うことだと思われるかもしれない。しかし私は、市場経済について考える場合、この二分法《ダイコトミー》とは一応切り離してみるほうがよいと思う。そしてむしろ、水田稲作かそれ以外の生業形態かということと関連させて考えるべきだと思う。

私の仮説はこうである。市場経済が展開を始めるのは、生活の糧を生産したり、あるいは採取・狩猟によって得ることが容易ではない地域あるいは社会集団からである。たとえば遍歴する非農業民というのは、初めから主穀生産（水田稲作）との結びつきが弱かった人びとだったのではないだろうか。また定住した農民のなかでも、水田稲作に不向きな畠作地域の人びとのほうが、初めから市場との接触は密だったはずである。河川の旧流路を桑畠としていた農民は、まさに自給農業ができなかったからこそ交換を前提とする作物を栽培していたわけである。これまでに支配的な考え方は、水田稲作を中核とする農業のなかから、生産力水準の上昇とともに次第に非農業活動が分化してゆくというものであった。しかし、一三世紀から急速に進展する荘園年貢の貨幣納化にかんする大山喬平や神木哲男の研究を参照するかぎり、通説には再検討の必要があることがわかるのである(24)。

それでは、農業発展あるいは農地開発パターンの相異は、市場発展に何の影響をも及ぼさなかったのであろうか。

そういうことはないだろう。主穀生産の生産水準が低いままの状態では、市場の拡大・商業活動の活発化が農民と非農業民との区別をかえって固定化させる傾向をもったのではないかと思う。インドのカースト制はその極端な場合であるし、東南アジアにおける中国人商人の位置づけもそのようなものではなかったかと考えられる。

その点では、日本の場合、一向衆の例が象徴的に示しているように、沖積平野の開発が進行することによって水田稲作の安定度が増し、そのことによって全体の生産力水準が上昇、結果として非農業民の定着化・農民化が進んだということは、重要な意味をもっていると思うのである。それは自給自足経済への後もどりという錯覚を与えかねない現象だったかもしれないが、実際は、農業発展が市場の成長と相互作用をもち始める端初だったのではないだろうか。

公権力の役割

それでは、国家の役割は何だったのであろうか。最後にこの問題を考えよう。

農学的適応のコースをとった社会の国家として典型とみなされている、タイのアユタヤ王朝では、農民は自給自足経済の下にあり、国家の農業への関与が少なかった一方、国王自らが大商人であったといわれるように国家の性格はまったく〈商業的〉であった。工学的適応のコースをとった典型的な社会は中国であると一般には考えられているが、そこでは対照的に灌漑水利にかんする国家の役割が大きく、政治的な専制がみられた反面、経済（とくに商業）にたいしては徹底した自由放任がみられたという。

日本の場合は、明らかにこれらとは異なったパターンを示していた（もっとも、日明貿易を開始、幕府船を派遣した足利氏には、アユタヤ王朝的志向がなかったとはいえない）。教科書的な見解では戦国大名の役割あるいはその権力基盤は、武田氏の信玄堤に代表されるような大規模な治水灌漑事業の実施にあったとされている。これにはかなりの批判が出ていて、すでに引用した小出博のように、〈下から〉の利水事業の役割を重視する考え方が多くなっている。それにともなって、戦国大名の実際上の機能も、近江の浅井氏のように水をめぐる争いの調停者としてのそれであったという事例も報告されている。本章での解釈によれば、日本の特質は工学的な対応と農学的なそれとが絡み合っていたところにあったわけであるから、一方では領主の農業生産への関与（「勧農」と呼ばれた）の事実を否定することはできないと思うと同時に、他方では権力の集権化をもたらす契機もたしかに強くはなかったと考えられるのである。

しかし、公権力の経済発展にかんする関係を、物的な生産力の面だけでなく、市場経済・貨幣経済という面をも合わせて考えるとき、清末の中国社会、とくに華北の社会について村松祐次のいうところははなはだ示唆に富む。(25)

中国の商人クラスはその商業活動においてきわめてアクティヴ、かつ国家の統制からもほとんど自由であった。それにもかかわらず中国の市場経済は不安定、マクロ経済は停滞的であった。その重要な理由の一つは、村松によれば、経済活動、とりわけ商業活動の制度的枠組をサポートしようという関心が国家に欠如していたからだという。法的な面では、貸した金がとれなければ、自分の力で、あるいは仲介人や口入屋の力を借りて取り立てなければならないという自力救済原理の支配、経済面では、統一的な貨幣政策、市場秩序維持政策の欠如、これらが「自由放任」ということの楯の反面であったという。

その意味では、日本の戦国大名の場合、「勧農」のみならず、このような制度的枠組の整備への関心が萌芽的にせよ出てきたといえよう。統一的な貨幣政策にかんしては徳川政権の登場をまたなければならないが、法制面における自力救済原理否定への方向、市場秩序維持のための施策——永原慶二のいう「公儀」権の行使という面には注目しなければならない。(26) その方向は、たんに〈上から〉という形容詞で片づけることのできない要素をもっていたといえる。

おわりに

本章を私は、タイという稲作社会を念頭において創られた概念と分析視角をもって、日本の中世から近世初頭の社会と歴史を見直してみようという意図をもって始めた。その作業を一通り終えてみて、そこには一つ新たな視点、すなわち開発の歴史に市場経済の発展をかかわらせるという視点をつけ加えることができるように思う。このような角度から今度はタイ、あるいは他の東南アジア社会の歴史を見直したとき、何か新しい事実、あるいは新しい論点が浮び上ってくるのかどうか、これは東南アジア史の専門家に尋ねてみたいところである。

註

(1) E・ボースルプ、安澤秀一・みね訳『農業成長の諸条件——人口圧による農業変化の経済学』(原著一九六五年、ミネルヴァ書房、一九七五年)、R・G・ウィルキンソン、斎藤修・安元稔・西川俊作訳『経済発展の生態学——貧困と進歩にかんする新解釈』(原著一九七三年、リブロポート、一九八五年)。

(2) 石井米雄編『タイ国——ひとつの稲作社会』(創文社、一九七五年)所収の諸論文。

(3) 網野善彦『蒙古襲来』、小学館版『日本の歴史』10(一九七四年)、同『日本中世の民衆像』(岩波新書、一九八〇年)、井上鋭夫『山の民・川の民』(石井進解説、平凡社選書、一九八一年)など。

(4) 高谷好一「地形と稲作」、石井編、前掲書(註2)、第2部第2章。同『熱帯デルタの農業発展』(創文社、一九八三年)をも参照。

(5) 石井米雄「歴史と稲作」、石井編、前掲書(註2)、第1部第2章。

(6) 高谷好一は「自然環境と農業」という座談会のなかで、東南アジア史における二つの核として「山の民」と「海の民」があるといっている。「山の民」というのは「灌漑施設を作って」「手塩にかけて自分たちの環境を築いている」農耕の民のことを意味しており、いまみてきたタイ社会の発展方向は、この人びとが人口増加とともに平原へ出てゆき、やがてデルタにおいて交易の民である「海の民」と（ただし国家を介して）出会うことだとも表現できる（久馬一剛・高谷好一・渡部忠世「自然環境と農業」、矢野暢編『東南アジア学への招待』（上）、（NHKブックス、一九八三年）所収）。なお奇しくも、日本の中世史家の間にも同じような発想法と呼び方がみられる。ただ日本の場合、「山の民」は鉱山に関係する人びとのことを指し、「川の民」「湖《うみ》の民」とともに、遍歴し交易に従事するという意味で農耕民と対置させられている（本章第3節の後段を参照）。

(7) 小出博『利根川と淀川』（中公新書、一九七五年）、古島敏雄『土地に刻まれた歴史』（岩波新書、一九六七年）をも参照。

(8) 小山修三『縄文時代』（中公新書、一九八四年）。この分析の詳細は、藤野淑子「明治初期における山村の食事と栄養――『斐太後風土記』の分析を通じて」『国立民族学博物館研究報告』第七巻三号（一九八二年）で報告されている。

(9) 八木宏典『水田農業の発展論理』（日本経済評論社、一九八三年）、第Ⅱ章。

(10) 小出、前掲書（註7）、八〇、八六―八七頁。

(11) 八木、前掲書（註9）、六七頁。

(12) 嵐嘉一『日本赤米考』（雄山閣、一九七四年）。歴史家の間では、宝月圭吾「本邦占城米考」『日本農業経済史研究』下、（日本評論社、一九四九年）のような例外を除いて、赤米への関心はきわめて薄かったようである。

(13) 嵐、前掲書（註12）、二六七頁。

(14) 黒田日出男「中世農業技術の諸相」、『講座日本技術の社会史』1（日本評論社、一九八三年）所収、第二章。

(15) 岸本良一『ウンカ海を渡る』（中央公論社、一九七五年）。

(16) 大山喬平「一五世紀における遠州蒲御厨地域の在地構造」『オイコノミカ』第三巻一・二合併号（一九六六年）、八二頁。

(17) 嵐、前掲書（註12）、一六六―六七頁。

(18) 木村茂光「大開墾時代の開発——その技術と性格」、『技術の社会史』1(有斐閣、一九八二年)所収、第3章。より最近の畠作研究の現状については、同『ハタケと日本人——もう一つの農耕文化』(中公新書、一九九六年)がある。
(19) 籠瀬良明『耕地の地理学的研究——その開発と改良』(駿河台出版、一九五三年)。
(20) この現象に注目した最初の著作は、戸田芳美「中世初期農業の一特質」、同『日本領主制成立史の研究』(岩波書店、一九六七年)所収、であろう。
(21) 小出、前掲書(註7)、八五—八六頁。
(22) 井上鋭夫『一向一揆の研究』(吉川弘文館、一九六八年)、六一一頁以下。
(23) 渡部忠世・桜井由躬雄編『中国江南の稲作文化——その学際的研究』(日本放送出版協会、一九八四年)、一四一、一三〇頁。
(24) 大山、前掲論文(註16)、神木哲男『日本中世商品流通史論』(有斐閣、一九八〇年)。
(25) 村松祐次『中国経済の社会態制』(東洋経済新報社、一九四九年)。
(26) 永原慶二「大名領国制の構造」、岩波講座『日本歴史』新版、中世4(一九七六年)。また、笠松宏至『徳政令』(岩波新書、一九八三年)、脇田晴子『室町時代』(中公新書、一九八五年)なども参照。

構造と変容　2

四　プロト工業化の時代と社会

I　工業化以前の工業化

1　問題の登場

欧米の歴史学界で、proto-industrialisation あるいは proto-industrial という言葉をきくようになってから久しい。'Proto' というのは「原初的」とか「原基的」という意味の接頭詞であるから、それは、工場制工業が中核となった産業革命以降の工業化に先行する、農村地域における〈工業化〉のことをいっているのである。

一九七〇年代初めにこの概念を使い始めたのはアメリカの歴史家フランクリン・メンデルス(1)で、それがすぐティリィ兄弟によって取上げられ、[2] 人口に膾炙することとなった。メンデルスの一九七二年論文の副題は「工業化過程の第一局面」となっていたし、その後にドイツで出版された本の題名は『工業化以前の工業化』となっていた。[3] プロト工業化の議論は、たんに前近代社会の農村工業の研究にとどまるものではなく、産業革命以降の工業化との関連をも問題としようとしているのである。

メンデルス自身の研究は、フランドルの農村工業から始まったのであるが、一九七二年の論文において、近代的工場制工業が発展した地域では、ほとんどの場合それ以前に農村手工業が展開していたことを強調している。もっとも、その逆は必ずしも真ではない。農村工業があれば、その地域から必ず近代的工業化が始まるとはいえない。そこでメンデルスは、このようなケースを工業化の挫折（de-industrialisation）と名づけ、単線的な発展段階論が陥りがちな落し穴を回避している。ただ、農村工業を起点として、そこからいくつか可能な径路《パス》を描くという形で一般化をしようという意図は強く感じられる。

一九八二年八月にブダペストで国際経済史学会が開かれたが、そこでの共通論題の一つはこの問題の検討にあてられた。メンデルス自身とフランスのピエール・デーヨンがオーガナイザーであった。[4] デーヨン教授は一九八〇年一〇月に来日し、社会経済史学会大会で「原基的《プロト》工業化モデル──その意義と限界」と題する講演を行い、[5] また二宮宏之教授の主宰でデーヨン教授を囲む研究会も催された。私も日本での討論およびブダペスト会議の双方に参加する機会をもった。そこで以下では、まずメンデルス等の議論を紹介・整理し、ついで西欧のプロト工業化パターンを日本の場合と対比させてみることにしたい。[6]

2　第一局面――プロト工業化

先にも述べたように、プロト工業化の理論が目指しているのは、なぜ産業革命が起こったのか、どのようにして工場制にもとづく工業化がスタートしたのかに、新しい説明図式を与えることである。少なくともメンデルスとデーヨンの当面の関心がここにあることは、疑いない。しかし見逃すことのできない点は、この名称の名づけ親であるメンデルス自身の出発点が、一八世紀フランドルの地域研究にあったことである。これはなによりも、実証面でみるかぎり、研究の深められてきた時期が産業革命以前、つまり〈第一局面〉であって、工場制への移行の時期ではなかったことを示唆している。そして同時に、プロト工業化と呼ばれる事象が、本質的に地域史的な研究対象であることもまた重要である。

一八世紀のフランドルにおいて、人口増加率は、農業労働者を雇用して営まれる大規模な商業的農業（主穀生産）が展開し、比較的に豊かであった沿岸部で低く（一〇年率で約三パーセントの増加）、小農民《ペザント》が多く、季節的家内工業であるリンネル織が広汎に生産されていた内陸部で逆に高かった（沿岸部の二倍の約六パーセント）。その結果、世紀の終りには農業的基盤の貧弱であった内陸部のほうがはるかに人口稠密となる。たとえば、ドーヴァ海峡に面したダンケルク周辺では一八〇〇年頃の数値で一ヘクタールあたり一・一七人であったが、そこから五〇キロほど内陸へ入ったリール周辺では二・七二人と二倍以上の人口密度となっていた。このリール周辺の農村地帯は当時、フランドル・リンネルの中心的生産地の一つであり、その後、工場制への移行とともに工業地域化し、現在では北部フランスにおける一大工業地帯の一部となっている。

リンネル工業はいわゆる農村工業の一例であるが、ここで問題となる〈農村工業〉は、どのような形態のものであってもよいわけではない。農村で農民が小規模の手工業を家内生産という形で営むということは、中世からあったことである。けれどもメンデルス等がいうところの〈プロト工業〉とは、たんに地域内の需要を充たすだけの手工業ではなく、地域外の市場へ向けて生産を行っているような規模での農村工業である。これは他方において、資金・原料供給あるいはマーケティング面で、都市の問屋や商人が介在することを想定しなければならないことを意味している。

農村地域における工業生産の規模がこのように大きくなってくると、それだけ多くの雇用――たとえパートタイムであっても――が生みだされる。労働力人口が増加すれば、地域内の農業だけでは、増大する食糧需要をまかなうことができなくなるだろう。そしてこのことが、地形的にも土壌面でも穀物生産に適した他の地域において、農民がますます穀物生産に特化することを可能とする。したがって、ある地域におけるプロト工業化は、他地域における商業的農業の発展を促すだろう。プロト工業化という現象は、このように地域間分業という枠組のなかで捉えられなければならないのである。

比較優位原理にもとづく地域間分業の問題とならんでもう一つ重要なのは、農村工業の発展と人口成長との関連である。メンデルスは一六九三―一七九五年のデータを使って、人口増加要因、とりわけ結婚数とリンネル工業との間に次のような事実を見出した。リンネル価格が国際市場での需要の強さを反映して上がると、その地域の結婚の数も増加する。すなわち、結婚数（M）を一年前のリンネルとライ麦の相対

価格変化率（P_{-1}）に回帰させると、

$$M = 0.049 + 0.185 P_{-1} - 0.321 M_{-1} \qquad (1)$$
$$\quad (1.948) \quad (2.82) \quad (-3.47)$$

$$R^2 = 0.368 ; D.W. = 2.10 ; N = 103.$$

という結果が得られたのである（かっこ内は t 値、R^2 は決定係数、$D.W.$ はダービン・ワトソン比、N はサンプル数）。P_{-1} の係数はプラスで、統計的に有意であるから、明らかに結婚は（リンネル価格の上昇による）所得増大に反応して増えたといえる。この場合、リンネル価格はスペインにおける値がとられているが、これはこの地域のリンネル生産が国際市場向けであったことを意味している。

さらに興味深いことには、この結婚数（したがって平均結婚年齢）とリンネル価格との関係は可逆的な関係ではなかった点である。もしリンネル生産が不況となっても結婚数が減れば、人口増加率は工業発展のテンポに調整されえたであろうが、現実には、不況のときに結婚をする人の数はとくに減少しなかったのである。この点は、次のように全対象期間を相対価格上昇期と下落期とに分けて、別々に回帰方程式を推計してみることによって明らかとなる。

$$M = 0.015 + 0.261 LPP_{-1} - 0.326 M_{-1} \qquad (2)$$
$$\quad (0.328) \quad (2.74) \quad (-2.16)$$

$$R^2 = 0.395 ; D.W. = 2.42 ; N = 53 ;$$

$$M = 0.005 - 0.173NP_{-1} - 0.292M_{-1} \qquad (3)$$
$$(0.101) \quad (-0.736) \quad (-2.62)$$
$$R^2 = 0.329 : D.W. = 2.10 : N = 50.$$

ここでPP_{-1}とはプラスの相対価格変化で、NP_{-1}はマイナスの値である。前者の場合、係数値もプラスで有意であるが、後者の場合は統計的にまったく有意でない。結婚は好況のときに増加したが、不況のときには減ることがなかったのである。(7)

その結果は、いうまでもなく出生率の長期的上昇であり、リンネル工業の長期的成長トレンドを上回る人口増加であった。持続的な人口成長が始まったのである。しかし、人口増加がこのように常にオーバーランする可能性をもっていたので、プロト工業化は必ずしも農村工業地域における賃金および生活水準の持続的上昇を約束するものではなかった。

しかし、以上の事実が重要なのは、たんに近代人口成長の開始を説明するからだけではない。商業的農業地域では人口がそれほど伸びえなかったにもかかわらず、地味が悪く、耕作面積も狭小な内陸部で人口が成長しえたのは、プロト工業化が家族形成のあり方、ひいては人口と経済との関連の仕方を変えたからだと考えられているからである。

メンデルス等によれば、プロト工業化以前の、典型的な前近代社会における人口と経済の関係は土地を媒介としたものであった。前の世代から土地を相続することができるか否かが、結婚年齢と家族形成の確率とを決定する。もし何らかの理由で人口が増加すると、それだけ土地を相続できるものの割合が減少し、したがって平均結婚年齢が上昇する。未婚者の比率が上がり、結婚年齢が高くなると、人口増加にブレーキがかかり、さらにはもとの人口規模の水準に向かって減少し始めるであろう。反対に、何らかの理由で人口が減少すれば、世代間の土地継承の頻度は高まり、人口規模をもとの水準まで回復させようという力が働くことになろう。

このように、土地を媒介とした人口－経済システムには、一種の自動調節機能（homeostasis）が内在していたと考えられる。ところが、プロト工業の登場はこの機能を破壊してしまったのである。それ以前であれば、相続までかなり長いこと待たなければならなかった若いカップルは、リンネル織物業が提供してくれる所得稼得機会のおかげで、とにかく結婚して所帯をもってしまうというようなことが生ずるにいたる。相続あるいは土地の広狭は、もはや人口変化の調整弁とはなりえなくなり、したがってプロト工業化は、人口が土地の制約から自由に増加しうる条件を創出することとなった。これがプロト工業化の最も主要な帰結の一つである、とメンデルス等は主張するのである。

3　第二局面へ——産業革命

産業革命とは、たんなる生産量の飛躍的増大ではなかった。固定資本財（工場・機械）が生産の中心的地位をしめるに至ったからこそ「革命」なのである。そうであるとすれば、プロト工業化が本格的工業化の前段階と見なされるのはなぜなのだろうか。工場制への移行のメカニズムはどのようなものであったのだろうか。新しい工場制工業はなぜプロト工業があった地域から興ったのであろうか。

プロト工業化のモデルが工業化のスタートにかんする理論たりうるためには、ここのところが決定的に重要であるが、残念ながらこれまでのところ、具体的かつ明確なモデルは提出されていないように思われる。これまでに（とくにブダペスト会議のためのサーキュラーのなかで）指摘されている点を列挙すれば、以下のごとくである。まず一般的な先行条件として

(a) 人口増加が土地の制約から自由になった結果、近代的な（土地から切り離された）労働者の出現が準備されることとなった。

(b) プロト工業は、農民にとって来たるべき近代工業のための初歩的技能訓練という意味をもっていた。これは労働についてだけではなく、経営管理・マーケティングなどについてもある程度までいえることであろう。

(c) プロト工業に関係する問屋やその他の商人、あるいは商業的農業地域の地主・農業経営者のもとに蓄積された資金が、工場制への移行に際しての投資ファンドとなった。

まだ他にもありうるが、主要な点は以上に要約されるといってよい。このうち(a)と(c)は、わが国における〈原始的蓄積〉の議論と相通ずるところがあるといえなくはない（問屋制資本の歴史的役割については、日本の歴史家もおおいに発言の余地があるであろう）。(b)はA・ガーシェンクロンの適格労働力（eligible labour）の形成という指摘を想起させる。先にこのモデルは、ロストウのような一元的な発展図式ではなく、ある地域では工場制への移行が成功し、他の地域では失敗したのはなぜかをも考えようとしていると述べたが、それはこのような視角からなされることになるのであろう。

次に、近代的工場がなぜプロト工業地域に立地することになったかについては、メンデルス等ははっきりした説明を与えていない。しかし、メンデルスの一九七二年論文にたいするコメントの中で、デイヴィッド・ランデスが、農村工業が広まった地方は多くの場合山がちの起伏にとんだところであったので、水力を動力源としていた初期工場の立地に適していたのではないかといっているのは注目される(8)。

最後に移行のタイミングであるが、この点もあまり明確ではない。プロト工業における生産の場は個々の農家内にあり、一人の問屋あるいは商人が掌握しなければならない範囲は拡散してしまっている。そのような場合、生産の拡大とともに集荷圏を拡げ続けると、収穫逓減の法則が効くから、どこかで労働力を一か所の作業場に集めたほうが有利な点に達するだろう、ということはいわれている。これはもっともらしい。たとえば北イングランドでは、ペナイン山脈をはさんで東側はヨークシャーの毛織物工業、西側はランカシャーのファスティアン工業がそれぞれ産地を形成していて、一八世紀後半には両者の間に空白地帯は存在しなくなっていた。ただ、この議論はそれ以上の展開はなく、実証研究にもとづいた話ではなさそうである。

このようにみてくると、実証に裏打ちされたという意味で説得力があるのは、第一局面にかんする部分で、工場制への移行にかんする部分ではないということになろう。これはメンデルス等の意図からすれば不本意なことであろうが、それが筆者の素直な感想である。

4　プロト工業化——日本の場合

プロト工業化の局面にかぎっていえば、メンデルス等の発見事実は次の四点に要約できる。

(1) プロト工業は、地質的・技術的制約から主穀生産に適しない、貧しい農村に広まった。その結果、地域間分業がより顕著となった。

(2) しかし人口増加率は、その農村工業地帯のほうが、主穀生産を中心とした商業的農業地帯より高かった。その結果、前者のほうが後者よりも人口密度が高くなる傾向がみられた。

(3) プロト工業地域における人口増加は、人口流入による面もあったかもしれないが、主として結婚年齢の低下、結婚率の上昇によるところの出生率上昇によってもたらされたものであった。

(4) しかも、結婚年齢・結婚率は工業所得にかんして下方硬直的であったため、人口増加にたいする抑制機能は消滅し、非可逆的な人口成長が始まった。

以上は、主としてフランドルのケースによったものであるが、ほぼ西欧全域にわたってみられるパターンであることが確かめられている。

もっとも「確かめられている」といっても、その実証の程度はさまざまであって、（1）から（4）へという順序で議論の余地が多くなるといってよいだろう。とくに最後の（4）については、旧来の土地継承を軸とした人口‐経済システムが崩壊し始めたものと解釈されているが、この点にかんしてはかなり多くの問題が残っている。しかし、スペースが限られているので、それについてはこれ以上たちいらないことにしよう。

さて、ここで眼を転じて日本の場合をみることにしたい。日本におけるプロト工業化のパターンはどのようなものであったか。わが国においても、徳川時代に広汎な農村工業の発展があったし、安政開港以降は在来産業という形で無視できない役割を果たしていたが、そのような農村工業化は右に要約したような変化を伴ったのであろうか。

農村工業の研究は日本の経済史学界でも古くから行われていたが、地域間分業や人口動態との関連で議論が行われたことはほとんどなかった。したがって速断は許されないかもしれないが、今までわかっていることを総合すると、日本におけるプロト工業化のパターンは西欧とかなり異なっていたと考えざるをえない。

まず第一に、日本の場合、プロト工業化と工場制的工業化とを截然と分けることがむずかしい。それは一つには、日本の工場制工業の多くが欧米からの移植産業として始まったため、手工業段階からの移行という面が弱かったことによるが、他方では、明治期以降も在来産業が折衷《ハイブリッド》型の技術をもって成長しえたからでもある。

第二に、近代部門の発展が始まる前の明治初年、あるいは幕末期の状態を考えてみると、地域間の分化も西欧の場合のようにははっきりとしない。たしかに新潟は米作地帯、東山道は養蚕地帯というように分けることができるし、また一地域内でも山間部では機が織られ、平坦部では米が作られるというように、地理的・技術的条件を基礎とした分業の原理が作用しているのをみることができる。しかし他方、先進地帯の畿内を考えればわかるように、一地域にそれぞれの部門がワンセットとなって存在するという傾向もあった。畿内の場合、綿織物などの農産加工業も、商品作物としての綿作も、米作も、いずれも地域内にもっており、しかもそれぞれが高水準の生産性を示していたのである。

むしろはっきりとした分業がみられたのは、農家内部における労働配分においてであった。メンデルスによれば、フランドルのリンネル織が農家の副業であったといっても、それは農閑期に行われたという意味でそうなのであり、機織には一家の全員が従事していた。日本の場合も農村工業の発展は農家兼業という形で行われていたが、製糸、織物、製紙など、いずれも婦女子の副業であって、農家の主《あるじ》や跡とりが従事することはまれであった。次節で山梨県についてみるように、農村工業地帯においても、農家の男子成員は、米作地帯におけるのとまったく同様に農作業を生業としていたのである。農家経済がこのような構造をもっていた点では、日本全国どこでも同じであり、地域間の差違は婦女子の副業的就業機会の有無と種類によって生じただけのこととさえいえるかもしれない。

さらに第三として、人口との関連も異なっていた。もし西欧のパターンが日本にも当てはまるとすれば、たとえ地域間特化という点では明瞭な傾向がみられないとしても、主穀農業からの所得と農産加工業からの所得とでは人口増加への効果という点で大きな相違がみられるであろう。前者のほうが後者よりも小さいはずである。いまこの点を確かめるために、明治初年の地域別データによって人口密度を穀物生産高と加工原料生産高上に回帰させてみると次のような結果が得られる(9)。

$$D = \underset{(0.38)}{0.465} + \underset{(3.52)}{0.147X_C} + \underset{(2.19)}{0.157X_I} + \underset{(1.17)}{0.051U} \quad (4)$$

$$R^2 = 0.848 ; N = 14.$$

ここでDは田畑一町あたり総人口、X_Cは一町あたり穀物生産高（円）、X_Iは一町あたり加工原料生産高（円）、Uは人口五〇〇〇人以上の都市人口比率を示す。X_C、X_Iの係数はともに正値で、t値も良好である。さらに興味深いことには、二つの係数の値はほぼ等しい。明らかに、農産加工業からの所得効果と主穀生産の場合の所得効果との間に大きな相違はない。いま一町の耕地をもつ農家を考えると、その農家にとって生産額が一円増えたときの人口増分は、その一円が米作からもたらされたものであろうと副業としての養蚕製糸からもたらされたものであろうと、同じであったということである。

いうまでもなく、右の結果は日本におけるプロト工業化が人口増加を促さなかったといっているわけではない。現実に幕末から明治にかけて農村工業の発展はあったのであり、それらの地域における明治以降の人口増加率もけっして低くはなかったはずである。

しかも、プロト工業と人口にかんしては、もう一つ西欧のパターンと相違する点をあげることができる。西ヨーロッパでは人口が増加する際に、結婚年齢の低下と結婚率の上昇が大きな役割を果たしていた。ところが日本についていては、このようなことがみられないのである。徳川時代の農村にかんする人口学的研究が明らかにしているところによれば、平均初婚年齢は当初かなり低かった（女子で二一歳前後、西欧では二五歳から二八歳くらいであった）。しかし、農村工業化とともにその値がさらに低下したという様子はみられない。それどころか、歴史的な趨勢は上昇する方向を示していた。明らかに、西欧とは人口―経済システムのあり方が異なっていたというべきだろう。

徳川時代農村にかんする人口学的分析の多くはまた、何らかの手段による出産制限が広く行われていたことを示唆している。とすれば、幕末・明治初期以降の人口増加は、農家所得の増大（本業からであろうと副業からであろうと）が出産制限を解除させたことによって出生率が上がる、という形で始まったのかもしれない[10]。しかし現在のところ、農村工業化と人口動態をつき合わせた地域研究はまだなされていない。そのメカニズムの解明はこれからの課題である。

おわりに

以上の簡単なスケッチからもわかるとおり、プロト工業化といっても、西欧と日本とでは、そのあり方がかなり違っていたようである。問題はなぜ異なったのかにあるが、思いつき的に二、三の要因をあげれば、日本の場合、鎖国から開港へという急激な変化を伴う形で世界貿易にエントリーした後発国であったこと、徳川時代からすでに人口密度が桁違いに高く[11]、生産要素賦存状態が西欧と異なっていたことなどが考えられるであろう。

しかし、研究計画という点からみてより重要なことは、西欧についても日本についても、生産構造と人口変動メカニズムとが十分に解明されたとはいえないという点である。興味深いことに、プロト工業生産の場合も人口の場合も、意思決定の基礎単位はいずれも〈家〉であり、その意味では家族経済《ファミリー・エコノミー》の構造的差違が基本的なはずである。

そのような構造上の差は、発展段階の違い、後進性《バックワードネス》の程度の違いとして片づけることのできないものである。先に、プロト工業化の議論を新しいタイプの段階論と考えないほうがよいと述べておいたが、それは、西欧以外の地域にこの図式を当てはめようとするとき、家族の構造と行動というヨコの相違を、発展段階というタテの関係に読み違える危険がいっそう大きくなると考えられるからなのである。(12)

註

（1） F. F. Mendels, 'Industrialization and population pressure in eighteenth-century Flanders', *Journal of Economic History*, vol. 31 (1971); 'Proto-industrialization: the first phase of the industrialization process', *Journal of Economic History*, vol. 32 (1972); 'Agriculture and peasant industry in eighteenth-century Flanders', in W. N. Parker and E. L. Jones, eds., *European Peasants and their Markets: Essays in agrarian economic history* (Princeton: Princeton University Press, 1975). なおメンデルスは、一九八八年にスイスのジュネーブ大学教授となったが就任直後に急死、四五歳であった。

（2） R. Tilly and C. Tilly, 'Agenda for European economic history in the 1970s', *Journal of Economic History*, vol. 31 (1971).

（3） P. Kriedte, H. Medick and J. Schlumbohm, *Industrialisierung vor der Industrialisierung.* (Göttingen: Vandenhoeck und Ruprecht, 1977).この著者達は、ゲッティンゲン・グループとも呼ばれる。

（4） P. Deyon and F. F. Mendels, 'Circular' for Session A-2, *Protoindustrialisation: theory and reality*, of the Eighth Congress of the International Economic History Association, 1982 (1980).

（5） P・デーヨン、二宮宏之訳「『原基的工業化』モデルの意義と限界」『社会経済史学』第四七巻一号（一九八一年）。

(6) 原論文執筆後、『プロト工業化の時代——西欧と日本の比較史』を上梓した（日本評論社、一九八五年、岩波現代文庫版、二〇一三年）。詳細はそれをみていただければ幸いである。なお、メンデルスやメディックなど、このテーマにかんする西洋経済史の主要論文を収録した翻訳論文集が出版されている。篠塚信義・石坂昭雄・安元稔編訳『西欧近代と農村工業』（北海道大学図書刊行会、一九九一年）。

(7) Mendels, 'Proto-industrialization' (loc. cit. in n 1), p. 251. 一年前の結婚数（M_{-1}）が入っているのは、地域データの場合、サンプルが小さく、ある年にたまたま婚姻が集中すると翌年には結婚数が激減してしまうことがあるためである。

(8) D. Landes, 'Commentary' on Mendels, *Journal of Economic History*, vol. 32 (1972).

(9) データは、中村哲『明治維新の基礎構造』（未来社、一九六八年）、付表、および速水融「近世後期地域別人口変動と都市人口比率の関連」徳川林政史研究所『研究紀要』（一九七四年）による。農業生産は一八七七—七九年、総人口は一八七六年、都市人口比率は一八七五年、田畑面積は一八八二年の数値である。なお、この分析はその後拡充されて、斎藤、前掲書（註6）、第九章に詳しく報告されている。

(10) この出産制限を、嬰児殺し＝間引と考えるのは短絡的思考である。本書第六章を参照。

(11) 一七二一年の幕府全国人口調査によれば、耕地一ヘクタールあたり八・九人であった。この数値には武士等の除外人口を含まないが、それでもフランドル農村工業地帯の三倍以上である。新保博・速水融・西川俊作『数量経済史入門』（日本評論社、一九七五年）、一一頁による。

(12) メンデルスがプロト工業化モデルを提唱してから四〇年、本章の元になった原稿を書いてからでも三〇年余がたった。現在時点での私の考えとメンデルス・モデルへの評価は、本章第五章の一七八頁、岩波現代文庫版『プロト工業化の時代』のあとがきをみていただければ幸いである。

Ⅱ 〈夜明け前〉の社会構造――一八七九年末の山梨県

まえがき

一八八〇年九月八日、統計院権大書記官杉亨二《こうじ》は七人の政表課員を伴って東京を出発、小仏峠を越えて、一〇日夕方甲府に着いた。杉たちの旅の目的は、「国勢調査第一回の試験」として、前年一二月三一日午後一二時現在の人口を調査するために、山梨県で各町村に配布してあった調査票（「家別票」と称した）を現地において検査し、誤りを訂正することであった。調査の集計結果は、二年後の一八八二年に統計院より刊行された。日本における最初の近代的人口調査として知られる『甲斐国現在人別調』がそれである。

杉は幕臣、勝海舟塾の塾頭格であった。早くよりオランダやドイツの統計書に親しみ、維新後徳川慶喜とともに静岡へ移った際、沼津・原で人口調査を試みたことがある。『甲斐国現在人別調』は、彼としては満を持しての本調査であった。その後、全国について同様の調査（すなわち「国勢調査」）を実施することが彼の念願であったが、実現を見たのは死後三年たった一九二〇年のことであった。

山梨県は農村県であるが、安政開港以降、生糸輸出増進のおかげで商品経済が急速に拡大した地域であり、本格的な工業化がスタートする直前、すなわち〈夜明け前〉の日本の社会経済を知ることができる。

ところで、『人別調』データによる本格的分析はこれまでのところけっして多くない。一九〇七年に発表された花房直三郎の論文はその最初のものであろう。(1) これは、杉亨二の米寿に際し、内閣統計局長の花房が「寿詞」に代えて行った講演記録であるが、今日その論文のことを知る人は少ない。また、戦後に『人別調』データの含意を再発見したのは梅村又次である。(2) 本章はこれら先学の示唆を生かしながら、筆者が手にすることのできた、「家別表」といわれる調査原票（ただしわずか四か村分だけであるが）によって、(3) 花房、梅村のファインディングスを補い、さらに県民所得ならぬ〈県民〉生産物のうち物産高とその構成をみることによって、百余年前の一地方経済の姿を明らかにしてみたい。

以下、人口の年齢別構成（人口ピラミッド）、有業率、農家の就業パターン、物産高とその構成の順でみてゆくことにする。

図4-1　人口ピラミッド　1879年と1975年

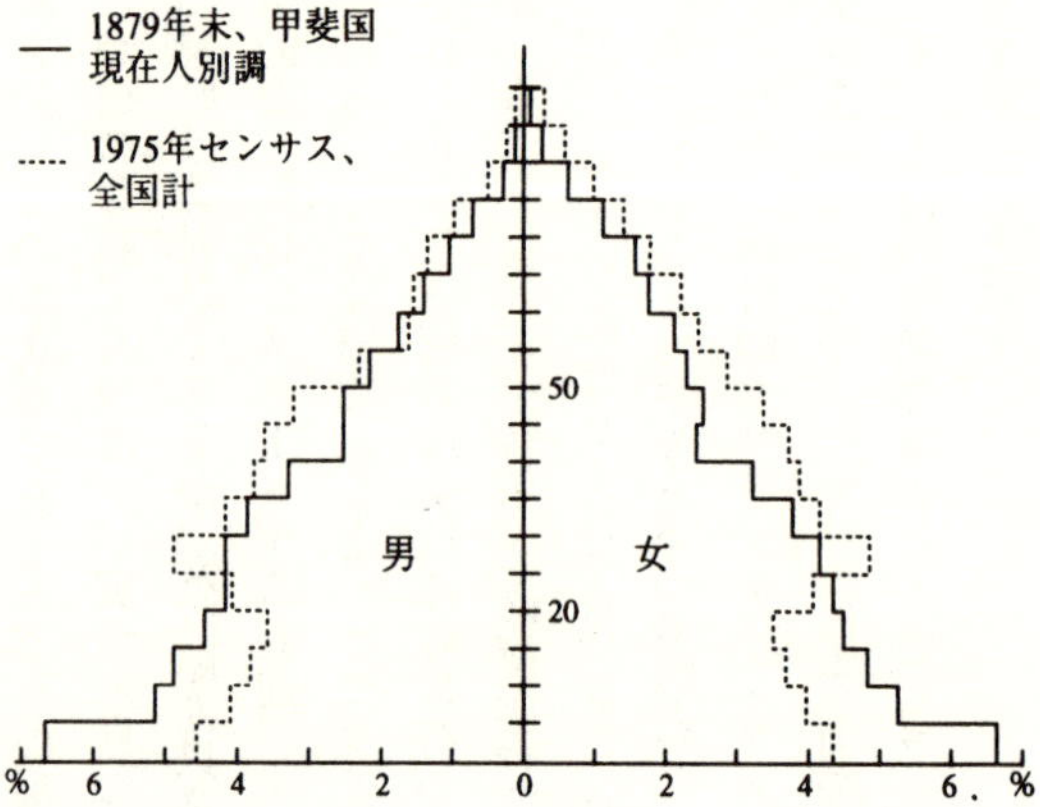

資料）太政官統計院『甲斐国現在人別調』(1882年), および総理府統計局『昭和50年国勢調査報告』第2巻 (1977年).

1　人口ピラミッド

甲斐国当時の年齢構成は下級少年の広基を有して将来の発展を望むべく　高級老年の成形も亦甚だ削瘦《さくそう》ならず　而して之を養ふに有力なる壮年の中腹を以てす

（花房、一二〇頁）

『人別調』によれば、一八七九年末の総人口は三九万七四一六人であった。これだけではしかし、人口が増加傾向にあったのかどうかはわからないので、人口ピラミッドをみてみよう。図４－１は『人別調』から得られる人口の年齢別構成をほぼ一世紀後の一九七五年と比較したものであるが、前者は裾広がりの富士山型、後者は裾がすぼんだ釣鐘型に近い。富士山型は成長しつつある場合、釣鐘型は静止人口の場合であるから、われわれはここで人口成長の初期段階と末期段階とをみているわけである。

したがって、花房の指摘のうち、老齢人口も「甚だ削痩ならず」というのは正確ではないが、「下級少年の広基を有して将来の発展を望むべく」というくだりは一八八〇年頃の人口動態の有様をよく示しているといえる。事実、『人別調』を利用した推計結果によれば(4)、山梨県の人口自然増加率は、これ以降明治末年にかけて加速的に高まっていったのである。

一八七九年末の人口ピラミッドをもう少し詳細にみてみよう。花房は上記の引用に続いて、次の点を指摘している。第一は四〇—四四歳階層にみられる凹みで、これは四二、三年前の天保飢饉のときに生じた大量死亡の影響である。第二は、第一ほど明瞭ではないが、二〇歳台における凸である。これは男子の二五—二九歳にとくに顕著で、女子の二〇—二四歳階層にもみられる。花房はこの現象を「出生死亡の天然の結果にあらずして直ちに移転の結果と推断」したのであるが(5)、これもまた右に引用した人口推計によって確かめられる。戦前の山梨県は、諏訪の工場に製糸女工を送りだす人口流出県のイメージが強いけれども、一八九一年までは女子についても人口流入県だったのである。

人口ピラミッドの検討からわかるもう一つのポイントは、従属人口比率の高さである。いま一五—五九歳を生産年齢とすると、一五歳未満と六〇歳以上の合計が従属人口である。高齢化社会に向かいつつある一九七五年の従属人口比率は三六パーセントであるが、一八七九年のそれはさらに高く四二パーセントであった。いうまでもなく、高齢者は少なくても年少人口の割合が高かったからである。そして、花房のいうように、この多数の従属人口を養うという負担は「壮年」、つまり生産年齢にある人びとの上にかかってきたのである。

けれども、従属人口比率というのはきわめて粗っぽい指標である。その生産年齢人口のうち何パーセントくらいが就業していたか、それを男女別にみたらどうか、年齢別ではどうか――われわれは、有業率プロファイルをみてみなければならない。

2　有業率プロファイル

甲斐国の当時に在ては壮年男子の全部殆むど残なく職業に従事せしのみならず　尚其の他に女子も、幼者も、老者も多数に職業に従事せり
（花房、四二九頁）

壮年男子がほとんど就業するというのは、古今東西を問わず普遍的現象であるが、年少者、老齢者、女子のうちどのくらいが就業するかというのは、時代によっても、また地域によっても異なってくる。ある地域全体の有業率が高いか低いかは、したがって、これらのグループ、とくに女子の有業率がどの程度かにかかっているわけである。

『人別調』は、男女別、年齢別に就業状態を示した表を載せているから、当時の有業率プロファイルはすぐにわかる。けれども、その前に『人別調』における就業状態の分類法がどのようなものであったかをみておく必要がある。

全人口は、まず大きく有業者、無業者、「職業知レサル者」に分けられるが、そのうち有業者は、家庭労働従事者（「自宅ノ用ヲ足ス程ノ婦女」等）と本職者に分類される。本職者はさらに、別業を持つか否かによって本業者と兼業者に分類され、兼業者はまた家庭労働を兼ねる場合と本来的職業を兼ねる場合と

に分割しうる。

このように、『人別調』における有業者には、収入を得るために仕事をしているのではないもの（報告書の表中では職業名の上に○印が付けられている）が含まれてしまっている。とくに女子の職業中、縫針（針仕事）にはすべて○印が付けられており、本職者がいない。出版された『人別調』報告書の記述から「私立義塾傭ニテ英国人ノ寄留一軒」あったことがわかるが、その語学教師夫人の職業を「○縫針」としてあるところをみると、無業の主婦には機械的にすべてこの職業名を割当てたのではないかという疑いすらいだかせる。

それゆえ、有業者中からこの家庭労働従事者を除くことが望ましい。男子の場合はごくわずかであるから問題ないとしても、女子の場合かなりの人数にのぼるからである。けれども残念なことに、刊行された『人別調』では年齢別の表からこれら○印の影響を取り除くことができない。それらを含んだ有業率は、中年女子でも九九パーセントという驚くべき高水準であるが、それらを控除した場合、その水準がどの程度下がるか、有業率プロファイルの形状がどう変化するか、これは調査原表である「家別表」にあたってみなければならない。

「家別表」は、従来、東京に送付されて集計され、後に廃棄されたと考えられてきたが、筆者は、東八代郡八代町役場に四冊の「家別表」が残されているのを見い出すことができた。そこで、この四か村分のデータを使って有業率プロファイルをみてみよう。

最初に男子についてみておくと、一〇―一四歳で三二パーセントであった有業率は一五―一九歳で一〇

図４－２　女子有業率　1879年と1975年

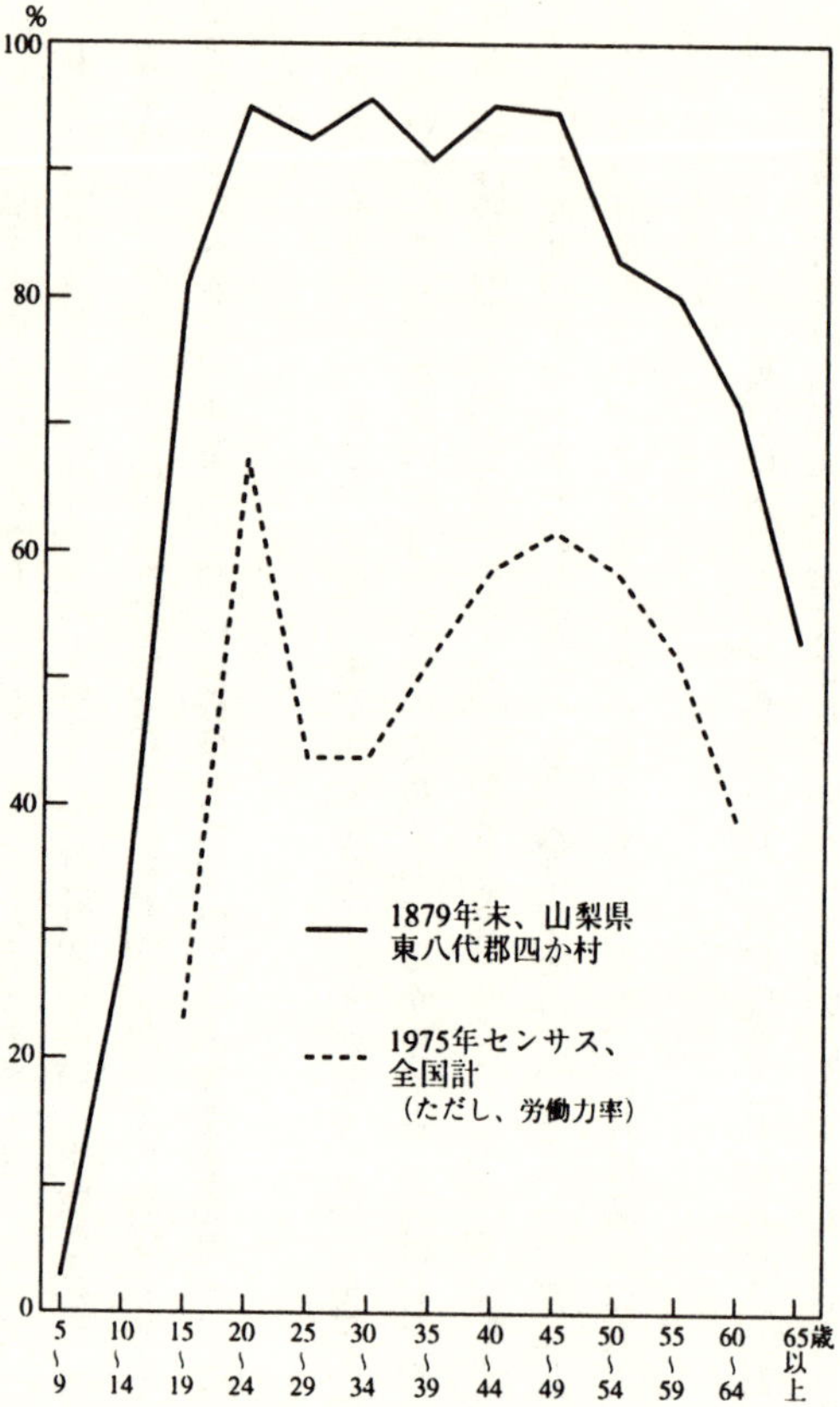

資料）　山梨県東八代郡八代町役場所蔵文書，および総理府統計局『昭和 50 年国勢調査報告』第２巻（1977 年）．

〇パーセントとなり、それ以降六四歳になるまで九五パーセントを割ることがなく、六五歳以上になってようやく七五パーセントまで下がる。したがって、全体の形状としては現在と変わらないけれども、一〇歳台と六〇歳以上の層における水準の高さが印象的である。これが、進学率の低さと引退年齢の高さを反映したものであることはいうまでもない。

女子にうつろう。図4-2は、一九七五年の労働力率プロファイルと比較したものである。男子について述べたのと同じことを指摘できるが、それよりも顕著な相違は二〇、三〇、四〇歳台の水準と形状とにみられる。

まず形状からみると、一九七五年のカーヴは通常〈M字型〉と呼ばれ、二五―三四歳に谷がある。この谷は、主婦の結婚・出産・育児による離職と、子供の成長による労働市場への再登場とを反映しているが、一八七九年のカーヴにはそれがみられない。この事実は、その当時の婦人労働のライフ・サイクルが今とはまったく異なったものであったことを示している。図4-2には、独身者も寡婦も含まれているが、有配偶者のみを取り出してみても、このパターンは変わらない。

次に有業率水準に注目すると、針仕事等の家庭労働従事者を有業者から除いても、なお三〇―四〇歳台の有業率が九五パーセントを超えていることに驚かされる。この年齢層の女子は壮年男子と同じく、ほとんど全員就業したといってよいであろう。これは、有配偶者のみを取り上げても同じである。五〇歳未満では九五パーセントを割ることはなかった。

要するに、一八八〇年頃の女子有業率プロファイルは〈高原型〉、男子のそれとほとんど同じであった。

違いがあるとすれば、それは五〇歳台の水準であろう。女子の場合、男子より早く労働力から退出していたが、それ以外の点で、基本的パターンは男女とも同一であった。

花房直三郎は、一九世紀欧米の統計を引いて、その中でとりわけ女子有業率の高いオーストリアとイタリアを比べても、甲斐国の女子有業率はなお高いと指摘している。彼によれば、それは「甲斐国当時の経済程度の低きに基づくもの」ということになるが、私はむしろ、この有業率プロファイルとその水準を自営業家計に特有のものと理解したほうがよいと考える。戦後のデータでも、農家・非農家を問わず、自営業家計の年齢別女子有業率には同じような現象がみられるからである。また反対に、労働者家計では、たとえ産業革命の影響がまだ及んでいないような「経済程度の低き」段階であっても、そのようなパターンはみられない。たとえば、筆者は以前、一七八二年の英国のある村について有業率プロファイルを描いてみたことがある。村内の世帯の大半は農業労働者、女子の就業機会のほとんどは家内工業的な賃仕事、当時の英国としても貧しいほうの部類に入る村であり、また有業率水準もおそらく他地域に比べて格段に高かったが、そこでの女子有業率プロファイルは甲斐国のような〈高原型〉ではなかった(6)。

3　農家兼業

> 常に都会の生活のみを目撃して地方の状態に遠ざかれる人士は　往々兼業を軽視するの傾向あり
>
> （花房、四九二頁）

表4-1　年齢別兼業者比率

山梨県東八代郡四か村，1879年

年齢階層	男子		女子	
	%	N	%	N
5—14	7.3	55	38.2	34
15—24	15.3	222	46.0	187
25—34	24.5	188	46.3	201
35—44	29.3	157	41.3	160
45—54	28.7	122	46.7	105
55—64	31.3	83	38.2	68
65以上	18.2	44	23.6	55
計	22.8	871	42.7	810

註）Nは家庭労働従事者を除く有業者数．なお，郡長，戸長を兼ねる者も兼業とみなした．
資料）山梨県東八代郡八代町役場所蔵文書．

この当時の農村が自営業家計の社会であったことは、戸主の職業をみればわかる。東八代郡四か村における戸主総数は五八〇人、そのうち農業従事者は四七七人、商業・手工業などを本業とするものの割合はたかだか一八パーセントにすぎなかった。しかも農作従事者のうち雇用労働者である農作雇の比率は五パーセントときわめて小さかったから(7)、まさに小農社会《ペザント》といってよい。

けれども、農家の比率が圧倒的に高かったということは、その地域で商工業活動がみられなかったことを必ずしも意味しない。このような社会の場合、農業兼業という形態で農村の商品経済化は進むからである。

つとに花房も指摘していたように、工業、商業、サービス部門は専業者よりも兼業者によって営まれることのほうが多かった。本業のみに注目して労働力の部門間配分を云々するのは「著しくミスリーディング」なのである(8)。

そこで、ここでは少し別な角度から兼業の問題をみてみよう。表4-1は、(家庭労働従事者を除く)有業者中にしめる兼業者の割合を男女別に示したものである。これによれば、男女間にかなり顕著な差があることがわかる。

男子の場合、二四歳未満の若年者と六五歳以上の老齢者には副業者が少なく、兼業者のほとんどは壮年層に集中している。これは、男子の兼業が家業のレベルでのことであることを示唆する。実際、彼らの四分の三が戸主であり、残りの四分の一のうちでも未婚の子供は少ない。すなわち、男子兼業者のほとんどは戸主か戸主の父親（または戸主の既婚の息子）であった。戸主の父親にしても、既婚の息子にしても、直系家族的構成をもった〈家〉の生業を戸主とともに遂行する立場にあったわけであるから、男子の兼業は結局のところ〈家〉の兼業の問題であったといえる。

ところで、その壮年男子の兼業者比率も三〇パーセント前後で、女子に比べるとけっして高くない。総計でみると、女子四三パーセント、男子二三パーセントである。女子の場合、年齢による兼業者比率の差が少ないのも特徴である。最低は六五歳以上で二四パーセント、一五歳未満と五五―六四歳層で三八パーセント、一五歳から五五歳未満においては半数近くが兼業者となっている。既婚であれ未婚であれ、彼女たちは一家の稼ぎ手《ブレッド・ウィナー》ではなかったから（戸主であったのは女子兼業者の二パーセントにすぎない）、世帯上の地位の上でも男女の兼業者の間には明瞭な相違があったわけである。

この世帯上の地位の差は、彼らが何を副業としていたかという点にも表われている。男女とも農作（穀物生産）を本業とするものが圧倒的であったが（ともに八〇パーセント以上）、副業としては、男子の場合、養蚕、商業・サービス、職人的職業の順で数が多く、女子では養蚕、木綿糸取、機織の順であった。

男女とも養蚕が重要であり、またそのことがこの地域の産業構造を特徴づけていることは後にみるとおりであるが、農作も養蚕も農業として括るとすれば、副業における男女間の区分は歴然たるものとなる。男子の副業、すなわち〈家業〉としての副業の場合、商業・サービス・職人的職業であり、(9)女子では木綿糸取、機織といった〈内職〉的職業だったのである。事実この区分は厳然たるものであったらしく、男子で木綿糸取を兼ねるものは一名しかおらず、他方、女子で商業を兼ねるものは五名しかいなかった。

要約すれば、農家兼業の形態には二つあり、それは男女の別にほぼ完全に対応していたといってよい。第一は〈家業〉としての兼業で、そのうちとくに（質屋、旅籠屋等を含む）商業活動が重要であった。第二は〈内職〉を行うという意味での兼業である。在来産業としての繊維工業の多くは、このような形態によって労働者を調達していたのである。

4 物産高とその構成

甲斐国を以て人口輸入の国なりとせば 其の産業の繁栄 当時稍《やや》附近地方に優れるものあるを想像すべきなり （花房、二二一頁）

これまでたびたび引用してきた花房の論文を通して読むと、彼の頭のなかには一種の発展段階論があったことがわかる。農業社会は「自己需要の貨物の多数を孤立的一家経済の制度の下に在て生産消費する」ところの自給自足的経済であったが、そこへ市場が浸透しはじめると、それら種々の経済活動が分化をはじめ、次の段階として農家兼業という形態を生ぜしめる。それがさらに進むと、農業と商工業の完全な分離が起こり、欧米のごとく都市経済を基軸とした社会となるが、わが国ではまだこの段階まで達していない。『人別調』当時の山梨県は農家兼業の段階であり、所得水準はまだ低く、それゆえ、その『人別調』は「封建時代に於ける地方の標本を今日に貽《の》こせるものなり」——これが花房の考え方であった。それ自体は素朴なものであるが、基本的には同様の図式が——もっと洗練された形であっても——今日にいたるまで広く受け容れられてきたことは否めないであろう。

ところで、本項の冒頭に引用した花房の文章をみると、少し違った印象をうける。当時の山梨県における産業発展が他地方と比較してかなりのものであった、といっているからである。

実際、この点はその後の研究によって確かめられている。安政開港は、山梨のような養蚕・製糸業地帯に大きな変化をもたらした。農家は糸価が上がりはじめると、田畑耕作を二の次にし、炭焼等に代わって桑を植え、婦女子はさらに多くの生糸を紡ぎ、絹を織るようになった。『明治七年物産表』から有業人口一人あたり物産高を計算してみると、山梨は二一・七円となり、一八七四年時点ですでに全国平均値（一九・一円）を上回っていた。このデータの信頼度はけっして高いものではないので、これもまったくの試算でしかないが、開港以前のこの地方が、後進地帯とはいえないまでもけっして先進地帯とはいえなかったことを考えると、それ以降の産業発展には目をみはるものがあったといってよい。プロト工業化である。その意味で、『人別調』当時の状態を「封建時代に於ける地方の標本」というのは当たっていないといわざるをえない。

表4－2　物産構成　山梨県，1880年

	東八代郡四か村		県計	
	千円	%	百万円	%
普通農産物[a]	38.0	(73.5)	4.79	(50.8)
特有農産物[b]	10.3	(19.9)	2.19	(23.2)
うち養蚕関係	9.4	(18.2)	1.44	(15.3)
工産物[c]	3.4	(6.6)	2.43	(25.7)
うち生糸・絹織物	1.4	(2.6)	2.17	(23.0)
その他[d]	—		0.03	(0.3)
計	51.7	(100)	9.44	(100)

a．米・麦・雑穀類
b．主として工芸作物と繭
c．繊維・紙製品のみ
d．林産，水産，鉱産物の合計
資料）「山梨県地誌稿」（山梨県立図書館蔵）および『山梨県統計書』

表4－2は、一八八〇年の物産高とその構成を示したものである。県計の欄をみると、米・麦・雑穀等の普通農産物の構成比は約五〇パーセントであって、残りの半分は実綿・葉煙草・繭等の商品作物と工産物で占められていたことがわかる。しかも、この表にはかなりの脱漏がある。物産高であるから商業・サービスが落ちているのは仕方ないとしても、畜産物はまったく計上されておらず、林産物、鉱山物も相当に過小である。また工産物も、ここでは生糸・綿織物・絹織物・紙だけであり、その他の工業製品はまったく計上されていない。職人の稼ぎに対応する項目もゼロである。商人はもちろんのこと、職人にしても林業者（たとえば杣職）にしても、これらは農家の戸主の兼業に対応する職業であり、そのような兼業所得が落ちているという意味で、表4－2の生産高は過小、したがって総生産高にたいする普通農産物の比重は過大であるといえる。

前節でみた東八代郡四か村をみると、県の数値と比べて、普通農産物の比重が高く、工産物は低い。養蚕のウェイトはほぼ同じであるから、繭に特色をもつ農業的村落であったといえる。

しかし、県の平均的村以上に農業的であったとはいっても、これらの村について観察された就業パターンは普遍的なものであったといって差し支えない。県下の主要な工業製品はほとんどすべて家内制生産物であり、婦女子の〈内職〉的兼業によって支えられていたからである。一八八〇年四月二二日付の『朝野新聞』には「甲斐絹《かいき》の騰貴で甲州は女天下――東京見物も亭主が荷持」という記事が載っているが、興味本位で誇張はあるにしても、甲斐絹（海気とも書く）生産が女子の〈内職〉的労働によって営まれているのでなかったらこのような話もなかったであろう。

ところで、表4－2では農産物が「普通」と「特有」に分けられている。これは当時の分類に従ったものので、徳川時代以来、物産を米・麦・雑穀等と特有物産とに分類するのが一般的方法であった。後者にはもちろん工産物も含まれている。そして、この生産物にかんする分類法は、就業上の分類法と完全に対応していた。養蚕が農家の本業とは見なされず、機織などとともに副業とされていたのがそれである。特有物産は主に農家の副業的活動によって生産されていたのであって、その点で、このような分類法は当時の実態に即したものであった。

それにしても、このような旧幕時代以来の概念が、明治の公式統計でも用いられていたという事実は、就業機構における連続性を端的に示している。そのかぎりでいえば、花房直三郎のいうように、「甲斐国人別調は封建時代に於ける地方の標本を今日に貽《のこ》せるもの」であったといえる。

註

(1) 花房直三郎「明治十二年末の甲斐国」『統計集誌』第三一四、三一六、三一九―二一号(一九〇七年)。
(2) 梅村又次「明治年間における実質賃金と労働の供給」『社会経済史学』第二七巻四号(一九六二年)。
(3) 東八代郡四か村「家別表」の分析の詳細は他で行った。斎藤修「明治初年農家世帯の就業構造――山梨県下四カ村『人別調』の分析(1)(2)」『三田学会雑誌』第七八号一―二号(一九八五年)。同『賃金と労働と生活水準――日本経済史における一八―二〇世紀』(岩波書店、一九九八年)、六八―七九頁。
(4) 伊東壮「山梨県現住人口(明治一三~大正九年)の再推計」『山梨大学教育学部研究報告』第三〇号(一九七九年)。
(5) しかしこの点については、多少の但書が必要である。この『人別調』でいうところの人口は、今日の国勢調査でいう人口とは違う。移動との関連でいえば、県外への単身の出稼者は現在人口としてカウントされるけれども、県外からの単身移動者はカウントされなかったからである。したがって、花房のいう「移転の結果」は、この『人別調』には十分反映されていないといわなければならない。斎藤、前掲書(註3)、付録3、一九三―九六頁。
(6) O. Saito, 'Who worked when: life-time profiles of labour force participation in Cardington and Corfe Castle in the late eighteenth and mid-nineteenth centuries,' *Local Population Studies*, no. 22 (1979).
(7) ここにいう戸主とは「家別表」に「家主」と記された(おそらくは戸籍上の)筆頭者のことであるが、彼らのなかには他の世帯の同居人も含まれている。その同居人の多くは単身の農作雇で、おそらくは住込であったと思われるから、世帯ベースで考えれば、農作労働者世帯というのは無視しうるほどの数となる。
(8) 梅村又次「労働力・就業構造」『経済学大辞典』第Ⅱ巻(東洋経済新報社、一九八〇年)。
(9) この他に日雇稼をするものがいたが、戸主の場合すべて小作人であった。ただ、それは小作人の副業が農作雇に限られていたことを意味しない。小作農家であっても雑品商、穀商、繭商、石工、大工、等々、多様な副業を営んでいた。

構造と変容 3

五 前近代経済成長の二つのパターン

――徳川日本の比較史的位置

はじめに

一九七六年の社会経済史学会第四五回全国大会共通論題「江戸時代社会経済史への新しい接近」において、トマス・スミスは「前近代の経済成長—日本と西欧」と題する報告を行った。その三年前に *Past and Present* 誌に発表された同名の論文にもとづいた同氏の報告は、現象としての城下町人口の減少傾向を論じていたために後に出版されたプロシーディングスでは「都市とその人口」の部に収められたが、内容は日本と西欧における前近代成長の異なったパターンを明示的に比較検討した、拡がりのある先駆的な論稿であった(1)。

スミスが設定した課題とそれへの解答を要約すれば、以下のとおりである。工業化に先立つ時代において、日欧ともに農村部への工業の波及を経験し、かつ緩やかではあるが確実に一人あたりの産出高は増加した。しかし、徳川日本の城下町は衰退したのにたいして西欧の大都市はさらに成長をとげた。その理由は、外国貿易、都市成長、人口成長という要因間の関連の仕方が日欧では異なっていたからではないか。すなわち、西欧は貿易も人口もともに成長し、経済全体が拡張したのにたいして、日本は貿易も人口増加も欠如していたにもかかわらず、いっそう緩やかではあったが経済成長を達成したのではないか。前者は結局のところ「都市中心的」(urban-centred)で後者は「農村中心的」(rural-centred)という成長様式上の相違が、西欧では都市のブルジョワジィが利益の大部分を手にしたのにたいして、日本の場合は農村社会を裨益するという違いとなって現われたというのが、彼の結論であった。この対比は――スミス自身は明示的に議論したわけではなかったが――都市中心的な発展を示した西欧では階層間の格差拡大を伴い、農村中心的で都市商人および武士階級が損失を蒙った徳川日本では格差拡大が抑制されたということを含意しており、本章ではこの面も併せて前近代経済成長論に含めて考えたい(2)。

次節以降では、この前近代成長論を近年の実証研究の成果をもとに再検討する。検討の対象は、スミスの場合と同じく西欧と日本とにみられた二つのパターンである。ただ両者の相違は、都市化のパターンよりは、実質賃金と一人あたり産出高それぞれの趨勢間にみられるパターンにより明瞭に現われる。そこで、まずこれら二つの指標の背後にあった諸要因を比較検討し、何が両パターンに共通で、何が相違をもたらしていたのかを明らかにする。フェルナン・ブローデルの三層構造図式を見取図としていえば(3)、中層の市場経済領域においては類似の変化――すなわち、生産の地域間特化と市場の力とが反応しあって生ずるところのアダム・スミス的成長(Smithian growth)――が観察されるが、その基層をなす世帯経済の領分と、最上階の、ブローデルの意味での資本主義の領分とでは顕著な相違があったということが示唆されるであろう。

一　近世西欧のパラドクス

対照的な趨勢

西欧経済史家を悩ませてきた問題に、なぜ近世の労働者の実質賃金は数世紀にわたって下がり続けたのだろうかということがある。一六世紀から一七世紀にかけて西欧全域で生じたその著しい水準低下は、価格革命によるのか、それとも人口増加の結果なのかという論争を呼んだが、ここで重要なのは、一七世紀後半から一八世紀にかけての回復力は弱かったという事実である。西欧と一括される地域のなかでも南欧諸地域でとくに下落幅が大きく、北西部ではその程度が小さかったという相違はあった。しかし、一五〇〇年から一八〇〇年までの全期間を通してみると、実質賃金の趨勢は全体として右下がりであった。(4) とりわけ、近年になって国別の産出高推計が試みられるようになり、一人あたり国内総生産（GDP）の趨勢はゆっくりと上昇していたことがわかってきたため、(5) 人びとの生活水準を測定する二つの指標が相反する方向へ動いていたことをどのように説明するかが研究課題として強く意識されるようになったのである。

図5-1は、近世西欧諸国のなかではもっとも好成績を示したイングランドと低地諸邦（ベルギーとオランダ）を取上げて、実質賃金指数とアンガス・マディソン推計の一人あたりGDPとがどのように推移したかを描いている。この図によれば、この地域は三世紀間にわたって一人あたりGDPが年率〇・二―〇・三パーセント（ベルギー・オランダ〇・二パーセント、イングランド〇・三パーセント）で成長して

図5-1　近世西欧における実質賃金と一人あたりGDPの推移，1500-1820年

(1500年=100)

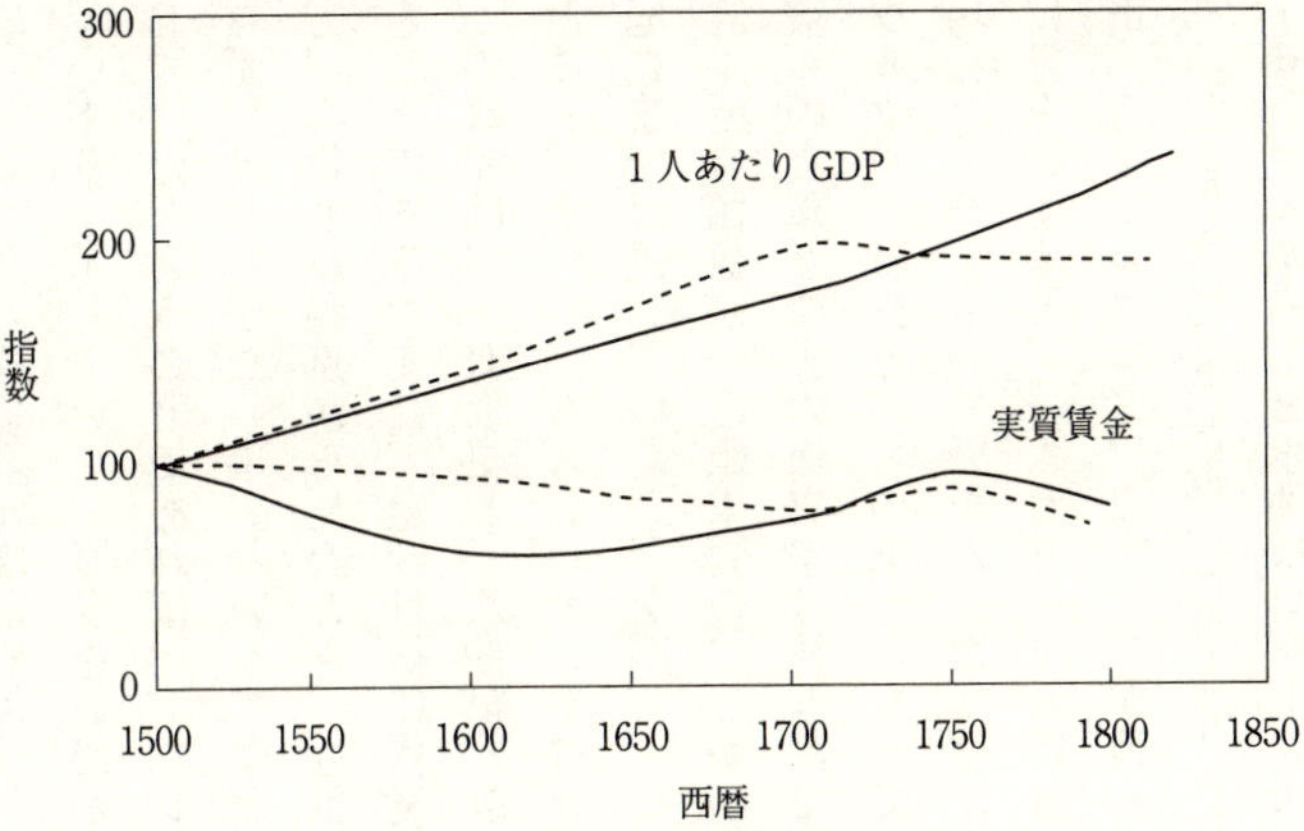

実質賃金と一人あたりGDP
：実線　イングランド；破線　ベルギー・オランダ

出所）Allen, 'Progress and poverty', p. 437; Maddison, *World Economy: A millennial perspective*, p. 264.

いたにもかかわらず、そしてその結果として実物的な生活水準が約二倍にまで達したにもかかわらず、それら諸国の労働者の一八〇〇年における実質賃金は一五〇〇年の七〇―八〇パーセントの水準にまで低下していた。いうまでもなく、イングランドとベルギー・オランダのあいだにも相違がみられる。しかし、二指標間に対照的な動きがあったという点では両地域は共通している。近世の西欧では、生活水準の二つの指標のあいだに大きな乖離が生じていたといってよい。

いうまでもなく、これらの推計値には少なからぬ問題がある。多くの歴史家は強い仮定のもとで推計されたGDPといった計数値の信憑性について懐疑的であるし、逆に、平均生活水準指標としての実質賃金指数の有用性に疑問をもつひともいる。(6) 実際、図に示された変化率の正確さにかんしては誰しもが留保をつけたいと思うであろう。

とくに、いくつかの賃金系列は貨幣賃金が長期間にわたって硬直的で、それゆえに価格上昇期の実質賃金は著しい下落を示していて、疑念をいだかせるに十分である。しかし、労働者の平均賃金が実質的に目減りをしていたということであれば、デフレータとウェイトの選択やその結果としての下落率の違いにもかかわらず、動かしがたい事実といってよい[7]。

他方、実物的な観点から見たとき、近世の人びとが豊かになっていったことは多くの文献資料が物語っていることである。また、遺産目録に依拠した、オランダやイングランドの広範な階層における「モノの世界」の研究は、一七世紀と一八世紀とを比較すると食器、家具、内装品、衣服の保有率が確実に上昇していたこと、それもアムステルダムやロンドンのような大都市だけではなく、地方をも含む幅広い中産層の家庭にまで浸透していたことを明らかにしている。たとえば、オランダ・フリースランドの一地域における乳牛所有頭数が一〇頭未満の、しかし無所有ではない農民層についてみよう。一五六六—七四年における彼らの食卓と椅子の保有率は約五割であったが、一七一一—五〇年になると九割を超していたこと、テーブルクロスは三分の一の家しかもっていなかったのが半数以上は所有するようになったこと、カーテンの場合は一軒ももっていなかった状態から九割もの家が保有するようになったことがわかる。イングランドに目を転ずると、一六七五年におけるロンドンでは、すでに六割前後ないしは四分の三の割合で陶器、掛時計、テーブルクロス、カーテンが遺産目録に登場しており（それぞれ六四、五六、七六、六八パーセント）、五〇年後には九割近い割合となった（それぞれ八八、八八、八一、九四パーセント）。全イングランド・サンプルをみると水準はロンドンよりはだいぶ低位で、掛時計の遺産目録登場率が一七世紀後半で九パーセントにすぎなかったが、それでも半世紀後には三四パーセントとなり、カーテンの保有は七パーセントから二一パーセントへと上昇した。陶器は一七世紀後半時点で二七パーセントが所有しており、一七二五年には五七パーセントに達していた。テーブルクロスの場合には目立った変化がみられなかったが、一六七五年においてはすでに四三パーセントの普及率であった。身分別にみても、全期間を通しての数字となるが、職人と小売商への普及率は陶器四三パーセント、掛時計一九パーセント、テーブルクロス五一パーセント、カーテン一六パーセントであって、ジェントリィ層の三九パーセント、五一パーセント、六〇パーセント、二六パーセントには及ばないかもしれないが、所得・身分のうえでは上位のヨーマン層の三三パーセント、一九パーセント、三五パーセント、五パーセントを上回っていた(8)。このように、近世西欧における家庭の消費財ストックは、世代が代わるごとに都市から地方へという動きを伴いながら少しずつ豊かとなっていったのであって、それは一人あたりGDPというマクロ経済指標のゆっくりとした増加傾向と完全に整合的な事実なのである。

多面的な変化

こうした実物面からみた生活水準の上昇と労働市場における労働の価格の低下という二つの現象がともに事実とすると、その乖離はどう解釈したらよいのであろうか。問題の核心には、その間の変化の多面性ということがある。そのパラドクスに言及した著作は少なからずあり、またその解明に正面から取組んだ論考も存在するが、いまだ定説といいうるものはないようである。筆者にも新しい解釈を提示する能力はないので、このパラドクスとみえる現象の背後にあったいくつかの重要な変化を列挙しよう。

A　**交易**　第一にあげられるのは、トマス・スミス論文でも重視されていた国際貿易の発展である。大航海の時代が到来、アジア、アメリカ、アフリカの植民地市場との結びつきが強まり、貿易利益が西欧にもたらされた。とくにアメリカ大陸との結びつきが強まって、一八世紀には「環大西洋的世界市場」の形成へと向かったことは、これまでも重視されてきたことである。[9] しかし、それに一世紀先立って西欧域内で起きた交易拡大の意義も小さくない。正確にいえば、それはレヴァント地方を含む伝統的な地中海世界とアルプス以北の地域内で生じた交易の拡大であったが、商業中心地の南欧からオランダとイングランドへの移動を伴っていた。とくにイングランドがレヴァントへの輸出国として登場した。それが「世紀後半の「商業革命」の軸となる東インド、新世界貿易にそれぞれつながる」性格をもつ動きだったのかどうかは議論のあるところであろうが、地中海世界への工業製品の輸出が地域内交易拡大の一つの原動力であったことは間違いない。イングランドや低地諸邦の毛織物工業に構造変化が起こり、主力商品が薄手でファッション性に富んだ新毛織物（「ニュー・ドレイパリーズ」）に交代したのである。このような変化を伴いつつ、商業資本主義が興隆することとなった。[10]

遠隔地交易は商業資本主義形成にあたって中心的な役割を演じた。その利潤の源泉には、国家から付与された特権と異なった価格体系間の差異という、二つの区別さるべき内容が含まれていた。どちらが重要であったかは国家の性格や取引対象地域によって異なったであろう。いずれにせよ、ブローデルの表現を借りれば、遠隔地交易は「自らの領分における資本主義」の中心的地位をしめ、その結果としてロンドン、アントワープ、アムステルダムなど、メトロポリスの成長があった。西欧では「資本主義と都市とはつまるところ同じもの」だったからである。[11]

B 都市 この都市成長が第二の要因である。都市人口の成長はさまざまな形態をとりえた。その一つは、ブローデルがアンシアン・レジーム下の首都の社会構成について一般化した傾向、すなわち「何人かの選ばれた人たち、大勢の召使い、そして極貧層の寄せ集め」タイプである。[12]都市の拡大がもっぱら貧しい流入人口によって起きた場合である。しかしこれがどの程度一般的な類型であったのかは疑問で、少なくとも一七―一八世紀のロンドンやオランダのメトロポリスにはこの特徴づけは当てはまらない。これら大都市の成長は、「何人かの選ばれた人たち」のすぐ下に、もう少し厚みのある富裕層の抬頭をも伴っていた。海外取引拡大とともに整備された銀行、海上保険、証券取引等の新しく登場した業務に携わる人びと、法律関係の専門職、国内商業に従事する商人等々、多様な職種からなる分厚い中産層の登場である。[13]これは明らかに、イングランドや低地諸邦における一人あたりGDPの水準を、平均的な労働者の所得水準よりもかなり高位に保つ要因であったといってよい。

C 農村工業 第三にあげられるのは、トマス・スミスも強調した農村の発展である。先述の新毛織物の登場もこの文脈で評価できる変化であった。スミスは、工場制以前の西欧でも「工業の歴史の多くは、農村部への工業の波及の物語である」と述べ、その現象に特別のラベルを貼ることはなかったが、後にフランクリン・メンデルスが提唱した、本格的な工業化に先立ち、かつそれへと連続する変化という意味での〈プロト工業化〉論と同じようなイメージを抱いていたといってよい。[14]

しかし、メンデルスのプロト工業化論にはもう一つの軸があった。それは「農民層分解の人口学的解釈」あるいは「人口学的に解釈された無制限的労働供給の理論」である。貧しいがゆえに低賃金の農村工業に従事し、その就業機会の存在が結婚年齢を引下げ、出生率を引上げ、人口増加を持続させ、それが賃金水準を低位に保つ役割を果たしたという。もっとも、この人口学的メカニズムがどの程度の現実妥当性をもつかにかんしては少なからぬ批判が出されていて、現在では省みられること少ない。しかし、一六世紀中葉から一八世紀にかけての西欧農村において土地なし農民層が拡大し、事実上のプロレタリア化が進展したということについては、多くの歴史家が認める事実である。チャールズ・ティリィのラフな推計によれば、一五五〇年と一七五〇年のあいだに生じた西欧人口の増加分六千万人のほとんどすべてはプロレタリア人口であり、プロレタリア人口の増分六千万人弱のうち農村での増分は五千万人、都市では六五〇万人と、その大部分が農村部の現象であったという。それゆえ、理由は何であれ、市場における労働の価格を押下げる圧力は傾向的に高まっていて、それも農村部においてとくにそうであったといえる(15)。

D　農業　しかし農村部門では、富めるものをいっそう富裕とする力も働いていた。それが第四の要因、農業成長である。西欧、とくにイングランドと低地諸邦における農業は、資本主義が「生産」という「他人の領分」で初めて自己を確立した領域であった。そこでは土地所有階級の下、一方には農場経営者が出現し、他方には上記のプロレタリア層が現われて、「垂直的分業制」が成立した。それだけではなく、資本主義的な志向をもった地主と農場経営者とによって固定資本への投資が行われ(16)、それが産出高の成長に直結する体制ができあがったのである。

産業革命直前の英国についてみよう。スコットランドを含む数字であるが、一七六〇年における農業の家畜を含む総資本ストックは一八五一―六〇年価格表示で二億四四〇〇万ポンドと推計されている（うち三七パーセントが家畜、建物・農機具等が六三パーセント）。同じ年次における製造業の総資本ストックは二二〇〇万ポンド、交通運輸業でも三七〇〇万ポンドでしかない。当時、農業に従事する家族数は九二万、工業従事家族数は二九万であった。これらの値を使って資本労働比率を計算すると、農業二六五ポンド、製造業七六ポンドとなる。農業の資本労働比率は製造業の三・五倍。仮に農業資本から家畜を除いて計算しても一六六ポンド対七六ポンドなので、工業化以前の英国においては農業のほうが圧倒的に資本集約的であったことが明らかである(17)。オランダにかんしては残念ながらこのような数値を示すことができないが、ヤン・デ・フリースとアド・ファンデル・ウォウデの『最初の近代経済』と題された近著では、一八世紀オランダ経済の資本労働比率はすでに「前例のない高み」に達していたと示唆されており、その根拠の一つが一六世紀以降の農業への投資活動であった(18)。両国では、近世に資本主義的農業が成立したといってよく、それもまた所得格差を拡げる方向に作用したのである。

E　家計　最後に、実物面の生活水準上昇と実質賃金の低下という、近世西欧のパラドクスを解明することを明示的に試みた仮説がある。ヤン・デ・フリースの論文「産業革命と勤勉革命」である(19)。彼は、この謎を解く鍵は家計行動にあると考える。実質賃金の低下という現象は、家計が労働の供給を増加させた結果の反映であり、他方、家庭内でモノが豊かとなったという現象は、家計が市場にもたらされた消費財をより多く購入しようとした結果であり、かつ両者は一つの意思決定の両面である。別な表現をすれば、従来は自家生産していた消費財（Z財）を市場で購入できる商品に代替するということであり、それに伴って人びとが余暇よりも労働を選好するようになったということである。これは消費サイドの、より正確には家計行動上の変容である。それゆえにデ・フリースは「勤勉革命」（industrious revolution）と呼んだのであったが、日本の経済史家にとっては生産サイドの議論である速水融の勤勉革命論と紛らわしい。[20] 内容に即して、ここでは〈家計革命〉論と名づけることとしよう。この「革命」は中の下から中の下層の少なからぬ部分までを巻き込んだ動きであって、その論理的帰結は余暇の減少と労働供給の増加に支えられた消費社会の誕生であった――それがデ・フリース説の要点である。

これは興味深い仮説である。マクロ次元の現象をミクロ次元の構造変化に結びつけて考えようとしている点も共感できるところである。しかし、計量分析ができるようなミクロ・データが存在しない状況においては、デ・フリースの家計革命論はいまだ、本質的には定量的なマクロ現象に定性的な図式による解釈を与えただけとの印象は拭えない。この図式によって図5－1に示された乖離のどのくらいが説明できるかは、まったくわからないからである。そこでここでは、そのような解釈図式の理論的な検討に紙数を費やすのではなく、これまでにみてきたすべてのエヴィデンスが示唆していることを確認して本節を終わりたい。

それは、西欧では一六世紀から一八世紀にかけて、市場が拡大し産出高が増大するのと並行して社会的不平等が拡大したということである。農村部でも都市社会においても、所得格差を拡げる力が働いていたということである。所得の不平等度を社会階層全体にわたって計測できるのは、この時代ではイングランドについてだけのようである。具体的にはグレゴリィ・キングの一六八八年表とジョゼフ・マッシィの一七五九年表が残されているからであるが、ピーター・リンダートとジェフリィ・ウィリアムソンの検討によれば両者は完全には比較可能ではないらしい。それゆえ推計結果には少なからぬ誤差を伴うが、両表からいえることは、上位五パーセントの所得階層が全所得の約三〇パーセントをしめ、上位一〇パーセントでは四四パーセントに達し、下位四〇パーセントの所得階層のシェアはわずか一〇パーセント強にしかならなかったということである。不平等度の指標であるジニ係数を計算すると〇・五をこえ、現代の南米なみの水準である。所得格差がきわめて開いた社会であった[21]。その理由の一端は、生産手段から切り離された労働者世帯がすでに階層として形成されていて、その厚さが西欧の平均をはるかにこえる水準にあったことにあった。キングの一六八八年表から得られるプロレタリア人口比率は五七パーセント、農村部だけでは六〇パーセントを優に超えていたであろう[22]。しかも、一六世紀の末ころには「農村部の全人口の四分の一から三分の一」の水準であったと見積もられているので[23]、この事実からだけでも一七世紀のあいだに不平等の度合は進行したと想定できる。

他の西欧諸地域については残念ながら十分なことはわからないが、おそらく不平等度の水準がイングランドよりは低かったものと思われる。しかし、そこでも同じ方向への動きが進行した[24]。いずれにせよ、一人あたりGDPの動きと実質賃金の趨勢にみられる乖離は、この不平等の進行を反映していたと考えることができよう。

るのであろうか。

二　徳川日本は？

推計と比較

近世西欧のパラドクスとは、実質賃金と一人あたりGDPないしは実物的な豊かさの指標とが趨勢のうえで乖離を示すということであった。同一の指標によってみたとき、徳川日本はどのように特徴づけられるのであろうか。

徳川時代の場合、幸いにして実収石高というマクロの数字が半世紀ほどの間隔で得られる。石高は、本来、石盛が正確に把捉されていれば米に換算された田畑からの産出高と看なすことのできる値である。しかし近世中期以降は、現実の農業産出高が成長し、幕府の公式データによる全国石高系列と実態とのギャップは開いていったと考えられている。中村哲は、明治初年の農産額と、明治以前における耕地改良・開発件数の年表データを利用して、領主が「十分把握することができなかった」農産物の実収量増加分を五つのベンチマーク年次について推計した。それを幕府データに上乗せしたのが、この実収石高系列である。この系列には、明治初年の用語を使っていえば「特有農産物」も含まれている。それも農産加工用作物だけではなく、繭まで含んだ相当に広義の農産額であるので、その変化は徳川時代の総生産の動きをかなりよく反映するはずである。(25)

このように、農産額の系列が他の国のマクロ統計量と比較して相対的に固い推計値であるため、最近ではマディソンが、この実収石高系列にさらに上乗せをした一人あたりGDPの系列を発表している。上乗せ自体の実態的根拠は乏しいのであるが、その時代の総生産にしめる広義の農産高の比重の高さを考えれば許される冒険といえよう(26)。いずれにせよ、徳川時代にかんするマクロの成長率は、西欧の場合と同じか、あるいはそれ以上の精度で計算できるのである。

これにたいして、実質賃金にかんしては少なからぬ問題がある。一七世紀から明治まで連続した、代表性のある系列を作成することはいまだになされていない。関東と関西、金建と銀建価格、熟練と不熟練職種、幕末と明治の接続の問題など、詰めなければならない問題は少なくないからである。ただ、その作業のための素材は筆者が一九九八年に刊行した『賃金と労働と生活水準』にあるので、ここでは、一八二〇年以前の実質賃金上昇期にかんしては関西における西摂上瓦林村の大工と農業日雇賃金を、一八二〇年以降の実質賃金下落期については関東の銚子醤油業の総合賃金系列を選び、それぞれを一八二〇年で接続することとした。計算の詳細は同書を参照していただきたいが、計算期間は一七〇〇年から一八七〇年、それぞれの期とも熟練と不熟練の加重平均で、接続は変化率によってなされている。計算の目的は一七〇〇年を一〇〇としたときの一八七〇年の総合指数を得ることである(27)。

こうして得られた実質賃金の総合指数は、中村推計の一人あたり実収石高とマディソン推計の一人あたりGDPの数値とともに表5-1に掲げられている。

これをみると、第一に、どの指標も増加傾向を示していたことがわかる。一人あたり実収石高の年平均成長率は〇・一パーセント、一人あたりGDPのそれは〇・一五パーセントで、イングランドの一人あた

表5－1　日本における実質賃金と産出高の成長，1700–1870年

	実質賃金	一人あたり産出高	
		実収石高	GDP
年次	(1700＝100)	(kg)	(1990年ドル)
1700年	100	169	570
1870年	118	201	737
年平均変化率	(%)	(%)	(%)
1700–1870年	0.10	0.10	0.15

資料）O. Saito, 'Wages, inequality and pre-modern growth in Japan, 1727–1894', in R.C. Allen, T. Bengtsson and M. Dribe, eds., *Living Standards in the Past: New perspectives on well-being in Asia and Europe* (Oxford: Oxford University Press, 2005), Table 3. 実質賃金系列は，斎藤『賃金と労働と生活水準』のデータから作成．実収石高は中村推計を1石＝150kgで換算した値，GDPはマディソン推計である．ともにMaddison, *World Economy: A millennial perspective*, p. 264による．

りGDP成長率〇・三パーセント、ベルギー・オランダの〇・二パーセントよりもさらに緩慢な拡大率であった。しかし、農業を核として着実に成長していたことは明らかである。第二に、一つの指標は増加を他の指標は減少を示すというような乖離現象が生じていなかったことも明白である。西欧と異なり、実質賃金も一人あたり産出高とともに増加をしたのである。しかも、年平均変化率に目を転ずるとわかるように、実質賃金の上昇率と一人あたり実収石高の増加率は〇・一パーセントとまったく同一であった。いうまでもなく、一人あたりGDPの成長率は上乗せ分だけ高く、また誤差の範囲を考えれば、完全一致ということを強調することはできない。ただ、乖離を生じさせないような力が働いていたのではないかということを想像せしめるに十分な発見事実ではある。

対照的な変化

このように西欧とは対照的なパターンを示す徳川日本にかんしても、西欧についてみたのと同一の要因群を検討してゆくこ

とにしよう。問題は、何が指標間の乖離を抑制していたのかである。

A　**交易**　第一に、鎖国は徳川経済を制約した最大の条件である。もっとも、鎖国と称される体制下においても、外国との交易が皆無となったわけではない。しかしトマス・スミスも強調していたように、異文化間における自由な交易の欠如はやはり徳川日本の重要な構造的特質であった。

その鎖された国内経済は日本列島の地理学的特性から平野や盆地という小領域の複合体という性格をもっていたので、それらを結ぶ遠隔地交易としての全国流通網は存在した。一七世紀の三〇年代に自由な国際取引が禁止された後もしばらくは、国内の遠隔地交易において「異時点間価格差」から大きな利潤を得るタイプの豪商が活動する余地があったと思われる。しかし、世紀後半に大坂を頂点として成立した全国流通網の核となったのはそのような初期豪商ではなかった。新たに登場したのは、宮本又郎によれば、初期豪商とは異なり、「専門商品について大量仕入、大量販売を行い、薄い口銭を資本の回転で補うという商法に転じた」ところの問屋商人であった。角倉や淀屋、紀伊国屋などに代表される豪商から、商品ごとに特化した専業問屋と呼ばれるタイプの商人への転換である[28]。後者のタイプの商家における「薄い口銭」は利益率自体の低水準を示唆するが、本当にそうであったのかどうかを明らかにするのは容易でない。史料に恵まれた事例である、伊勢商人で江戸に出店をした木綿問屋長谷川家の場合、正味利益の純資産にたいする割合を半期決算帳簿から計算すると、一七世紀末から一七二〇年代までは一〇パーセントを上回る水準であったのが、その後一七七〇年代にかけて五―一〇パーセントの水準となり、以降は三パーセント以下に低下したことがわかっている[29]。また、問屋の利益率の水準と趨勢は利子の動向からもある程度推測することができる。問屋の取引には「先売先買・延売延買」という時間的要素が入り込んでいたがゆえに、「収得される商業利潤の利子的要素は最も大であった」からである。[30] 三大豪商の一つで大名貸へ特化した鴻池家の利子収益率をみると、最初のころは一四パーセント程度の水準であったが、その後下がり初めて一八世紀後半には六パーセント、一九世紀にはさらに低下して二―四パーセントとなった。一九世紀に入ってからの低利益率水準には地方商人の追上げに加えて、大坂経済圏における過剰流動性の問題もあったと思われるが、問屋体制が制度的に安定していた一八世紀でもけっして高い水準にはなかったことがわかる。[31] これら「大店《おおだな》」と呼ばれた問屋は、取扱高が大きかったので経常利益額の規模は大きかったが、種々の専門業務に必要なノウハウをもった従業員を経営内部で育成し、多店舗化・多部門化した組織で商いを行うという体制をとったため、利益率は低位となる傾向があったのである。それは、異なった価格体系間の交易の消滅という状況に対応して生じた新しい商業システムであり、近世西欧のそれとは対照的な方向への動きであった。[32]

これに加えて、地方の小都市との競争が大都市商人の利益率をさらに低下させた。三大豪商および近江商人を含む都市問屋商人六家の事例をみても、一八世紀には一〇パーセント弱の水準で安定していた利益率がそれ以降は傾向的に低下するという動向では一致している。[33] これは、後に述べる農村部の発展との関連において生じた変化であった。

B　**都市**　第二の要因は都市成長である。徳川時代における都市化はかなりの高水準にあった。いま都市化率を人口一万人以上の都市人口が総人口にしめる割合と定義すると、一六五〇年で一二・七パーセント、一七五〇年一三・五パーセント、一八五〇年一二・四パーセントと推計される。産業革命直前、一七五〇年におけるイングランドの都市化率が一六・七パーセント、オランダ・ベルギーの低地諸邦が二四・七パーセントであったのに比べると低位であったが、それら諸国からイタリア・スペイン・ポルトガルまでを含む西欧全域では一〇・二パーセントであったので、他の西欧諸国と比べるかぎりまったく遜色ないレベルであった。徳川日本は幕府と三〇〇近い藩から構成される独特の国制をとっていたために、トップに幕府直轄の三都(江戸・大坂・京都)、金沢・名古屋といった大藩の城下町がそれに続き、さらに中小の城下町、港町、市場町などが厚く分布していたことが都市化の水準を高めた要因であったと思われる。しかし、上記の数値からもわかるとおり、徳川後半期には都市化の退行を経験したのである。トマス・スミスが観察したように城下町の多くは衰退し、三都の人口も減少した。これにたいし、小都市、それも人口数千人程度の地方の港町や在郷町は増加を示した。日本海沿岸の能代・新湊・魚津、東北の郡山、さらには関東の機業地である桐生・足利がその典型である。それは農村中心的成長というこの時代の流れを反映した現象であった。ただ、同じ農村部の発展が大都市のさらなる成長と並行して進んだ西欧の場合とは異なって、それが大中の都市の犠牲を伴いつつ進行したところに徳川日本の特殊性があった(34)。それゆえ、第一のポイントと併せ考えれば、徳川後半の商業社会には都市間格差を縮小させる方向への動きはあっても、階層間格差を拡大させる力は働いていなかったとみることができよう。

C　**農村工業**　すでにみたように、都市間格差を縮小させたのは農村部の発展であった。その原動力であった農村工業化が第三の要因である。一八世紀後半から一九世紀の初頭にかけて繊維産業の地方への展開が顕著となったが、その原因の一つは、労働賃金の廉い地方の製品が中央市場において競争力をもつようになったことにあった。絹業においても綿業においても、全体的趨勢は西から東へのシフトがあった。それは、一方では原料作物の栽培地との、他方では消費市場との物理的距離を長くする傾向をもっていた。とくに綿織物業の場合、棉作が不可能な東日本にも織布業が根づいていったことは、比較優位にもとづいた産業の拡散を強く印象づける。さらに、各地方は、一方では白木綿という中間生産財に特化したり、他方では色・文様・織りによって製品差別化を図ったり、独自の産地として発展することを志向したりするところがでてきた。特産地の多様化であり、地域間分業の進展であった。それは地方経済による「輸入」代替の過程と解釈することが可能で、各藩の政策意識としては三都市場への「輸出」振興が明示的な目標として登場することとなった。一九世紀前期における長州藩および加賀藩をみてみると、製造業のなかで大きなウェイトをしめていた酒の「輸出」依存度は低いが、繊維の依存度は最低でも二〇パーセント台と、「輸出」志向の高い商品であったことがわかる。それゆえ、地域外の市場に牽引された農村工業化であったという点でも、また後の工場制化された在来産業と系譜関係を有するという点でも、メンデルスのいうプロト工業化の概念に当てはまる変化が、徳川時代の後半には進行していたのである(35)。

しかしそれは、メンデルス・モデルからみれば肝心な点で西欧の型とは異なっていた。主穀生産地域と農村工業地域とが地理的に分離するという意味での農工間分業は、明瞭なかたちでは進行しなかった。また、農村工業が定着したところでも人口学的農民層分解は起こらなかった。農村プロレタリアという意味での土地なし層が出現することはまったくなく、日本農村はソリッドな小農社会であり続けたのである。

農村の階層構成にかんする研究史では、手作地主の富農的発展はあったかということが論争の的であったが、その動きがみられたとされる畿内や他の西日本の村々においても、富農層の農業経営は一般の中下層農民のそれと質的に異なっていたわけではなかった。村内における所有規模の差は拡大する方向に変化したが、実際の耕作規模の違いはそれほど大きくならなかった。農家であるならばどこでも、主穀生産を主体に、土質や水利条件に合った商品作物を導入するという志向をもっていた。商業的農業の主役は、西日本なら棉作か菜種作、東日本なら養蚕である。どちらが選択されるかによって農業経営のあり方は変わりえた。しかし、どのような組合せとなっても、生産の主体が家族労働であることに違いはなかった。時代は下って一九二八年の農家経済調査によれば、年間農家労働時間にしめる外部雇用労働の比率は、自作農家でも七・六パーセント、自小作六・一パーセント、小作三・五パーセントにすぎなかった。自作農家はもちろんのこと、手作地主でも農作業は家族労働によっていたのである。日本の農村においては、小作地化がいかに進行しても、農場に雇用労働を提供することによって生計を維持するという世帯が存立する余地はなかった。それどころか、友部謙一は、小作制度の存在が家族労作農家経営を安定化させ、中農標準化傾向を生ぜしめたとさえ主張しているほどである。(36) 徳川時代から昭和戦前期まで、分解を阻止するいくつかの力が働いていたと考えざるをえない。

D　**農業**　その力の一つに農業における生産性上昇があった。この農業成長が第四の要因である。筆者が別のところで明らかにしたように、農家の農業生産関数が上方にシフトすると農家世帯員の外部労働市場への労働供給価格は上昇し、自営業世帯が賃金労働者世帯へ転換する確率を引下げるからである。そして、この農業には主穀生産だけではなく、商業的農業も含まれる。実際、養蚕の賃金労働者化抑止効果はかなりの大きさであった(37)。

徳川時代の農業成長にかんしては、以下の三つがわかっている。第一は、土地面積あたりの収穫量が増加したという事実、第二は、この間の技術改良は労働集約的な性格を顕著にもっていたということ、しかし第三には、先にもみたように、マクロ次元でみると人口一人あたりの実収石高も年平均増加率〇・一パーセントの成長があったということである。

第一の反当収量の変化はもっとも固い事実で、稲作にかんしていえば、西から東へという地理的な動きを伴いながら着実に増加し、幕末‐明治初年には第二次世界大戦後における大部分のアジア諸国の水準を上回る土地生産性を実現していた(38)。これにたいして第二と第三の点は、相互に整合的な言明か否かを考えなければならない。労働集約ということを資本を節約し、もっぱら労働の多投に依存した技術体系と考えるならば、第三の事実をどう説明するかという問題が生ずるからである。実際、速水融は、徳川時代のあいだに牛馬と労働の代替という「勤勉革命」が起こったと主張している(39)。しかし、筆者が農業史研究をサーヴェイした結果では、牛馬数の減少はどこでも起こったわけではなく、牛馬使用的な農業発展も無視できないこと、しかしその場合でも、肥料源としての家畜利用が主であったことが判明した。すなわち、革命と呼ぶに相応しい劇的変化があったというよりは、徳川初期よりすでに多肥―労働集約の径路にあったと解釈するのが妥当だということである(40)。それでは、この労働集約の特性はどのようなところにあったのであろうか。労働投入と産出量との関係からみたとき、どこにその特質があったのであろうか。石川滋の

図5-3　石川カーヴ（I）：稲作単位面積あたり収量と労働投入量の径路

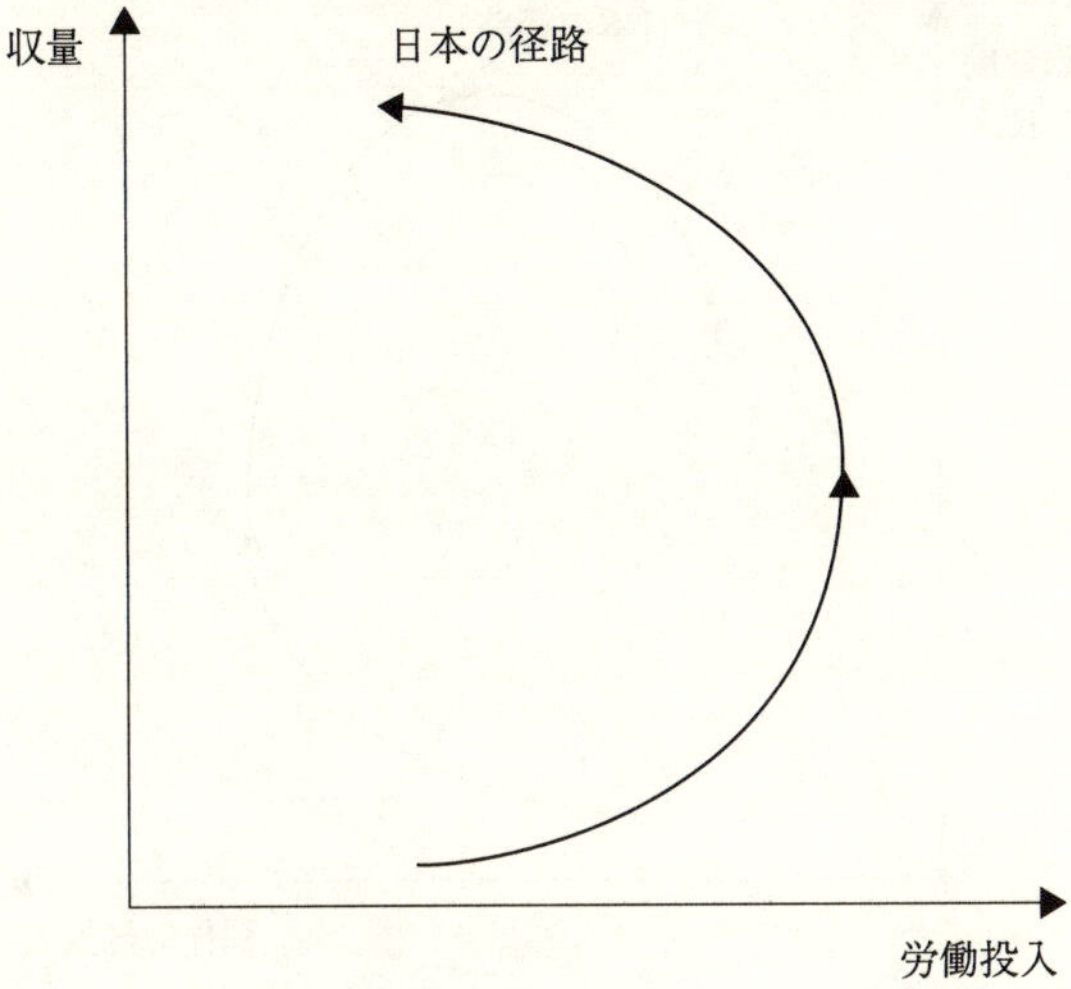

資料）　石川『開発経済学』，106頁の図による.

描いた図5－3と図5－4によって検討しよう。[41]

図5－3は、耕地単位面積あたりの労働投入と単位面積あたりの米収穫量が、日本において歴史的にどう変化してきたかを模式的に描いたもので、開発経済学者によって〈石川カーヴ〉と命名された。[42]この図において、右上りの曲線は労働集約的な、左上りは労働節約的な稲作改良を表現しており、最初の右上りの局面が左上りへと転換する時期は大正年間と想定されている。すなわち、徳川時代から明治時代を通じては労働吸収的な農業成長であったということである。これは農業史家の理解と整合的である。しかし、日本の農家の特徴は、稲作がその他の作物の栽培（すなわち二毛作）や養蚕飼育のような余業的生産活動と組合わされた複合経営であったところにある。それゆえ石川は、稲作の単位面積あたり労働投入と農家全体の単位面積あたり総労働投入との関連をも考察し、図5－4のような径路を描いた。

図５－４　石川カーヴ（II）：農家の総労働投入と稲作労働投入との関係

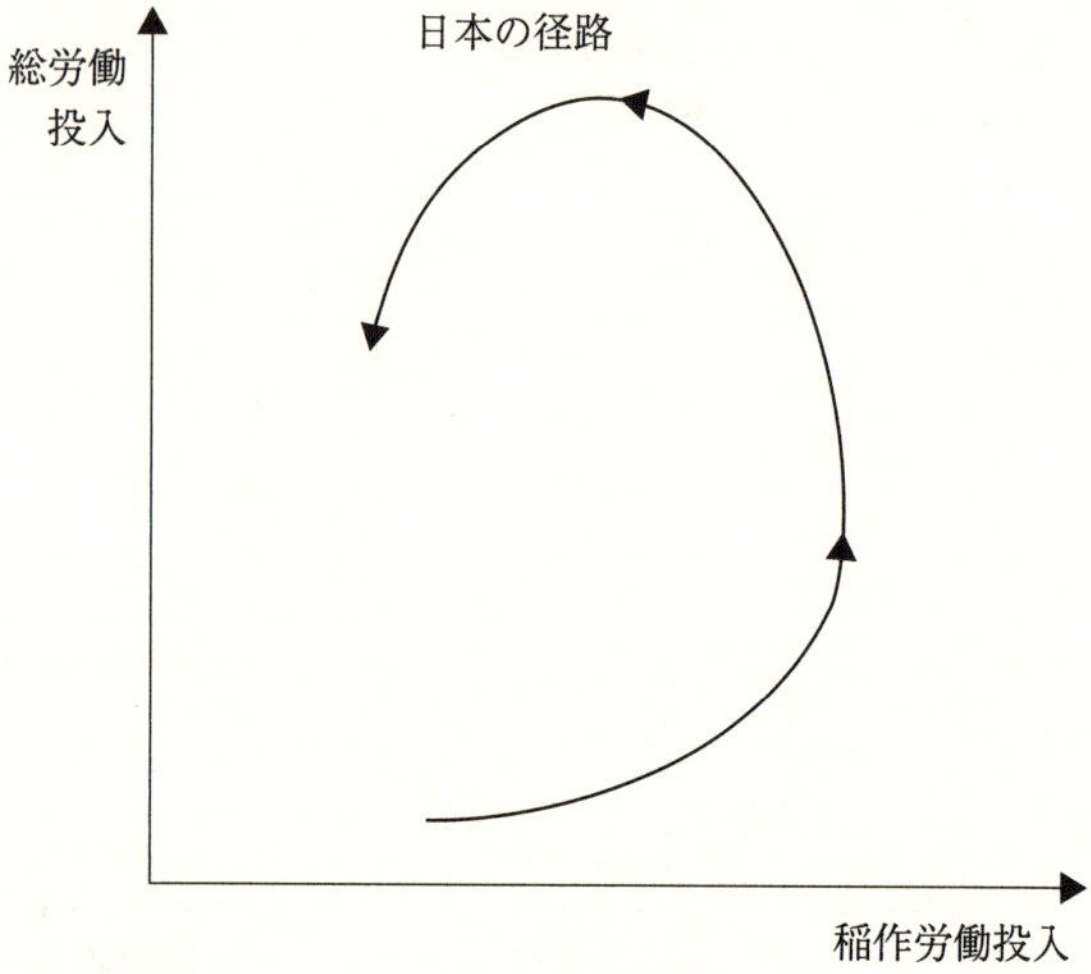

資料）　石川『開発経済学』，123 頁の図による．

この第二の石川カーヴのポイントは、稲作において労働使用的な農事改良が進行していた局面では他の栽培や余業への労働投入も増加していたこと、そして稲作技術が労働節約へ転じた後も、農家の総労働投入はしばらくのあいだ増え続けていたというところにある。

徳川後期から明治期を通じて、農家の平均耕作規模は大きく変化することはなく、またその家族人口の潜在成長力もけっして高くなかった[43]。そのような条件下で生じた二毛作や余業の拡大は、農家が保有する耕地の利用率を高める方向への変化であり、成員一人あたりの労働時間を長くすることでそれを実現させた結果とみることができる。それは、一七世紀の人口増加と土地・人口比率の低下に続いて起こった、ボースルプ的な発展の方向であった[44]。しかも、そこに市場の働きが介在していたことも徳川日本に特徴的なことであった。多くの農家は、稲作と換金作物である棉作や藍・紅花栽培、さらには養蚕といった市場志向的な余業とを組合わせる方向へと向かい、その余業は賃金労働力化をいっそう強く抑制する効果をもっていたので、農家経済の商業化を伴った労働集約的な農事改良の途は全体として農民層の分解を抑止する力として作動していたのである(45)。

E　家計　最後に、家計行動についてみよう。デ・フリースのいう意味での〈家計革命〉はあったのであろうか。農業における労働投入の増加が一人あたり労働時間の増大というかたちをとって進行したということ、したがって「勤勉」への志向が存在したということはすでにみた。しかしその傾向が、消費面における財の自家生産から市場での購入へという転換を伴ったものであったかどうかは大いに疑問である。綿製品を例にみてみよう。谷本雅之はいくつかの観察事例から、徳川後期では購入というかたちでの衣料調達はまだ支配的ではなかったこと、幕末から明治にかけて綿布市場の拡大が観察されること、そしてその動きが完了するのは大正期であったことを明らかにした(46)。すなわち、自家生産から購入への転換は非常にゆっくりとしたテンポでしか起こらなかったのである。また、尾関学の研究によれば、農家にとっての衣料品はフローの消費財というよりは、ストック価値を有する財であった。したがって、彼らの消費行動にはストックを補充し、可能ならばストックを増やそうという動機が強かったと推測される。そのような場合には、自家生産品から購入財への転換が一挙に進むということは考えにくい。両者の中間段階には、古着を買って縫い直したり、糸を購入して布を自家製織したり、あるいは布を需めて自家縫製するという形態が存在したのであって、伝統的な和服の自家生産からファッション性をもった製品の購入への転換には長い時間が必要であった(47)。いうまでもなく、このことは一八—一九世紀を通じて農民の現金需要が増えることはなかったといっているのではない。農閑余業の発展に伴い農家が現金を獲得する頻度は間違いなく上昇していた。しかし、余業収入は金肥の購入に向けられたという事例なら見出すことができるので[48]、その現金収入の大部分が消費財の購入へ当てられたと考えることには無理があるといえよう。

以上の事実は、消費サイドにおいても、自家生産から購入財への効用関数上のシフトが世帯の現金需要を増加させ、それが自家労働から賃金労働への代替を促すという、デ・フリース流の家計革命メカニズムが働いていなかったことを物語る。この点でも、日本の経験は西欧とは異なった途をたどったのである。

三　アダム・スミス的成長

このように、日欧共通して観察される諸変化の背後にはかなり異なったメカニズムが働いていた。ただその違いの核心にかんする結論を述べる前に、二つのパターンの共通点がどこにあったかを確認しておきたい。それは一見したところの一致とか偶然の一致ではなく、前近代経済成長の本質を考えるうえで重要なポイントとなるからである。

その共通点は〈スミス的成長〉と表現することができる。ジョエル・モキアは成長の源泉を整理して、資本、市場、人口規模、技術進歩と革新という四つをあげた。固定資本投資を源泉とする成長はロバート・ソローにちなんでソロー的、市場メカニズムを通した成長はアダム・スミス的、そして技術進歩と革新による成長はシュンペーター的とも形容されている[49]。もっとも、固定資本が主役となり、革新が頻繁になされるようになるのは近代の経済の特徴といってよい。人口増加が重要な役割を果たす超長期の場合を別とすれば、前近代においては、すなわち規模の経済が働かず、固定資本の役割が限定的で、かつシュンペーター的な意味での革新が稀な時代においては、〈スミス的成長〉が経済成長のほぼ唯一の形態となるであろう。〈スミス的成長〉とは、『諸国民の富』の冒頭で展開される分業論に立脚した成長命題で、作業工程の分割が産業の分化と職業の分化をもたらし、それぞれの産業間に新たに市場が生まれ、市場取引の規模が拡大することによって全体の生産性が向上するプロセスである。歴史的には、地域間の分業というかたちで進行することがしばしば観察されていることもつけ加えるべきであろう。

それでは、なぜ分業の進展は生産性の上昇をもたらすのであろうか。その理由として以下の三つが考えられる。第一は、アダム・スミス自身がピン製造を例にとって述べた、作業場内における工程の分割とその工程への特化がその工程に携わる労働者の「熟練・技巧および判断」能力を向上させ、「労働の生産諸力を増進させる」という効果である[50]。第二は、社会的分業が収穫逓増をもたらすという効果である。産業分化の過程全体をみると、原材料の加工から最終消費財の生産にいたる工程が長くなり、中間財の生産とその市場が分離独立するという迂回生産（round-about production）のプロセスがその本質にあることがわかる。実際、アリン・ヤングの古典的論文は、この中間財生産の産業としての独立と、それに伴う中間財市場の拡大が収穫逓増をもたらすとみていた[51]。第三は、産業分化の過程ではしばしば、特定の地域に、異なった、しかし相互に関連する産業が集中するという現象がみられる。産地（industrial district）の形成である。アルフレッド・マーシャルが論じたように、この集積からもたらされる利益は外部経済が働くという点にある。すなわち、産地形成の過程で産地の生産性も向上するのである。[52] いいかえれば、スミスの分業論にはスキルの深化という側面と、産業の分化と相互依存の進展に起因する収益逓増、そして地域の産業集積に起因する外部経済という三つの側面があり、〈スミス的成長〉とはこれらのうち少なくとも一つに、実際には第一と第二か、第一と第三の組合せのどちらかに起因する成長と定義することができる。〈スミス的成長〉は、近世西欧および徳川日本で観察できる変化の過程である。繊維産業でみられたように、原料作物の栽培、紡糸工程、織布工程、染色工程、仕上工程が分離してゆく過程はその象徴的な事例であった。仕上工程は都市に残る一方で、紡糸および織布の多くが原料生産地とは地理的に隔絶した地に立地するようになった。〈プロト工業化〉論はその現象に独特の説明図式を持ち込もうとした試みであったが、その図式は残念ながら失敗作であった。しかし、その説明しようとした現象が〈スミス的成長〉の典型例であったことは認められてよいであろう。

ただ、その先の径路については少なくとも二つが考えられる。その一つは、産業の分化と相互依存の進展、その延長に中間財生産部門の革命としての産業革命を展望するという途である。中間財は少品種大量製造に向いているので、機械化によるプロセス・イノベーションを誘発させる可能性があり、ソロー的、シュンペーター的成長の径路に接続しやすいからである。アリン・ヤングの立論はこの線に沿ったものとみなすことができよう。他方では、それとは別に、産地形成とそれに立脚した伸縮的専門分化（flexible specialisation）という途があった。マイクル・ピオーリやC・セイベルやJ・ザイトリンの議論がその典型で、そこでは多品種少量生産とクラフト的なスキル集約、そしてプロダクト・イノベーションの重要性が強調されている。変化の激しい市場へ生産が柔軟に対応することを可能にする制度的枠組はさまざまであったけれども、一九世紀西欧の諸地域でも現代イタリアの中小企業でも、また戦前日本の在来産業諸産地でも観察される途であった[53]。

この二つの途の相互関連にかんしては地域や国によって異なっていた。西欧の経済が、とくに英国の経済が第一の径路をたどったのにたいして、明治の経済発展は第二の途にかなり傾斜していたといえよう。もっとも、それは本章が対象とする時代の枠をこえた問題である[54]。ここではただ、日本においては後者の径路が無視しえない役割を果たしたこと、その歴史的淵源が近世経済にあったこと、さらにいえば製造業におけるスキル集約も徳川時代の農家経済にその起源があった可能性を指摘しておきたい。すなわち、徳川時代の農業改良は労働集約的だっただけではなく、田中耕司が稲作における移植や本田準備作業について指摘しているように「技能性」への志向も芽生えていた。たんなる「刻苦精勤」をこえて、「労働の効率や作業の精緻さを重視する気風が近世期を通じて広がっていた」のである[55]。それに加えて、トマス・スミスが「日本における農民の時間と工場の時間」で論じたように、農家経済においては時間規律と擦合せのスキルが形成されつつあった。より正確にいえば、徳川後期に数多く出された農書の作者たちは「時間の計画」の大切さを説き、農業と副業のあいだで人手を時間単位でやりくりするスキルを教えたので、すべての農民とはいえないまでも、中堅の農家においてはそのような態度が身についたと考えてもよいであろう[56]。そして、このスキル志向をもつにいたった農家世帯が、明治以降の工業化過程で労働力供給の主体となったのである。

四　結語

本章では実質賃金と一人あたり産出高の趨勢を指標として、パターンの比較をしてきた。実質賃金は上昇して一人あたり産出高が減少するというケースは事実上ありえないので、論理的には、両者の変化方向が乖離する場合と両者が同一方向に動く場合との二つのパターンがあるのみである。いいかえれば、西欧の観察結果は不平等が拡大する前近代成長パターンの、徳川日本の観察事実は所得格差が拡大しないパターンの代表例だったのである(57)。

このパターンの対照と背後にあったメカニズムの相違とを統一的に理解するためには、ブローデルの枠組によって考えるとわかりやすい。前近代経済は、物質生活からなる「非‐経済」と名づけられた一階部分、市場経済の中層部分、最上階の資本主義の領分という三層から構成されていたという図式である(58)。この図式によって本章での観察事実を整理すると、日本と西欧とに共通していたのはその中層階を舞台としてスミス的成長が起こったという点にあり、顕著な違いはその一階部分と最上階とにみられるということができる。

基層を構成する「非‐経済」領域からみよう。西欧と比較すると、徳川日本では自家生産と直接消費の比重が圧倒的に大きく、市場を通じての購入へという変化は緩慢であった。家計行動の変容は革命という言葉からはほど遠いテンポでしか進行せず、その領域の中核にあった農家経済の強靭さは際立っていた。

しかし、それは農家世帯が市場経済から隔離されていたということを意味せず、また市場経済化が遅れていたというのも適切な表現ではない。生産サイドでの商業化は換金作物を導入するというかたちで、緩やかではあったが着実に進んでいた。生産・消費複合体としての農家世帯は市場に背を向けたのではなく、その進展に柔軟に対応したのであり、しかも農村工業化の進展とともに、余業への従事あるいは世帯員を労働市場へ参加させるというかたちで、〈スミス的成長〉の担い手ともなった。谷本雅之は、業主とその家族労働に依拠した小経営体を生産単位とし、そのような小経営体の集積である産地を核とした近代日本における在来産業の発展パターンを「もう一つの工業化」と呼んでいるが、その発展方向もこの文脈のなかから生じたものであったといえる。(59) もっとも、工業化過程における家族経営体のこのような柔軟性は、日本にしかみられなかったというわけではない。ピオーリらの議論からもわかるように、西欧においても、そのような家族経営の論理が強く出た産業集積地域は実際に存在した。ただ、農家経済という強靭な基層の上に在来産業が展開したというところに日本の特徴があったとはいえるであろう。

これにたいして、最上階部分にかんしては、ユーラシア両端でより顕著な違いがあった。徳川日本の場合、ブローデルの意味での資本主義はほぼ完全に欠如していたといってよいのにたいして、近世西欧では、商業資本主義が経済成長の重要なエンジンの一つであり、農業でも資本主義的な体制が誕生していたからである。ただ、西欧におけるこの二つの資本主義はかなり性格を異にしていた。農業における資本主義が、土地所有者による固定資本投下と土地および労働という生産要素市場の展開をその内容としていたのにたいして、商業資本主義とは、価格体系の異なった地域間の交易から、それもしばしば経済外的な力を利用することによって利潤を獲得するという活動様式だったからである。もっとも後者にかんしても、近世の西欧においては、経済外的な力に依拠することが少なかったヨーロッパ・地中海地域内の国際貿易と、政治的・軍事的な勢力を背景とすることが多かった異文化間交易とを区別する必要はあろう。ロバート・アレンの計量分析によれば、イングランドや低地諸邦のパフォーマンスを説明するうえで決定的であったのは、近世初頭のヨーロッパ・地中海貿易であって、一八世紀の大西洋交易ではなかったからである。(60)

いずれにせよ、近世の西欧では、国民所得勘定でいう最終需要を増加させる力が働いていたといえる。「分業は市場の広さによって制限される」というのはスミス分業論のもう一つの命題であったが(61)、商業資本主義の帰結としての海外への輸出も農業資本主義を体現していた農場への投資も、またそれらの波及効果として拡大した中間層の消費経済も、いずれもこの制限の天井を高めるものであったからである。

これにたいして徳川日本では、いずれのタイプにせよ国内経済における商業資本主義の存在感は薄く、農業資本主義はその萌芽すらみられなかった。小農家族経済は上半身を市場の世界に出してはいたが、下半分は基層の土壌に深く根を張ったままであった。これらの欠如は「市場の広さ」の点では制約要因となったであろう。いいかえれば、一人あたり産出高の成長率が北西ヨーロッパの水準よりは低目であったという本章での観察事実は、日本および西欧の前近代成長は市場に牽引されたスミス的プロセスの産物であったという結論と矛盾するわけではなく、成長パターンの際立った違いはその市場経済を挟み込んでいた上階部分と基層の構造における相違によってもたらされたものであった。

＊註

本章は、第七三回社会経済史学会全国大会の第一日目である二〇〇四年五月二九日、大阪市立大学田中記念館において企画委員長武田晴人教授の司会によって行われた、第一回社会経済史学会特別講演の原稿に加筆をしたものである。このような特別の機会を与えていただいた学会理事会および企画委員会の方々に深く感謝する。また、本論文の第一次稿にコメントいただいた大島真理夫氏と『社会経済史学』誌の査読者にも謝意を表する。なお、本章を、特別講演の八週間前に八七歳で他界されたトマス・スミス教授に捧げたい。

（1） T.C. Smith, 'Pre-modern economic growth: Japan and the west', *Past and Present*, no. 60 (1973), pp. 127-60. 日本語訳には羽賀博訳と大島真理夫訳とがある。前者は、共通論題のプロシーディングスである社会経済史学会編『新しい江戸時代史像を求めて――その社会経済史的接近』（東洋経済新報社、一九七七年）、一五三―九二頁に、後者は、トマス・スミス著、大島真理夫訳『日本社会史における伝統と創造――工業化の内在的諸要因一七五〇―一九二〇年』増補版（原書一九八八年、ミネルヴァ書房、二〇〇二年）、一八―五四頁に所収。以下、引用の場合は後者による。

（2） スミス『伝統と創造』二七―三七頁。

（3） F・ブローデル、村上光彦訳『物質文明・経済・資本主義一五―一八世紀――日常性の構造』（原書一九七九年、みすず書房、一九八五年）、同著、山本淳一訳『物質文明・経済・資本主義一五―一八世紀――交換のはたらき』（原書一九七九年、みすず書房、一九八八年）。この図式の特徴は、市場経済を進化の尺度とせず、三層構造のなかではもっとも普遍的な部分と捉えているところにある。これは、前近代市場経済を考えるうえで一つの重要な視点である。O. Saito,'Smithian growth and Asia's pre-modern market economies',『日本中東学会年報』第二〇―一号（二〇〇四年九月）を参照。

（4） H. Phelps Brown and S.V. Hopkins, 'Seven centuries of the prices of consumables, compared with builders' wages', *Economica*, new ser. vol.23 (1956), pp. 296-314, and 'Wage-rates and prices: evidence for population pressure in the sixteenth century', *Economica*, new ser. vol. 24 (1957), pp. 89-305; F. Braudel and F. Spooner, 'Prices in Europe from 1450 to 1750', in E.E. Rich and C.H. Wilson, eds, *The Cambridge Economic History of Europe*, vol. IV (Cambridge: Cambridge University Press, 1967), pp. 378-486; J.L. van Zanden, 'Wages and the standard of living, 1500-1800', European Review of

Economic History, vol. 3 (1999), pp. 175–98, and 'The "revolt of the early modernists" and the "first modern economy": an assessment', *Economic History Review*, 2nd ser. vol. 55 (2002), pp. 619–41; R.C. Allen, 'The great divergence in European wages and prices from the middle ages to the First World War', *Explorations in Economic History*, vol. 38 (2001), pp. 93–116, and 'Progress and poverty in early modern Europe', *Economic History Review*, 2nd ser. vol. 56 (2003), pp. 403–43.

（5） 最近の網羅的な推計として、A・マディソン、政治経済研究所訳『経済統計で見る世界経済二〇〇〇年史』（原書二〇〇一年、柏書房、二〇〇四年）をみよ。

（6） 後者の代表例はアンガス・マディソンである。彼の実質賃金研究批判は、A. Maddison, *The World Economy: Historical statistics* (Paris: OECD Development Centre, 2003), pp. 251–54をみよ。

（7） たとえば、van Zanden, 'Wages and the standard of living', および Allen, 'Great divergence'.

（8） J. de Vries, 'Peasant demand patterns and economic development: Friesland, 1550–1750', in W.N. Parker and E.L. Jones, eds., *European Peasants and their Markets: Essays in agrarian economic history* (Princeton: Princeton University Press, 1975), pp. 205–65, and 'Between purchasing power and the world of goods: understanding the household economy in early modern Europe', in J. Brewer and R. Porter, eds., *Consumption and the World of Goods* (London: Routledge, 1993), pp. 85–132； L. Weatherill, *Consumer Behaviour and Material Culture in Britain*, 1660–1760 (London: Routledge, 1988). 引用したパーセンテージは、de Vries, 'Peasant demand patterns', pp. 246–47, 256–257, Weatherill, *Consumer Behaviour*, pp. 26–27, 168, 188による（職人・小売商は、shoemakers, tailors, carpenters, weavers, blacksmiths, butchers, shopkeepers の加重平均）。

（9） たとえば、松井透『世界市場の形成』（岩波書店、一九九一年）。

（10） 船山榮一「イギリス毛織物工業と国際競争――一七世紀における新旧毛織物の隆替をめぐって」、同著『イギリスにおける経済構成の転換』（未来社、一九六七年）所収、および川北稔『工業化の歴史的前提――帝国とジェントルマン』（岩波書店、一九八三年）、第I部などを参照。引用句は、後者の七八頁。

（11） ブローデル『交換のはたらき』第二巻、第四章、および『日常性の構造』第二巻、二六〇頁。

(12) ブローデル『日常性の構造』第二巻、三三〇頁。

(13) ロンドンについては、P. Earle, *The Making of the English Middle Class: Business, society and family life in London, 1660–1730* (London: Methuen, 1989), pp. 32–36, and 'The economy of London, 1660–1730', in P. O'Brien *et al.*, eds., *Urban Achievement in Early Modern Europe: Golden ages in Antwerp, Amsterdam and London* (Cambridge: Cambridge University Press, 2001), pp. 81–96; オランダの諸都市は、J・デ・フリース／A・ファン・デァ・ワウデ、大西吉之・杉浦未樹訳『最初の近代経済――オランダの成功・失敗と持続力一五〇〇―一八一五』（原著一九九七年、名古屋大学出版会、二〇〇九年）、第一一章5節。中野忠は、王政復古期以後のロンドン社会構成をエリザベス朝期ロンドンと同じく「中間層の厚い西洋梨型」と形容している。これは、「極貧層」との対比で職人を中核とする中の中から中の下の階層がいまだ十分な厚みをもっていたことを述べているのであって、ここでの、「選ばれた人たち」との対比で中の上の階層が相対的に厚かったという主張と矛盾するものではない。中野忠「王政復古期以後のロンドン社会――「安定」をめぐる議論の視座から」、イギリス都市・農村共同体研究会編『巨大都市ロンドンの勃興』（刀水書房、一九九九年）所収、一二六頁。さらに坂巻清「近世ロンドンと国家および社会的流動性」、イギリス都市・農村共同体研究会、東北大学経済史・経営史研究会編『イギリス都市史研究――都市と地域』（日本経済評論社、二〇〇四年）所収をも参照。

(14) スミス『伝統と創造』三〇頁。この点にかんする筆者の評価は、O. Saito, 'Bringing the covert structure of the past to light: review article of T.C. Smith, *Native Sources of Japanese Industrialization, 1750–1920*', *Journal of Economic History*, vol. 49 (1989), pp. 992–99.

(15) プロト工業化論については多くの文献がある。とりあえず、斎藤修『プロト工業化の時代――西欧と日本の比較史』（日本評論社、一九八五年、岩波現代文庫、二〇一三年）と、篠塚信義・石坂昭雄・安元稔編訳『西欧近代と農村工業』（北海道大学図書刊行会、一九九一年）所収のメンデルス論文および他の諸論文を参照。西欧全域におけるプロレタリア化の推計値は、C. Tilly, 'Demographic origins of the European proletariat', in D. Levine, ed., *Proletarianization and Family History* (New York: Academic Press, 1984), p. 33による。なお、この推計は、仮に西欧の人口がザクセンの事例研究からわかるのと同様の変化をしたとしたら、全体のプロレタリア人口比率はどのように推移したかを計算したものなので、プロレタリア化率の水準とその変化自体は、斎藤『プロト工業化』岩波現代文庫版、一五〇頁で紹介したザクセンの場合とまったく同じである。

(16) B.A. Holderness, 'Agriculture, 1770–1860', in C.H. Feinstein and S. Pollard, eds., *Studies in Capital Formation in the United Kingdom,* 1750–1920 (Oxford: Clarendon Press, 1988), pp. 9–34； and R. Allen, 'Agriculture during the industrial revolution', in R. Floud and D. McCloskey, eds., *The Economic History of Britain since* 1700, 2nd edn, vol. 1: *1700–1860* (Cambridge: Cambridge University Press, 1994), pp. 108–10.

(17) 農業における建物・農機具等の資本ストックと製造業の資本ストックは C.H. Feinstein, 'National statistics, 1760–1920', in Feinstein and Pollard, *Studies in Capital Formation,* p. 448、家畜ストックは Allen, 'Agriculture', p.109、農工従事家族数は P.H. Lindert and J.G. Williamson, 'Revising England's social tables, 1688–1812', *Explorations in Economic History,* vol. 19 (1983), pp. 396–97による。Feinstein の資本ストック推計の対象範囲は Great Britain、Allen の家畜ストック推計、農業および工業従事家族数は England and Wales のみを対象としている。当時のスコットランドは、農業関連資産では二〇パーセント、人口では一八パーセントのシェアをもっていたので (Allen, 'Agriculture', p. 109； R.S. Schofield, 'British population change, 1700–1871', in Floud and McCloskey, *Economic History of Britain,* p. 93)、これらの比率を利用して Great Britain 基準へと変更した。なお、農業ストック中の家屋には農業経営者の居住用部分を含むが、農業労働者用のコテージは含まず、農業従事家族には labourers, cottagers and paupers を含むが、vagrants は含まない。

(18) デ・フリース／ファン・デァ・ワウデ『最初の近代経済』六五四頁。

(19) J. de Vries, 'The industrial revolution and the industrious revolution', *Journal of Economic History,* vol. 54 (1994), pp. 249–70. この構想と議論は後に次の著作にまとめられた。J. de Vries, *The Industrious Revolution: Consumer behaviour and the household economy, 1650 to the present* (New York: Cambridge University Press, 2008).

(20) 速水融「近世日本の経済発展と Industrious Revolution」、新保博・安場保吉編『近代移行期の日本経済』数量経済史論集2 (日本経済新聞社、一九七九年)、三一一四頁。この論文は、他の関連論文と一緒に、同著『近世日本の経済社会』(麗澤大学出版会、二〇〇三年) に再録された。

(21) P.H. Lindert and J.G. Williamson, 'Reinterpreting Britain's social tables, 1688–1913', *Explorations in Economic History,* vol. 20 (1983), pp. 94–109. 数値は 'with paupers' の Table 3による (p. 102)。なお、上位階層のシェアとジニ係数の値が

若干低目に推計される'without paupers'の表は、J・G・ウィリアムソン著、安場保吉・水原正亨訳『不平等、貧困と歴史』（ミネルヴァ書房、二〇〇三年）、一二頁でもみることができる。

(22) P・ラスレット著、川北稔ほか訳『われら失いし世界——近代イギリス社会史』（原書一九八三年、三嶺書房、一九八六年）、四六—四八頁の一六八八年表より計算（labouring people, out-servants, cottagers, paupers の計）。農村部にかんする推計値は、Tilly, 'Demographic origins', p. 28にある。

(23) A. Everitt, 'Farm labourers', in J. Thirsk, ed., *The Agrarian History of England and Wales*, vol. IV: 1500-1640 (Cambridge: Cambridge University Press, 1967), pp. 396-465. 引用は p. 398より。

(24) たとえば、C. Lis and H. Soly, *Poverty and Capitalism in Pre-industrial Europe* (Hassocks, Sussex: Harvester Press, 1979), chs. 3-4.

(25) 中村哲『明治維新の基礎構造——日本資本主義形成の起点』（未来社、一九六八年）、一六八—七四頁。

(26) マディソン『世界経済二〇〇〇年史』二九九—三〇五頁。なお徳川時代のGDPにかんしては、本書第一章でも触れたように、筆者と高島正憲による再推計が進行中である（第一章の註17を参照）。その暫定結果をみるかぎり、一九世紀に入ってからの日本の一人あたりGDP増加率はマディソンのそれよりも高めとなりそうなので、本章表5-1の数値には修正が必要となる。したがって、実質賃金の上昇率と一人あたり実収石高の増加率が「まったく同一」ということは観察されなくなるが、両者のあいだの「乖離を生じさせないような力が働いていた」可能性は依然として残るように思われる。

(27) 斎藤修『賃金と労働と生活水準——日本経済史における一八—二〇世紀』（岩波書店、一九九八年）、第一章、およびO. Saito, 'Wages, inequality and pre-modern growth in Japan, 1727-1894', in R.C. Allen T. Bengtsson and M. Dribe, eds., *Living Standards in the Past: New perspectives on well-being in Asia and Europe* (Oxford: Oxford University Press, 2005), pp. 77-97による。かつての問題状況は、一八二〇年代以降の局面で急激な実質賃金率の低下を示す京都の建築職人系列と、幕末のインフレ期に実質賃金が若干上昇する江戸—東京の建築職人系列とのあいだで、どちらを選ぶかということであったが、『賃金と労働』では後者の再推計を行って新系列を提示し、問題を一つ解決した。前者の、銀遣経済圏における激しい下落という現象は幕末の貨幣要因に負うところが大きいので、今回、関西系列の利用を一八二〇年までに限り、銀建系列と金建系列を変化率で接続することによってその問題も回避することとしたのである。なお、一七〇〇年と一八七〇年をベンチマーク年としたが、一七〇〇年にかんしては必ずしもはっきりしないものの、一八七〇年は循環局面のなかの谷にあたる。すなわち、両年次を結んで計算することは谷と谷の比較になり、他の年次を選ぶ場合よりも変化率計算上のバイアスが小さいと考えられる。

(28) 宮本又郎ほか『日本経営史――日本型企業経営の発展・江戸から平成へ』(有斐閣、一九九五年)、一八―一九頁、中西聡「近世・近代の商人」、桜井英治・中西聡編『流通経済史』(山川出版社、二〇〇二年) 所収、一五一―五八頁。

(29) 北島正元編『江戸商業と伊勢店――木綿問屋長谷川家の経営を中心として』(吉川弘文館、一九六二年)、二〇〇、三八七頁。

(30) 宮本又次『日本近世問屋制の研究――近世問屋制の形成』(刀江書房、一九五一年)、四二〇頁。

(31) 宮本ほか『日本経営史』二四―二五頁。ただし、そこに引用されているのは「貸有銀にたいする利入の比」であって、利子率とは若干異なった尺度である。同家の大名貸契約利子率をとると、それよりは高目の水準となる。斎藤修「徳川後期における利子率と貨幣供給」、梅村又次ほか編『日本経済の発展――近世から近代へ』数量経済史論集1 (日本経済新聞社、一九七六年) 所収を参照。

(32) この日欧の対照は、商家の雇用制度に端的に現われている。斎藤修『江戸と大阪――近代日本の都市起源』(NTT出版、二〇〇二年)、第三―六章を参照。

(33) 石川健次郎・安岡重明「商人の富の蓄積と企業形態」、安岡重明・天野雅敏編『近世的経営の展開』日本経営史1 (岩波書店、一九九五年)、六一―一〇六頁。個々の商家の事例研究については、同論文に引用された文献を参照。

(34) スミス『伝統と創造』第一章。徳川日本の都市化率と都市分布、およびそれらの変化は斎藤『江戸と大阪』、三一頁を参照。なお、一六五〇年の都市化率を計算するにあたっては、分母の全国人口には従来の速水推計とは異なった値を採用している (同書、四〇頁の註5をみよ)。西欧の都市化率は、J. de Vries, *European Urbanization, 1500-1800* (London: Methuen, 1984), p. 39による。

(35) このパラグラフは、新保博・斎藤修「概説 一九世紀へ」、新保博・斎藤修編『近代成長の胎動』日本経済史2 (岩波書店、一九八九年)、五―二六頁、および斎藤『プロト工業化』の第Ⅱ部に依拠している。

（36）外部雇用の労働時間は、稲葉泰三編『覆刻版農家経済調査報告――調査方法の変遷と累年成績』（農業総合研究刊行会、一九五三年）、四八―四九頁による。友部謙一『前工業化期日本の農家経済――主体均衡と市場経済』（有斐閣、二〇〇七年）、第四―五章を参照。エヴィデンスにもとづいた議論ではないが、A. Booth and R.M. Sundrum, *Labour Absorption in Agriculture: Theoretical analysis and empirical investigations* (Oxford: Oxford University Press, 1985), pp. 144-45でも同様の指摘がなされている。

（37）斎藤『賃金と労働』第二―三章。

（38）八木宏典「農業」、西川俊作・阿部武司編『産業化の時代』上、日本経済史4（岩波書店、一九九〇年）、一三三―四〇頁、および速水佑次郎『日本農業の成長過程』（創文社、一九七三年）、四八頁。

（39）速水「近世日本の経済発展」。同『近世日本の経済社会』所収の「産業革命対勤勉革命」（三〇七―二二頁）をも参照。

（40）斎藤修「勤勉革命論の実証的再検討」『三田学会雑誌』第九七巻一号（二〇〇四年四月）、一五一―六一頁。

（41）石川滋『開発経済学の基本問題』（岩波書店、一九九〇年）、第四章。

（42）Booth and Sundrum, *Labour Absorption*, pp. 15-16.

（43）徳川時代後半の人口は、比較的に低い死亡率と低い出生力とによって特徴づけられる。斎藤修「転換前の人口・経済システム」、日本人口学会編『人口大事典』（培風館、二〇〇二年）、七四五―四九頁。

（44）E・ボズラップ著、安澤秀一・みね訳『農業成長の諸条件――人口圧による農業変化の経済学』（原書一九六五年、ミネルヴァ書房、一九七五年）。

（45）農業における労働時間の歴史的推移にかんしては、斎藤『賃金と労働』第五章を、養蚕に代表される余業の賃金労働力化抑止効果の実証的根拠については、同書、第三章を参照。

（46）谷本雅之『日本における在来的経済発展と織物業――市場形成と家族経済―』（名古屋大学出版会、一九九八年）、二二三―三五頁。

（47）尾関学「フローとストックの被服消費――明治後期の茨城県「町村是」による分析」『社会経済史学』第六九巻二号（二〇〇三年七月）、九三―一〇七頁、斎藤修・尾関学「第一次世界大戦前の山梨農村における消費の構造」、有泉貞

夫編『山梨近代史論集』（岩田書院、二〇〇四年）、一五三―八一頁。

(48) たとえば、原田敏丸『近世村落の経済と社会』（山川出版社、一九八三年）、一九八頁にみられる近江国金堂村の事例を参照。

(49) J. Mokyr, *The Lever of Riches: Technological creativity and economic progress* (New York: Oxford University Press, 1990), pp. 4-6. 彼のネーミングの大部分は、進化論的な経済史の枠組を提示したW.N. Parker, 'Opportunity sequences in European history', in his *Europe, America, and the Wider World: Essays on the economic history of Western capitalism*. Volume 1 : *Europe and the World Economy* (Cambridge: Cambridge University Press, 1984), pp. 191-213からの借用である。なお、モキアは人口規模が大きくなることの効果については学者名を付したネーミングをしていないけれども、エスター・ボースルプにちなんで「ボースルプ的」と称するのが適当であろう。

(50) A・スミス著、大内兵衛・松川七郎訳『諸国民の富』（原書初版一七七六年、岩波文庫、一九五九―六六年）第一冊、九八頁。

(51) A.A. Young, 'Increasing returns and economic progress', *Economic Journal*, vol. 38, no.4 (1928), pp. 527-42を参照。

(52) A・マーシャル著、馬場啓之助訳『経済学原理』（原書初版一八九〇年、東洋経済新報社、一九六五―六七年）、第Ⅱ巻第一〇章。斎藤修「地域と市場と比較工業化論」『社会経済史学』第六四巻第一号（一九九八年五月）、一五二―五四頁も参照。

(53) C. Sabel and J. Zeitlin, 'Historical alternatives to mass production: politics, markets and technology in nineteenth-century industrialization', *Past and Present*, no. 108 (1985), pp. 133-76、およびM・J・ピオリ／C・F・セーブル著、山之内靖・永易浩一・石田あつみ訳『第二の産業分水嶺』（原書一九八四年、筑摩書房、一九九三年）。

(54) 戦前日本の産業発展における在来産業論の展望と、産地レベルにおける近代部門と在来部門との相互作用については、T. Hashino and O. Saito, 'Tradition and interaction: research trends in modern Japanese industrial history', *Australian Economic History Review*, vol. 44, no. 3 (2004), pp. 241-58を参照。そこでは産地論というかたちでの展開はまだなされていないが、それは今後、共著者の橋野知子が別のところで論ずる予定である。

(55) 田中耕司「近世における集約稲作の形成」、渡部忠世他編『アジアの中の日本稲作文化——受容と成熟』稲のアジア史3(小学館、一九八七年)、二九一―三四八頁、とくに三二八―三三二頁。

(56) スミス『伝統と創造』第九章。

(57) 徳川日本のパターンが西欧のそれとは異なる前近代成長パターンの代表例であるとすると、それは中国や他のアジア諸地域でも観察されたことだったのであろうか。近年のケネス・ポメランツやビン・ウォンの著作をみるかぎり、日中両国で大筋での類似性が認められたようである。しかし、それを東アジア型と呼びかえることが可能かどうかは、立入った考察を必要とする別個の問題であろう。K. Pomeranz, *The Great Divergence: China, Europe and the making of the modern world economy* (Princeton: Princeton University Press, 2000), R. Bin Wong, *China Transformed: Historical change and the limits of European experience* (Ithaca: Cornell University Press, 1997), and Saito, 'Smithian growth'.

(58) ブローデル『交換のはたらき』第一巻、二七六―八四頁、第二巻、二一〇―一三頁。

(59) 谷本『在来的経済発展』。谷本雅之「もう一つの「工業化」――在来的経済発展論の射程」、斎藤修編『産業と革新――資本主義の発展と変容』岩波講座世界歴史22(岩波書店、一九九八年)、一五一―七七頁をもみよ。

(60) Allen, 'Progress and poverty', p. 432. なお、アレンのシミュレーション結果によれば、英国農業における囲込の効果も大きくはなかった(p. 430)。農業の良好な生産性成長パフォーマンスは都市化や農村工業化への反応の結果であって、その逆ではなかったという。もっとも、これは囲込のみの影響をみた結果であって、彼のモデルは農業の資本主義体制そのものの効果を測るようには組まれていない。

(61) スミス『諸国民の富』第一冊、一二四頁。

営為と選択

六　人口行動をめぐる家族と個人

――ミクロ・ストリアと数量史

はじめに

本章では、歴史人口学のトピクスのなかから産児制限という、人間生活のなかでもっともインティメートな部分をなす事象を取上げる。対象とするのは近代以前のイングランドと日本の研究である。

かつては、意識的な産児制限は近代の産物と思われていた。しかし、イングランドにかんしても日本にかんしても、研究の進展とさまざまな分析手法の開発により、何らかのかたちの出生制限が近世と通常呼ばれる時代にも存在したのではないかということが示唆されるようになり、現在では、それが学界の通説と受けとめる向きもある。しかし、対象とする事象が記録には残りにくい、個人生活のなかでももっともプライヴェートな領域なので、それを事実として受容したり否定したりするには、どのような方法論によって判断が下されたかが決定的な役割を果たす。とりわけ、〈大量観察か個の読解か〉という歴史学方法論における対立は事実の確定にも無視しえぬ影を落としている。

そこで、出生行動をめぐる家族と個人を対象としたこれまでの研究の流れを回顧することによって、この方法論上の問題が実証史家の現場ではどのようなかたちをとって現われてくるかをみる。そして、そのような方法論的省察が歴史人口学における比較史研究にもつ意味を考えたい。

かつてわが国の歴史学における最大の方法論的問題といえば、法則定立史観と個性記述を目指す実証主義の対立であった。世界史の基本法則が貫徹することを確認し、歴史に内在する一般性を明らかにしようとするマルクス史学に典型的なゆき方と、個性をもった対象としての歴史的事象の諸様相を史料の厳密な考証によって現在に再現しようとする実証主義史学とのあいだにみられた対立である。もっとも、昭和史論争のような若干異なった次元におけるやりとりを別とすれば、表だって論争が行われたことはあまりなく、それぞれの陣営内において、単に素朴実証主義にすぎないとか、プロクルステスの寝台だとか、陰で悪口をいいあっていたにすぎない。それどころか、現場の歴史家のあいだでは、論文の初めと終りには理論フレームワークからとってきた言葉を散りばめた文章を書いて、中身には素朴実証史家としかいいようのない叙述を詰め込むというタイプのひとが少なからず存在することとなってしまったのである。

そのような日本の歴史学にもたらされた方法論上の革新が、数量史であり歴史人類学であったといって過言ではないであろう。前者は〈系《セリー》の歴史学〉と呼ばれることがあるように、「個別事例の恣意的な寄せ集めを排し、大量の同質的なデータ（系をなすデータ）の統計的分析を通じて」、歴史データの分析と観察を行う方法である。物価史・人口史は系の歴史学の典型例であり、フランス・アナール学派の社会史はこれらの方法論も積極的に取りこんできた。

後者はさまざまな方法論を包摂しうるが、そのなかでも独特といいうるのは、過去のさまざまな事象の細部に宿る象徴的世界の痕跡をたどり、その徴候を「読解」くことに全力をあげるゆき方のことである。

読解の歴史学の典型例は、ある個人の書簡や裁判記録、あるいは異端尋問の記録を読み、そこから書き手あるいは被告の内面世界を探りだそうとするようなゆき方であろう。そのようなタイプの「伝記的研究」は、「これといった特徴を欠きこの理由ゆえにまさしく代表的であるひとりの凡庸な個人のもとにおいても、ある歴史上の時代のある社会層の全体、たとえばオーストリアの貴族とか十七世紀イギリスの下級聖職者などがもつ特徴を、ある小宇宙のなかにあるかのように観察できることを示した」。これはカルロ・ギンズブルグ『チーズとうじ虫』の序のなかの言であるが、その「十七世紀イギリスの下級聖職者」が書き残した日記と周辺史料を丹念に読解き、社会経済的環境から牧師の心性世界までを描いた、アラン・マクファーレンの歴史人類学的論稿『ラルフ・ジョスリンの家族生活』は、歴史人類学的作品の早い例である。わが国でも広く読まれている作品では、ナタリィ・デイヴィス『マルタン・ゲールの帰還』やエマニユエル・ル・ロワ・ラデュリ『モンタイユー』を代表作として挙げることができよう。この方向を徹底させると、「神は細部に宿る」という言葉に象徴されるような〈ミクロ・ストリア〉、すなわち微視的ヒストリィとなる。(1)

これらはともに、戦後史学にとって、実証のあり方をいっそう深める方向に働いた、二つの新しい潮流であり、革新であった。もとより、それらがどこまで本当に新しいのかは議論の余地があり、それぞれの起源を遡れば相当昔にまでゆきつくのかもしれない。しかし一九六〇年代から後の時代が、近代の歴史学方法論にとって一つの大きな変革の時期であったことは疑いえないところであろう。しかし他方で、これら二つの立場は対立し、競合するアプローチとしてみなされている。読解の歴史学を最初に明示的なかたちで宣言したのは、いま言及した『チーズとうじ虫』のギンズブルグと『猫の大虐殺』のロバート・ダーントンであろうが、彼らはいずれもその作品を文化現象の時系列分析や数量と無名性（匿名性）に埋没されるゆき方への痛烈な批判として書いた。二宮宏之の的確な紹介にもあるように、批判のポイントは、数量史家がもっぱら「数と無名性」でもって文化史を捉えようとするところにあったのである。(2)

数量史とミクロ・ストリアの対立は、民衆文化史の領域においてもっとも先鋭に現われている。しかし方法論上の論争というかたちはとらないが、同様の対抗関係は、社会史や経済史のどの分野にも存在する。すなわち、大量観察か質的データの読解かという緊張関係である。そこで以下では、このような観点から、インティメートな事象である出生の営みを、近世イングランドと徳川日本についてみてみたい。

一　一七世紀のイングランド

教区牧師ジョスリン

まず最初に、近世イングランドの出産をめぐる〈個の読解〉から始めよう。すでに言及したアラン・マクファーレンの『ラルフ・ジョスリンの家族生活』には、一七世紀イングランド・エセックス州アールズ・コウンの教区牧師であったジョスリンの夫婦生活の興味深い分析があるので、それを紹介する。著者マクファーレンは、初めは「このうえない喜び」（great joy）であり、「金玉に優る」（above gold and jewels）と歓迎されていた子供の誕生が、その数が増えるにつれ次第に負担となり、牧師夫妻も最後にはなんらかの出産調節をしようとしたのではないかという示唆をしているのである。

マクファーレンが利用した史料はジョスリンの日記である。一九歳一一か月で嫁いだ彼の妻ジェーンは全部で一五回の妊娠をし、一〇人の子供を出産したが、日記からはこれらにかんし三つのタイプの情報が得られる。第一は出産日や時間の記録、第二は妻が妊娠を告げたときの記録、そして最後がジョスリン自身の作成した出産と流産のリストである。

これらの情報を整理して簡単にわかることは、出産と次の出産の間隔であろう。最初の六人の平均出生間隔を計算すると二一・八か月となる。日記の記述からは離乳と妊娠の関係を調べることもでき、ジェーンのように乳母を使わず母乳哺育をした場合には、この出生間隔は完全にノーマルである。しかし最後の四人についてみると、平均間隔は三六・五か月と長くなる。とくに第八子と最後の子のときは長く、いずれも四〇か月以上に及んでいることがわかる。この三年以上にわたる間隔は、二人の年齢を考慮してもやや異常な感じを与える長さである。

さらに興味深いことには、最後に誕生した二人の子供の場合、ジョスリンは妻の妊娠について日記に何も書き記していないという事実がある。他方では、第八子が生まれるまえに一度、第九子が生まれるまえに一度、そして最後の子が生まれるまえに三度もの流産が記録されている。それも、第七子のあとに起きた流産のときは悲痛な調子のメモを残していたにもかかわらず、三度続いた最後のときは、むしろほっとした感じすら与える記載になっているのである。とくに一番最後の流産のときは、次のような文章が記されているという。

At night my wife miscarried, of a false conception, a mercy to be free of it, and I trust god will preserve my dear ones life; the conception was reall, god raiseth her up again.(3)

ニュアンスをうまく伝えられないといけないので訳さないが、流産後の妻の身体を気遣う内容ではある。しかし、'of a false conception' は気になる言葉である。何が 'false' なのであろうか。その後で 'the conception was reall' と書いているので（'reall' は現代のスペリングでは 'real'）、妊娠自体が 'false' とは考えられない。とすれば、ジョスリンあるいはジェーンの心持か行為に何かやましいところがあるという意味なのであろうか。欲しくない子供だった、という気持を抑えられなかったということなのであろうか。それとも——もっと想像をたくましくすれば——堕胎、あるいはそれに類した手段に訴えて流してしまったということへの、良心の呵責からでた言葉だったのであろうか。

これらの推測を裏づける確たるエヴィデンスはない。しかし、もし本当に四〇か月以上という長い出生間隔が堕胎によるものであるとしたら、国教会の牧師というジョスリンの地位からしても、また一七世紀のイングランド農村というセッティングからみても、まことに興味深い心性史上の発見といえよう。

コリトン教区

このマクファーレンの発見は、牧師の日記という個性的な史料を読解くことから生まれたものである。

しかし、近代以前の社会でも意識的な産児制限をするということがあったのではないかという示唆は、一教区レベルの史料の統計的分析からすでになされていたことであり、マクファーレンのアイディアの源泉の一つはそこにもあった。それは、家族復元法という歴史人口学上の手法を英国の教区簿冊に適用した最初の記念碑的研究である、ケンブリッジ・グループのトニー・リグリィが発表したデヴォン州コリトンにかんする論文である(4)。

リグリィは、この農村教区に残された結婚と洗礼の記録からカップルの出産歴を復元する。そのデータベースからまず最初に、年齢別の出生率のグラフを時期別に描き、一五六〇—一六二九年と一六四七—一七一九年とのあいだでは、そのグラフの形状に大きな違いがあることを見出す。

一般に意図的な出生制限をしていない夫婦の年齢別出生率曲線は、二〇歳代のピークの後なだらかに低下してゆく凸型となる。ところが、一定の子供数(人口学者はパリティと呼ぶ)が確保された後に避妊をしたり、中絶をしたりすると、その低下は急激となり、曲線の形状が原点に対して凹となる。現代のパターンはまさに後者のかたちをとるが、近代以前でも、一七世紀後半ジュネーヴのブルジョワ家族はこのような出産制限を行っていたことがわかっている(後掲図6-1におけるジュネーヴと記された凹型カーヴがそれである)。リグリィが、一七世紀中葉から一八世紀にかけての時期——ラルフ・ジョスリンが'of a false conception'という意味ありげな言葉を記した年はこの時期に含まれる——に見出したのは、まさにこの凹型の曲線なのである(5)。

その曲線の形状の差は出生率のレベルの違いとなって現われる。コリトンでは、結婚後、中断することなく出産可能期間が終了するまで出生の記録が追えるカップル（完結家族と呼ばれる）が生んだ子供の数は、一五六〇―一六二九年では平均七・三人であったのが、一六四七―一七一九年には五人にまで減少した。出生間隔の分析でも、第一子から第四子までの平均間隔には両時期で大きな差がないにもかかわらず、最終子にかんしては、三七・五か月から五〇・七か月へと一年以上も長くなっている。パリティに応じた出産抑制の可能性を示唆するような数値である。

リグリィは、ここでは十分に紹介しきれないくらい周到な統計的分析の結果、一七世紀後半のコリトン教区の住民は何らかの出生制限を実施していた可能性があると示唆した。もちろん直接の証拠は存在しないわけであるから、決して断定はされていないのであるが、この論文は一九六六年に発表されると直ちに衝撃的な反響をよんだ。いうまでもなく、その論文を読んだ人びとは、一七世紀後半のコリトン教区の住民は何らかの出生制限を実施していたと受けとったからである。もし本当にそれが事実であったならば、ブルジョワはともかく、庶民が意識的な産児制限を実施するようになったのは近代にはいってからという通念、とくに目標子供数（パリティ）を決めて、それ以降は産まないというタイプの制限は近代の産物、という通念を覆す発見であったからである。また、一七世紀前半のイングランドでみられたような人口増大への対処として近代以前の社会において一般的であったのは、通常マルサス的という形容詞を冠して呼ばれる、死亡率の上昇を通しての人口抑制と考えられてきたからでもある。それゆえ、間もなくして、コリトンの名前は〈近代以前の産児制限〉という拡大解釈とともに――洋の東西を問わず――歴史人口学の領域をこえて人びとのあいだに記憶されることとなった。

しかし他方で、この一村落の研究にたいする懐疑的な声も少なからずあった。わが国でもある社会史家が、「この方法［家族復元法］が最初に応用された土地であるデヴォンシアのコリトン教区を訪れたことがあるが、谷あいのこの一寒村の人口現象がいかにつぶさに解明されたとしても、いったいイギリス全体について何がわかるのか、暗然とした気持を抱いたのを記憶している」と書き記しているが[6]、これはプロフェッショナルな歴史家の多くが抱いた印象だったのではないかと思われる。事実、出産歴を復元できる夫婦の数は決して多くないので、リグリィの分析はごく少ない事例にもとづいていた。一五六〇―一六二九年の完結家族数は八〇、産児制限が実施されていたかもしれない一六四七―一七一九年ではわずか三二なのである。その分析で扱われていた一八三七年までの全期間を合計しても、一七一例にすぎない。三世紀余におよぶ長い期間でこれだけであるから、このサンプルでは「イギリス全体」はおろか、コリトンという「一寒村」を語るのにも十分なサイズとはいえないであろう。著者リグリィの意図はけっしてそうではなかったのであるが、それぞれの時期にかんしていえば、これはむしろ若干例の〈個〉の記録といったほうがよいのかもしれない。

二六教区サンプル

わずかな事例をどこまで一般化してよいかという問題は、歴史家にとって難問であるが、しかしそれほど目新しいものではない。これにたいするプロフェッショナルな実証史家の反応としては、通常、次の三つが考えられる。

第一は、個別実証研究の事例数を増やすこと。

第二は、サンプルサイズを大きくすること。

第三は、問題の事象の有無を判定する方法をよりシャープなものにすること。

多くの場合、これらのうちどれかが選ばれるのであろうが、それぞれは排他的ではないので、第一と第二とか第一と第三とか、いくつかの組合せも十分考えられる。

いまここでの問題にかんし具体的にみてみると、第一は、コリトン以外の教区についても同様の研究をやってみることにほかならない。これはもっとも一般的な対応といってよい。第二のゆき方は、そのような事例数が増えることが前提であるが、資料の選択基準、分類基準、データの加工方法、諸指標の定義、等を統一して、全体を一つのサンプルとして扱うのである。イングランドの一七世紀後半にかんしていえば、事例数を三十余から百、さらには千のオーダーとすることにより、もっともらしくみえる結果が偶然的な要因によってでてしまうのを回避できるからである。

これにたいし第三の方法は、年齢別出生率のグラフをながめたり、出生間隔の平均値を計算してノーマルかどうかを判断していたのを、自然出生力概念にもとづく、より厳密な尺度に置き換えることである。具体的には、形式人口学者によってコール＝トラッセルの指標（Mとm）がそのような尺度として開発された。その過程で〈近代以前の産児制限〉の問題は、純粋にパリティに依存した制限の有無として捉えられることとなったが、この二つの尺度によって、自然出生力の水準とその年齢別曲線の形状とを区別して測定することが可能となったのである。(7)

事実、その指標をコリトンの結果に適用し、リグリィの分析結果を再検討した論稿も現われた。すなわち、産児制限が実施されていたかもしれないとされた一六四七―一七一九年であっても、年齢別出生率曲線の形状には有意な変異は生じておらず、むしろ自然出生力のレベルが大幅に低下したことが他の時期にはない特徴だとした、リチャード・モロウの批判は、応答したリグリィをして「旧論文のタイトルの終りにクエスチョン・マークを付していたら」といわしめることとなった[8]。

もっとも、いくらシャープな指標であってもデータ数が少なければ――リグリィもモロウへの反批判において指摘しているように――コリトンにかんする旧論文と同じ問題が発生する。それゆえ、この第三の方法と事例数を増やしサンプルサイズを大きくしてゆく努力とを結合させるのが理想的なゆき方であろう。実際、リグリィとケンブリッジ・グループがコリトンのあとに進めたのはまさにその途であった。

それも、新しい村の家族復元が終るたびに一つずつ論文を発表するというのではなく、何教区ものデータを一つにしたデータベースを作成するという途である。最初、一三教区のサンプルから始め[9]、現在ではその数を倍にした二六教区の家族復元が利用可能である。その結果をプールした、一五三八年から三世紀間にわたるデータベースは、教区簿冊のデータとしての質、カバーする期間の長さのほか、サンプル中の教区の地理的分布、教区のタイプ（農村か市場町か、穀作地帯か牧羊業地帯か）も考慮され、ロンドンを除くイングランド全域を反映したサンプルとなっている。復元されたカップル数は、非完結家族もいれて一〇万組以上、出生数の総計は二六万を超えるという[10]。

この大規模なデータによるかぎり、そこから計算されたコール＝トラッセルの指標は家族制限の可能性をまったく示さない。それどころか、婚姻出生力の水準は――その指標のいずれをとっても――二世紀以上にわたってほとんど変化せず、また地理的な変異もあまりみられないのである。たとえば、もし二〇歳で結婚したら五〇歳に達するまでに何人子供を生むかを示す、合計有配偶出生率は、一〇年ごとの変動をみても、二、三の例外的な時期を除いて七人前後の狭い範囲内で上下動を繰り返しており、低下傾向はまったくみられない。しいていえば、わずかな上昇トレンドすらみられる変化であった(11)。また、婚姻内の営為を分析しても、たとえば年齢別の受胎・受精確率(性交頻度と読みかえることができる)や出生間隔は驚くほどの安定性を示していた。

このイングランドの有配偶出生力水準は、フランスなどと比較するとかなり低目である。それは、フランス語圏に一般的であった乳児の乳母による養育はあまりなく、母乳哺育が普遍的であったことによって説明されるということも明らかになりつつある。母親が乳児を母乳で哺育しているあいだは、生理学的な理由によって妊娠しない。二六教区サンプルによれば、近世イングランドでは、母親は子供を一年半のあいだ母乳哺育していたのであり、その期間中、母乳哺育は、一か月延びると妊娠不可能期間が〇・五か月長くなるという出生力引下げ効果をもったと推計される。要するに、産業革命以前の英国人全体を観察するかぎり、意図的な出生制限の痕跡はみられないのである。

別ないいかたをすれば、リグリィの一九六六年論文で示唆された〈近代以前の産児制限〉の可能性も、モロウの一七世紀後半における自然出生力の低下という仮説も、いずれも一国民のレベルでは見いだすことのできない、小サンプルにもとづく誤診であったということになる。

かくして、大量観察と計測法の革新は、従来にもまして確かな知識を私たちにもたらした。近代以前の性の歴史や家族の心性史も、あるいは経済人口学的論議も、いずれの方向に進むにせよ、このケンブリッジ・グループの家族復元プロジェクトが到達した地点から出発することができるのである。

二　徳川・明治の日本

『土』のお品

興味深いことに、非常によく似た研究の展開が日本の歴史人口学においても観察される。すなわち、イングランドのコリトンは信州諏訪の横内村や濃尾平野のナカハラ村（仮名）であり、そのような個別事例で発見されたと思われた子供数制限が、より大きなデータファイルによる、よりシャープな尺度を使用した最近の分析では検出されないという事態がみられるのである。

もっとも、両人口集団のあいだにはいくつかの相違も存在する。そのひとつは家族制限の手段にかんする。日本の場合、それは堕胎だけではなく、嬰児殺し（間引）も行われていたと考えられている。そしてその存在自体は――『子孫繁昌手引草』という題名の、堕胎・間引を戒めたパンフレットが広く流布していたことからも窺えるように――いわば一種の民俗として、徳川や明治の同時代人以来、多くのひとによって語られてきたことであって、横内村やナカハラ村における子供数制限の「発見」はそれほどショッキングなことではなかった。しかし他方、具体的に堕胎や間引の存在を示唆する情報や、その動機を読みとることができるような個人レベルの史料となると、意外に乏しい。すなわち、マクファーレンのラルフ・ジョスリンの日記の分析に対応するような作品は、いまのところないのである。

ただ、歴史家の分析はなくとも、文学者の作品で堕胎・間引に言及したものは少なからず存在する。ここでは、そのような小説のなかでもっとも「写実的」といわれ、それゆえに当時の一読者より、「ヤ、もすれば何等の伝はる処もなくして闇から闇へ埋められつ、ありし田舎の状態を君の筆の因而公正に遺さる、は次の時代の歴史家も必ず君に謝する処多かるべきことと候」と書き送られてきたという、長塚節の『土』をみることにしよう。モデルとなっているのは、茨城県結城郡国生《こつしょう》村の貧農、勘次夫婦、時代は明治末期である。

お品は自分の手で自分の身を殺したのである。お品は十九の暮におつぎを産んでからその次の年にも又妊娠した。その時は彼等は窮迫の極度に達していたのでその胎児は死んだお袋の手で七月目に堕胎してしまった。それはまだ秋の暑い頃であった。強健なお品は四五日経つと林の中で草刈をしていた。それでも無理をした為にその後大煩《わずら》いはなかったが恢復するまでには暫くぶらぶらしていた。それからというものはどういうものかお品は妊娠しなかった。おつぎが十三の時与吉が生れた。この時は勘次もお品も腹の子を大切にした。女の子が十三というともう役に立つので、与吉を育てながら夫婦は十分に働くことができた。与吉が三つに成ったのでおつぎは他へ奉公に出すことに夫婦の間には決定された。［中略］それが稲の穂首の垂れる頃からお品は思案の首を傾げるようになった。身体の容子が変になったことに心付いたからである。十年余も保《も》たなかった腹は与吉が止ってから癖が附いたものと見えて又妊娠したのである。お品も勘次もそれには当惑した。おつぎを奉公に出してしまえば、二人の子を抱いてお品は従来のように働くことができない、僅な稼でもそれが停止されることは彼等の生活の為には非常な打撃でなければならぬ(12)。

これが女房お品の出産と堕胎の記録である。長女が生まれ、「窮迫の極度に達していた」ときに一度、長男が生まれ、子供が二人になり、もうそれ以上の子を抱いては「働くことが出来ない」とお品が考え、予想外の妊娠に「当惑」したときにもう一度、下ろしている。ここに書かれた理由をみるかぎり、それが堕胎ではなく「子返し」(嬰児殺し)であっても、いっこうに不思議ではなかったように読者は思うであろう。

実際、戦前以来、徳川時代の農村と農民生活にかんする文献にはこれに類した話が少なからず見いだせる。「窮迫」が生産力水準の低さや凶作や飢饉に起因するにせよ、あるいはライフサイクル要因によるにせよ、農民窮乏の結果として人口停滞がもたらされたという説明と、その手段としての堕胎と子返しを〈間引〉という言葉で一括りにして考える見方とは、現在にいたるまで根強くみられる。それをマルクス主義の影響というひともいるが、その見方の根は深く、もっと広範な通俗史観に支えられたものと考えるべきであろう。

宗門改帳デモグラフィ

しかし、戦後の実証史学の進展はその見方に大きな修正をせまることとなった。人口史の分野では、速水融によって家族復元法と同じテクニックを宗門改帳に適用する試みがなされ、それまでの、村落人口数と普通《クルード》出生率・普通《クルード》死亡率の動きと、一方では飢饉や流行病などのエピソード的な出来事を追うだけの人口史からの脱皮が図られた。すなわち、宗門改帳などに記載された個々の家族の結婚、出産、死亡の記録を長期間にわたって追跡すると同時に、その積上げによって、人口学の変数としては格段にシャープな有配偶出生率などの変化が解明できることとなったのである(13)。

そして一九七三年には、最初の歴史人口学モノグラフである、速水の信州諏訪地方にかんする著作が公刊された。そのなかで速水は、横内村という史料の質がとくによい村落を取上げ、トニー・リグリィが英国のコリトンについて試みたのと同様の分析を出生力にかんして行った。その結果から、一七〇〇年以前に生まれた女性とそれより後に生まれた女性とでは出生力に大きな違いのあること、具体的には合計有配偶出生率にして七・三人から五・〇人、さらには四・〇人への大幅な低下があったことが明らかとなった。さらに、年齢別の出生率曲線の形状をみても凸型から凹型といえなくもない形状への微妙な変化が観察され、しかも一七〇〇年以前の出生者の出産終了年齢と比較して一七〇一―五〇年の出生者のそれは三・二歳も若くなっていることから、速水は、第五子や第六子を制限するというパリティに応じた「人為的」抑制が行われていたに違いないと結論した。しかもその間、子供の死亡率は改善していたので、それは農民窮乏化の結果とは考えられない、むしろ生活水準を維持ないしは改善したいという動機の現われではなかったか、その手段こそ堕胎・間引だったのではないかと示唆したのである[14]。

一九七七年に公刊されたトマス・スミスの美濃国ナカハラ村の研究も、類似の、しかし若干異なる様相を示す出生行動を描きだしている。彼の整理した結果によれば、横内村にかんして、あるいは典型的にはコリトン教区にかんして観察されたと考えられているような、パリティによる制限が行われていた蓋然性はナカハラ村についてはむしろ低く、ある種の制限が行われていたとすれば男女にかんして選択的であった可能性のほうが高いという。すなわち、男児が女児よりも選択されたというのである。そして性別は事後的にしかわからないので、かりにそのような選択的行為がなされていたとすれば、その手段は出産後の間引、すなわち嬰児殺し以外にはありえない。

ただ、どんな場合でも女児が間引かれたかというと、そのようなことは考えられないし、また実際、宗門改帳に載ってくる出生者の性比はトータルでみるかぎりとくに異常はみられない。そこでスミスは、間引は、現存する子供の男女比が著しく偏っていて、かつ望ましくない場合にのみ行われたのではないかという仮説をたて、既存の子供の男女組合せ別に次の出生者の性比がどう変化するかを調べたのである。結果はその仮説を支持するものであった。「大部分が男児」のとき女児一〇〇にたいし男児六七であった出生性比は、男女同数のとき一四八に、「大部分が女児」の場合には二〇〇にまで変化した。出生性比はそれまでの男女組合せとはまったく独立であるから、これだけ偏った数値は何か人為的な行為の結果としか考えようがない。しかも、この傾向は多かれ少なかれすべての農家階層について観察されるところから、スミスは、この村で間引が実施されていたらしいこと、その間引は「一種の家族計画」の役割を果たしていたのではないかと示唆した[15]。

スミスの分析は周到なもので、その結論は、ナカハラ村にかんするかぎりまことに説得力をもつものであった。それに加えて、子供数制限の存在を示唆している村落レベルの宗門改帳分析が他にも公刊されたことから、一九八〇年代にはいると、多くの人びとは、間引＝家族計画仮説が専門家のあいだで通説となったと感じたのではないかと思われる。

けれども実際は、近年の歴史人口学の研究はそのような結論を許さない観察事実を提出してきている。スミスの性選択的間引仮説にしても、その後、追試に成功したという例は報告されていない。たとえば、ナカハラ村から「五キロと離れていない、地理的条件においてほとんど等しい」同じ美濃の他の農村について、速水がスミスの方法を適用して検討したところ、同様のパターンはまったく検出できなかった[16]。また、出生性比が異常に偏ったところはほとんど存在しないし、年齢別出生率の凸型から凹型への変化にかんしても、そうどこでも観察されることではないのである。

しかし、なによりも印象的なのは、イングランドにおけるのと同様、コール＝トラッセル指標を宗門改帳から得られる年齢別出生率データに適用した結果である。友部謙一はこれまでになされた宗門改帳デモグラフィのデータベースに依拠して、コール＝トラッセルのMとmを推計したところ、全国値でみるかぎり、パリティに応じた制限をしていたとは考えられないことを見いだした。図6－1は友部が作成したグラフに若干手を加えたものであるが、これをみても近世日本のカーヴは、イングランド同様に凹型ではないことが明白であろう。さらに——グラフから読みとれることではないが——もし第四子、第五子を間引

図6－1　出生力曲線

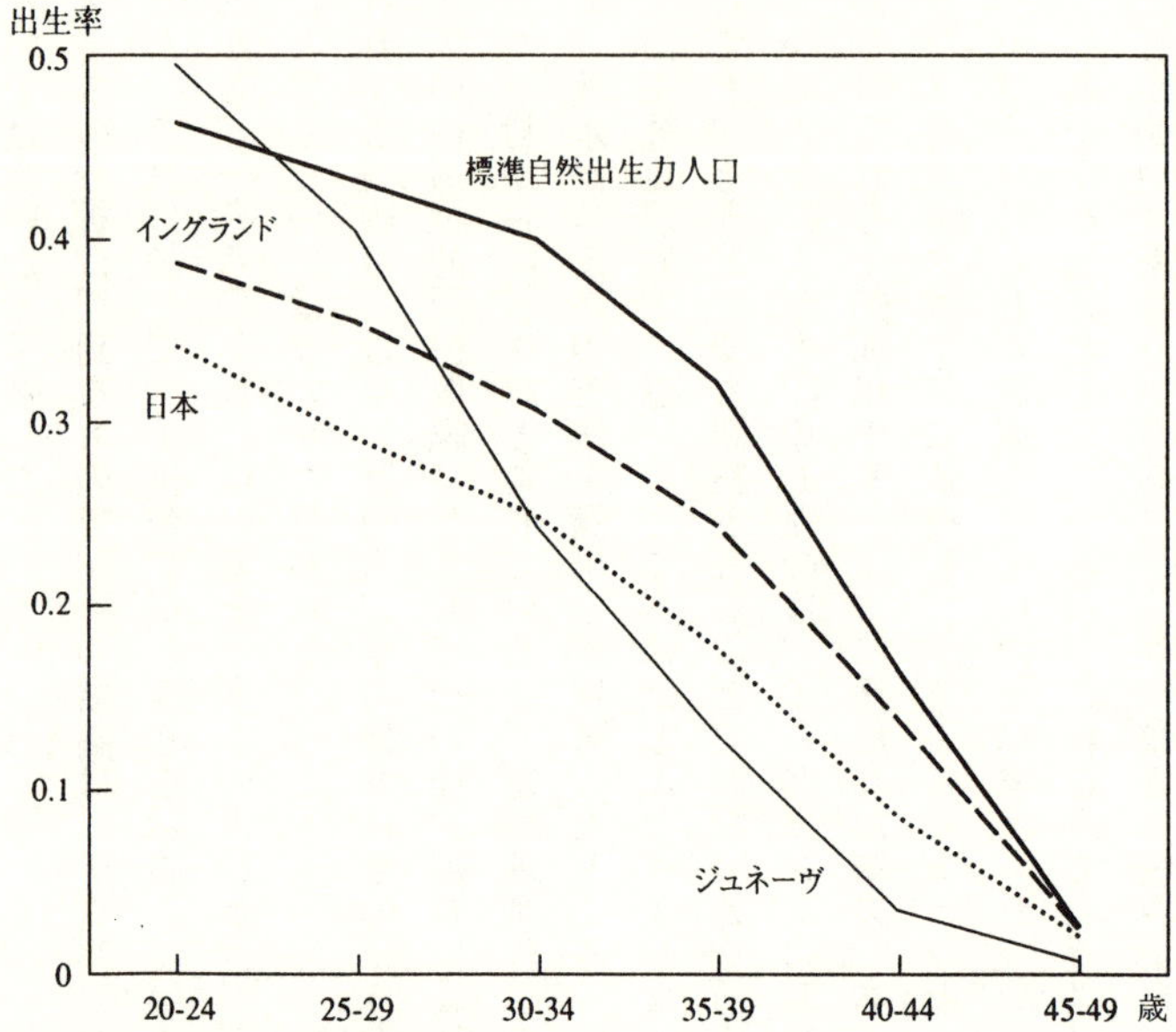

註1）　イングランドは14教区データによる．1550-1849年．

2）　日本は徳川時代後半のサンプル．

3）　ジュネーヴは出生制限を始めたと考えられている17世紀の後半期．

資料）　友部謙一「近世日本農村における自然出生力推計の試み」『人口学研究』第14号（1991年），38，41頁，および L. Henry, *Anciennes familles genevoises* (Paris : PUF, 1956), p. 76.

くというような行動をとったところがあったとすれば、それは東東北・北関東であることも示唆されている。しかしそこでも、出生数が多い（自然出生力が高い）がゆえに制限をしたのではなく、どういう理由かはわからないが、出生率が低いにもかかわらず何らかの抑制が試みられたのである[17]。

再び図6－1に戻って、水準の違いに眼を向けよう。全体として徳川農民家族の自然出生力水準は低く、近代以前のイングランドのそれよりもさらに低位であったことが明らかである。それゆえ、近世イングランドと同様、徳川日本にかんしても、個別事例研究からは有望と思えた高出生率ゆえの家族計画実施説は、〈大量観察〉によるテストに合格しなかったのである。

三　教訓と比較史的考察

方法論的教訓

以上、英国および日本の出生行動にかんする研究史をみてきたが、そこから私たち歴史人口学者が学ばなければならない教訓は何であろうか。

第一は、個別事例から得られた印象を一般化すると危険だ、ということであろう。それはラルフ・ジョスリン師とかお品といった個人の場合だけではなく、コリトンとか横内、あるいはナカハラという村単位の分析結果にかんしてもいえることである。

第二はそれと密接に関連するが、〈大量観察か個の読解か〉の問題に戻っていえば、大量観察の意義は疑う余地なく大きい。とりわけ、出産抑制の有無といったインティメートな行為が問題の焦点であるときは、直接の証拠が得られることがまずないので、さまざまなデータを解析することによってしか確からしい推測をすることができない。その場合、サンプルサイズが大きければ大きいほど、偶然に左右されない安定した結果を導くことができるからである。

第三に、より洗練された尺度や計測法を考案することも、同じように大事である。これは数量史のもう一つの柱である。そして、その意味において、プロフェッショナリズムは歴史学においても大切だといえる。

すなわち、数量史の強みは、このシャープな尺度と十分に大きなデータ、それらにもとづく確実な観察、そしてキイとなる尺度（変数）間の関係の分析にあるといえよう。そしてその限りにおいて、数量史の個別事例研究にたいする優位は動かない。

しかし、そのことは〈個の読解〉が無意味な営為であることを決して含意しないであろう。実際、ラルフ・ジョスリン夫婦や『土』のお品の物語を読んだ人びとは、いくら大データベースによった精緻な分析結果を聞かされても納得しないかもしれないのである。

なぜであろうか。第一に、それを直接史料から証明することはできなくても、私たちが読むことのできる日記や文書から何か彼らのフィーリングのようなものを感ずることができたとしたら、たしかに〈個の読解〉の歴史家は大量観察の結果だけでは納得しないであろう。

たとえば、子供の数が多くなるにつれジョスリン夫妻の子供への熱意がさめていったのが本当であり、それが、堕胎を実際に試みたことなどはまったくなかったとしても、心によぎる何か false な想いが日記に吐露されたのだとしたら、それはそれで、着目するに値する、興味深い事実といってよいであろう。『土』の勘次夫婦の場合も同様である。「二人の子を抱いて従来のように働くことが出来ない」、「生活の為には非常な打撃」という気持と、他方では、もう「決断の力が欠乏」していて、「どうでもおめえの腹だから好きにした方がええやな」という夫にたいして、「そんでも、俺がにも困んべな」と答えるお品の気持の揺れは、[18] 家族計画説が妥当するか否かといった話ではこぼれ落ちてしまうことがらである。そこからは、いくら貧しい農民であっても、堕胎・間引が日常茶飯事であったかのようにみてしまう歴史家の見方はおかしいという警告すらも引き出せると同時に、「生活の為には」、間引はともかく、堕胎という手段がすぐ頭に浮かんだらしいということは読みとれる。そのような心の動きは、実際に実行に移したかどうかは別として、心性世界に関心をいだく歴史家には看過できないことがらであろう。

第二に、たとえ近世イングランドあるいは徳川日本といった社会のレベルでは出産抑制は一般的でなかったとしても、ごく少数の、実際に制限を密かに行っていた人たちがいたかもしれない。

すでにみたように、一七世紀ジュネーヴの富裕層は産児制限を始めていたらしい。また――これは中世ピレネーの一農村モンタイユーについてであるが――ル・ロワ・ラデュリは、その村で最富強のクレルグ家当主が「呪いの薬草、というより多分性交中断《コイトウス・インテルルプトウス》」という方法での産児制限に関心を示していたらしいと推測している。[19] 本章でみてきた事例でも、ジョスリン夫婦やコリトンの三二組のなかの何人か、あるいはお品のモデルとなった茨城県結城郡国生村の農婦、ナカハラ村の何人かの夫婦――彼らは子供の数を抑制しようとする試みを本当にしていたかもしれない。その可能性がどのくらいあるのか、現在のところなんともいえないけれども、かりにそうであったとしたら、私たちは、社会のなかのサブ・ソサエティの存在とその意味について真剣に考えなければならないであろう。[20] それは、ミクロ・ストリアのミクロの世界とは何かということとも関連する問題かもしれない。

出生行動の比較史へ

しかし比較史の現場で仕事をする研究者からいえば、非数量的で質的なデータ、とりわけ〈個〉の記録は、方法論的な問題をこえて、より実質的な論点を提供してくれるということのほうが重要であろう。

これまでにみてきたように、一七世紀のイングランドについても徳川時代の日本についても、近代的な産児制限の原初的なかたちが前近代の農民たちによって実行されていたのではないかという仮説は受入れ難いことが明らかになった。しかしそれは、両文化圏における庶民の出生行動が同じものであったことを意味するのであろうか。出産をめぐる心性に違いはなかったのであろうか。もちろん、両者が類似のパターンを示すということは考えにくい。また、両地域の出生力が文字どおりに無制限であったということもないであろう。とすれば、どのようなコントロールが加えられていたのであろうか。そのコントロール手段に違いがあったとしたら、それは人口学的な指標のどこに反映されていたのであろうか。

西欧の場合、コントロール手段は結婚生活への入口にあった。それは、ジョン・ヘイナルの結婚パターン異文化間比較考察が含意していたことであるし、本章で対象としたイングランドにかんしていえば、ケンブリッジ・グループの浩瀚な研究報告によって、結婚年齢と、ときには生涯独身率が変数として、労働市場のあり方に反応していたことが明らかになっている。たしかに、性交中断《コイトゥス・インテルプトゥス》は中世から近代にいたるまで、普遍的にみられたようである。しかし、それによる婚姻内の出生行動への制限よりは、婚姻性向の変化によって出生率が左右される度合がはるかに大きかったというのがイングランド人口史の特質であった。(21)

これにたいして、徳川時代の日本はどうか。西欧におけるような意味で結婚が調節作用を果たしていたということはないので、(22)問題は婚姻内ということになろう。

私たちは、人口史料に家族復元法を適用することにより婚姻出生率の計算と、その年齢別曲線の形状の検討ができるようになったこと、すなわち第六子、第七子、等の出産抑制の有無をグラフの上で具体的に論ずることが可能となったことをみた。さらにコール＝トラッセル指標が開発され、より厳密なかたちで出産抑制の程度を表わすことが可能となったこともみた。このように測定用具を鋭利にすることができたがゆえに、大量のデータ収集とあいまって、より確かな観察結果を導くことができたのである。しかしその反面、切れ味がよくなったかわりに、測定されることがらがより限定されたものとなったことは、忘れてはならない。コール＝トラッセル指標でわかるのは、パリティに応じた出産抑制の有無のみである。すなわち、第六子や第七子になると出産抑制――人口学者は〈ストッピング〉と呼ぶ――が行われる確率が高くなったか否かのみである。ラルフ・ジョスリンの日記から読みとれるかもしれない行為は、まさにストッピングの典型例であった。

けれども、日本の堕胎・間引の場合、かりにそれらの手段による制限が行われていたとしても、それはつねにパリティに応じた制限とは限らなかった。速水が横内村について示唆したのはストッピングであったが、スミスの考えるナカハラ村のパターンはそうではなかった。そしてなによりも『土』の勘次・お品夫妻の場合、そこに描かれているのはストッピングとはまったく異なったタイプの出産抑制行動であった。先の引用文からも明らかなように、最初のときは「次の年にも又妊娠した」からであり、お品の「身」を殺すこととなった次のときは下の子がまだ三歳であったから、堕胎を試みたのであった。彼らは、前の子供との出生間隔を一番気にしていたのである。このような行動を、間隔を開けるという意味で、人口学者は〈スペーシング〉と呼ぶ。すなわち、スペーシングの問題はコール＝トラッセルの指標ではうまく捉えることはできない。それどころか、意図的なスペーシングの有無を測定する有効な手段を、現在の人口学はまだもっていないのである。

しかし、シャープな計測尺度がないということは、それで測ろうとしていることがらが重要でないことを意味しない。それどころか、非数量的な、質的なデータ、とりわけ〈個〉の記録は、『土』のようにスペーシングの重要性を示唆するものが少なくない。そもそも日本語の〈間引〉は、字義どおりには苗や若木のスペーシングの意なのである。

『土』の記述は他にもいくつかのことを教えてくれる。一つはすでに間接的なかたちで示唆しておいたことであるが、「子返し」（嬰児殺し）が日常茶飯事であったかのようにみることはおかしいが、堕胎なら比較的に抵抗なく行うことができたかもしれないという、考えてみれば当然のことである。間引が広く行われていたといっても、それは嬰児殺しが一般的であったことを意味しない。実際、間引、さらには「子返し」とあっても、それは必ずしも嬰児殺しを指していたわけではなかったようである。たとえば、緑山西渓竹叢軒版の『子孫繁昌手引草』の冒頭に、

田舎にては、所によりて、貧乏人に子供の多きは、身代のかせなりとて、産おとしたるとき、口を塞ぎ尻を押へて、ひざにしき殺し、又は産《うま》ぬさきに、飲ぐすりさしぐすりにて、流すを子返しといひ、又子まびきといふ(23)

とあるのをみても、「子返し」や「まびき」という言葉が曖昧に使われていたことがわかる。家族制限の手段としての間引は、嬰児殺しと堕胎のどちらでも意味しえた。しかし、歴史人口学としては、嬰児殺しと堕胎は区別して論ずべきであり、頻度からみて、どちらが重要であったかは当然問われねばならないことであろう。実際、最近の研究、とくに赤子養育仕法と呼ばれた育児手当支給制度実施の過程で作成された文書や養生書の類の文献を利用した〈産〉の心性にかんする研究は、幕末ともなると堕胎容認のニュアンスが感じられるようになるという。かりに嬰児殺しとしての間引が実際に行われていないわけではなかったとしても、趨勢は〈嬰児殺しから堕胎へ〉であったというのである(24)。

さらに、その動機にかんしても『土』からの引用は示唆的である。たしかに、経済的負担(「窮迫の極度」)は勘次とお品にとって堕胎という手段に訴える大きな理由の一つであった。しかし第二回目のとき

は、むしろ「二人の子を抱いて」いては「従来のように働くことが出来ない」ことが問題であった。すなわち、育児と家事と農作業などの労働とのあいだで時間のやりくりができないということが、勘次とお品にとっての最大の「打撃」だったのである。そもそも、農作業にとってタイミングは最大の制約条件の一つである。「［日々の］食料を求める為に労力を他に［すなわち出稼へ］割くことによって、作物の畦間を耕すことも雑草を除くことも一切が手後れに成る」と、長塚節は別な箇所で書いている。[25] 出稼でなくとも、家事・育児のために労力が割かれても、「手後れ」になることは同じであったろう。時間は、勘次のような小農タイプの農民家族に特有の制約条件であった。それだけに、農家女性の時間のやりくりと出生行動におけるスペーシングの関連は興味深い問題を示唆していると思う。

さらに想像をたくましくすれば、お品の働き尽くめの生活自体が妊娠の可能性を低めていたかもしれない。前節の引用を思い起こせばわかるように、最初の堕胎と長男の誕生のあいだの長い出生間隔は意図的なものではない。「どういうものかお品は妊娠しなかった」のである。それは堕胎という「無理」が身体に障ったということのほかに、普段の激しい農作業に豆腐や蒟蒻の仕入と売捌きといった農間稼が加わるという、小作農の嫁に特有の忙しさの影響もあったのではないであろうか。さらに一般化していえば、日本農業における労働集約化はとくに女性の労働時間を長くする傾向にあったが、それは受胎能力を抑制したり、自然流産（あるいは新生児の死亡）の頻度を高める方向に作用してしまったのではないか。すなわち、集約農業の発展は、結果として出生力水準を低く抑える役割を果たしたかもしれないので、徳川時代の低出生力水準のすべてを堕胎に起因するものと考えることも危険であろう。[26]

結局のところ、お品と勘次のストーリィは、米作社会の小農家族経済という生産様式下における女性と労働、労働と自然出生力、および出生行動をめぐる個人の想いと家族としての意思決定という、相互に絡みあった問題にかんして、一つの具体的イメージを提供する。その具体像は明らかに近世イングランドのそれとは異なるもので、ひとによってはアジアに特有のパターンというかもしれない。

アジアの歴史人口学はまだ緒についたばかりで、日本や西欧のレベルの実証研究は少ないが、現代のインド、中国、ヴェトナム、韓国といったアジア諸国をみると、いずれも高い堕胎率が観察されているのは興味深い。歴史的にも堕胎への許容度が高い〈産〉の文化をもっていたことを窺わせる。しかし他方では、アジアの人口行動を一つの型に括れるわけではないだろう。同じ米作社会といっても、農業のあり方は決して同一ではないし、家族システムも人口再生産にかんする選好も諸国で著しく異なっていた。それらの対照を描きだすことができれば、それゆえ、間違いなく興味深い作品となろう。ここにも、比較史研究のフロンティアが拡がっているのである。

結びにかえて

一般的にいって、〈個〉の叙述には、経済学や社会学や人口学の理論が想定するよりもはるかに多くの要因が登場するものである。〈個〉のストーリィにはひだや陰影があり、そのひだの陰には、私たちがしばしば見逃してしまうような因子が潜んでいる。〈個〉は多面的である。それだけに、既成の理論や図式では落ちてしまうものが必ずあるのである。お品の物語はその好例であった。

人口行動の研究において、数量史をミクロ・ストリアで代替することは不可能である。しかしそれにもかかわらず、私たち比較数量史を得意とする歴史家にとって〈個の読解〉は意味のある知的営為だと思う。その結果が見事な出来映えであれば、まずなによりも歴史を読む愉しみを与えてくれる。しかも、その作品を読むことによって、問題の新しい側面、新しい要因を発見することがある。その作品が小説のかたちをとろうと学術書のスタイルをとろうと、それはここでの問題ではない。個性豊かな現実の叙述は、既成の理論や図式では何が抜け落ちてしまうかを認識させ、新たな理論モデル構築へと向かわせるきっかけになるかもしれない。あるいは、これまであまり注目されなかった因子を明示的に測定してみようという試みへと乗り出させるかもしれない。いずれにせよ、比較史にとって新たなイマジネーションの源泉となりうるのである。

付記

二〇一三年に、Fabian Drixler の大著 *Mabiki: Infanticide and population growth in eastern Japan, 1660–1950* (Berkeley: University of California Press, 2013) が出版された。単年次の宗門改帳や人別改帳を「スナップショット」的に利用するという方法をとることによって大量観察を可能にさせ、併せて同時代の言説、さらには間引絵、掛軸、絵馬など画像データも丹念に収集し、数量・非数量データを統合した歴史叙述を行った点でまことに興味深い力作である。数量データからは、合計出生率が一七世紀後半期の四・八人から一八世紀前半期の三・七人へと、速水融の横内研究が示唆していたのと同様の低下が導かれる。さらに、その結果を踏まえたシミュレーションから人為的制限の効果を四〇パーセントと推計、一六六〇年から一八七〇年の全期間をとれば、計一千万人が間引かれた勘定になるという。ただ、この結論を受入れるにはまだ多くの問題がある。初期の記録には少なからずあったと思われる離婚・再婚の影響が十分にコントロールできているかどうか（これは一七世紀の出生率水準を高目に計算してしまうバイアスで、速水の推計にもいえることである）、シミュレーションの前提やパラメタに問題はないか等、大量観察の代償としてシャープさの点で劣る手法を使わざるをえなかったことに起因する問題群と、本章で論じてきたように間引が両義性をもつ用語であったこと、それにもかかわらず、ショッキングな効果を狙った画像資料のほとんどが嬰児殺しの場面を描いていることから読者には誤った印象を与えるおそれがあることなど、非数量データに関わる問題群とをあげることができる。これらの論点については、黒須里美（『人口学研究』二〇一四年六月号）、村越一哲（*Population Studies*, vol. 68, November 2014）、斎藤修（*Harvard Journal of Asian Studies*, vol. 74, December 2014）の書評を参照されたい。

註

（1）カルロ・ギンズブルグ、杉山光信訳『チーズとうじ虫——一六世紀の一粉挽屋の世界像』（原著一九七六年、みすず書房、一九八四年）、一四頁。A. Macfarlane, *The family life of Ralf Josselin, a seventeenth-century clergyman: an essay in historical anthropology* (Cambridge: Cambridge University Press, 1970)、R・ダーントン、海保真夫・鷲見洋一訳『猫の大虐殺』（原著一九八四年、岩波書店、一九八六年）、E・ル・ロワ・ラデュリ、井上幸治ほか訳『モンタイユ――ピレネーの村、一二九四―一三二四』原著一九七五年、上下（刀水書房、一九九〇―九一年）、J・ルゴフほか、二宮宏之編訳『歴史・文化・表象――アナール派と歴史人類学』（岩波書店、一九九二年）、C・ギンズブルグ、竹山博英訳「ミクロストリアとはなにか――私の知っている二、三のこと」（原論文、一九九三年、『思想』第八二六号、一九九三年）、C. Ginzburg, 'Morelli, Freud and Scherlock Holmes: Clues and scientific method', *History workshop*, no. 9 (1980)。

いうまでもなく、歴史人類学とミクロ・ストリアを等置することは正しくない。前者の対象はまことに広く、人びとの体位や衣食住の生活から、家族・親族構造、政治儀礼の分析にまで及んでいるからである（たとえば、竹岡敬温『「アナール」学派と社会史――「新しい歴史」へ向かって』同文舘、一九九〇年、第六章）。しかし、社会（文化）人類学に独自な方法論があるとすれば、それはフィールドワークにあり、それが他の手法と異なる点は「相手がかまえないで自然に表出するプロセスをとおす」こと、すなわち参与観察にあるという（中根千枝『社会人類学』東京大学出版会、一九八七年、二二一―二四頁）。とすれば、歴史データのなかで参与観察にもっとも近い手法がとれるのは、個人の書簡・日記、あるいは裁判記録について、ということになる。歴史人類学がミクロ・ストリアへと向かう一つの理由は、ここにあるといってよい。

（2）二宮宏之「系の歴史学と読解の歴史学」『社会史研究』第七号（一九八六年）。

（3）Macfarlane, *op. cit.*, (in n. 1 above) p. 204.

（4）E. A. Wrigley, 'Family limitation in pre-industrial England', *Economic history review*, 2nd ser., vol. 19, no. 1 (1966).

（5）E・A・リグリィ、速水融訳『人口と歴史』（原著一九六九年、筑摩叢書、一九八二年）、一三二―三七頁を参照。そこでは、ルイ・アンリによるジュネーヴの研究の紹介もなされている。

（6）川北稔「社会史の方法――イギリス社会史を中心として」、樺山紘一編『社会科学への招待――歴史学』（日本評論社、一九七七年）所収、七一頁。

（7）コール＝トラッセルの指標は「自然出生力」の概念から出発している。自然出生力とは、すでに子供が何人生まれたか、すなわちパリティによって出生行動が影響を受けない人びとの婚姻出生力と定義される。コール＝トラッセルの指標は、その自然出生力のシェデュールから現実の婚姻出生力シェデュールがどのくらい離れているかを、Mとmという二つの数値によって示そうとする試みである。その定義と簡単な解説は、友部謙一「近世日本農村における自然出生力推計の試み」『人口学研究』第一四号（一九九一年）第一節、あるいは筆者の「徳川日本の人口と経済――人口停滞の解釈をめぐって」、猪木武徳・高木保興編『アジアの経済発展』（同文舘、一九九三年）所収、註（14）をみよ。

（8）R. B. Morrow, 'Family limitation in pre-industrial England: a reappraisal', and E. A. Wrigley, 'Marital fertility in seventeenth-century Colyton : a note', *Economic history review*, 2nd ser., vol.31, no.3 (1978).引用は、p. 433より。

（9）E. A. Wrigley and R. S. Schofield, 'English population history from family reconstitution: summary results, 1600-1799', *Population studies*, vol. 37, no. 2 (1983).

（10）二六教区サンプルにもとづく推計結果は、E. A. Wrigley, R. S. Davies, J. E. Oeppen and R. S. Schofield, *English Population History from Family Reconstitution 1580-1837* (Cambridge: Cambridge University Press, 1997) で詳述されている。クリス・ウィルソンの日本語論文、「工業化以前のイングランドにおける婚姻出生力――ケンブリッジ・グループ家族復元プロジェクトとその成果による新たな展望」（友部謙一訳、『社会経済史学』第五八巻四号、一九九二年）も参照。

（11）Wrigley et al. *English Population History*, pp. 472-77; E. A. Wrigley, 'Explaining the rise in marital fertility in England in the "long" eighteenth century', *Economic History Review*, vol. 51 (1998), pp. 435-64.

（12）長塚節『土』一九一〇年『朝日新聞』連載（新潮文庫版、一九五〇年）、四五頁。当時の読者からの手紙は、木村礎「国生村――長塚節『土』の世界」、同編『村落生活の史的研究』（八木書店、一九九四年）、六二三頁より引用。

（13）以下は筆者の既発表二論文、前掲「徳川日本の人口と経済」（註7）、および、'Infanticide, fertility and "population stagnation": the state of Tokugawa demography', *Japan forum*, vol.4, no.2 (1992) によっている。参考文献も含め、詳細はそれらを参照いただければ幸いである。

（14）速水融『近世農村の歴史人口学的研究――信州諏訪地方の宗門改帳分析』（東洋経済新報社、一九七三年）、二一八頁。宗門改帳では生後一年に満たない死亡はほとんど記録されないため、そこから機械的に計算される出生率は実際より低目である。ここでの数字は、一歳未満の死亡率を——すぐ後にみる友部謙一の方法に倣って——千分の二〇〇と仮定して速水の数値を修正したものである。後に行った筆者の推計では、高目と低目推計の平均をとれば男女込で一七六、しかし現実は低目推計値一六三に近い値ではなかったかと指摘した。O. Saito, 'Infant mortality in pre-transition Japan: levels and trends', in A. Bideau, B. Desjardins and H. P. Brignoli, eds., *Infant and Child Mortality in the Past* (Oxford: Clarendon Press, 1997), pp. 135-53.

(15) T. C. Smith, *Nakahara: family farming and population in a Japanese village, 1717-1830* (Stanford: Stanford University Press, 1977), ch. 5、およびスミス、大島真理夫訳『日本社会史における伝統と創造——工業化の内在的要因、一七五〇—一九二〇年』増補版（原著一九八八年、ミネルヴァ書房、二〇〇二年）、第四章。

(16) 速水融『近世濃尾地方の人口・経済・社会』（創文社、一九九二年）、第九章。

(17) 友部謙一「近世日本農村における自然出生力推計の試み」『人口学研究』第一四号（一九九一年）。友部の観察は、一六の別個になされた研究事例（カバーされる村数はさらに多い）に依拠しており、個票レベルまで戻って、資料の加工方法や概念の定義を統一して作成されたデータベースに基づいているわけではない。その点で、ケンブリッジ・グループの二六教区サンプル研究とは異なっている。

(18) 長塚、前掲書（註12）、四六頁。

(19) ル・ロワ・ラデュリ、前掲書（註1）、下、四—五頁。上、二六二—六四頁の記述も参照。

(20) 一九九〇年代に、奥会津地方の「大尽」角田家の当主が残した覚書帳が翻刻され、彼の一〇人の子どものうち三人については「押返ス」と記されていたことが明らかになった。徳川日本にも間引の当事者が残した記録が発見されたのである。時期は享保年間、麻取引を営む裕福な農民であることから、貧困が原因ではありえず、むしろ「うらなひ」の影響が指摘されている。これを「うらなひ」に凝った一個人の例外的行為とみなすのか、一般庶民にも共有されていた潜在意識を顕在化させた事例とみなすのか、解釈は容易でない。ただその場合、子返しという行為自体と、家族計画観や性選択意識の問題とは切り離して考えるべきであろう。以下の二論文を参照。川口洋「十八世紀初頭の奥会津地方における嬰児殺し——嬰児の父親が著した日記を史料として」、速水融編『近代移行期の人口と歴史』（ミネルヴァ書房、二〇〇二年）、四五—七一頁、太田素子『子宝と子返し——近世農村の家族生活と子育て』（藤原書店、二〇〇七年）、四九―九九頁。

(21) ヘイナルの議論については、簡単には斎藤修『プロト工業化の時代――西欧と日本の比較史』(日本評論社、一九八五年)、一〇五頁を、ケンブリッジ・グループの成果は斎藤編『家族と人口の歴史社会学――ケンブリッジ・グループの成果』(リブロポート、一九八八年)、第四章をみよ。また、西欧を中心とした歴史人口学戦後五十年の回顧と展望にかんしては、斎藤修、中里英樹訳「歴史人口学の展開」、速水融編『歴史人口学と家族史』(藤原書店、二〇〇三年)、第二章を参照。

(22) 斎藤修「人口」、西川俊作・尾高煌之助・斎藤修編『日本経済の二〇〇年』(日本評論社、一九九六年)所収、四三―四五頁をみよ。

(23) 高橋梵仙『日本人口史之研究』第二(日本学術振興会、一九五五年)、六三五頁。『子孫繁昌手引草』は、徳川時代から明治初年にかけて様々な版が各地で作られた。高橋の著書には、そのうち七つの版が収録されている。

(24) 沢山美果子『出産と身体の近世』(勁草書房、一九九八年)、第三章、太田『子宝と子返し』一八〇―八一頁。

(25) 長塚、前掲書(註12)、七五頁。

(26) 小農家族経済と出生力との関連については、*Japan forum* 誌所収論文の終り (loc. cit. in n. 13 above, p. 379) で示唆したことがある。沢山『出産と身体の近世』、一〇二―一一頁、太田『子宝と子返し』、第三章では、非数量的史料によって同じ問題が別の角度から論じられている。農家女性の労働にかんしては、斎藤修「農業発展と女性労働――日本の歴史的経験」『経済研究』第四二巻一号(一九九一年)をみよ。

七　熟練・訓練・労働市場

――英国と日本

はじめに

技術革新（innovation）と技術移転（technology transfer）とは、経済史においても経済発展論においても、重要なキイ概念と考えられてきた。

たとえば、産業革命の古典的イメージ、とりわけ英国産業革命のイメージは、技術革新と工場制の登場とによって形づくられているといってよいであろう。戦後になって登場したマクロ経済学的なアプローチによる経済史では、それらに代わって固定資本形成とか国民総生産という言葉でもってその経済変化が記述されることになったが、しかし、固定資本とは機械や工場設備に体化された資本のことであり、国民総生産とはその成果なのであるから、これら二つの立場の間にある溝は思ったほど広くはない。要するに、核心にあったのは技術と労働組織（work organisation）における革命であった。それゆえまた、ドイツや日本など、後発資本主義国における工業化とは、技術の移転とキャッチアップとによって理解されることとなる。

これらの国々よりさらに遅れて出発をした今日の第三世界諸国の経済発展にかんしても、事情はそれほど変わらない。先進国からの技術導入、すなわち工場建設、輸入された機械の据付、それを稼動させるための技術者の招聘などが、開発計画の要であり、そのための資金をどう捻出するかが開発プランナーの関心事であった。

しかし、近年、このような考え方に反省を迫る動きも出てきている。たとえば、大型プラントや最新機械装置の導入を切り札と見なす傾向にたいし、それらを使いこなす能力を問題とする議論は、その一つである。アジアにおける人材形成を調査した最近の報告書は、端的にこう指摘している。「人間がそれ［機械の利用ノウハウ］をいかに個別的・具体的な方法で教え訓練していくかという点が、技術や技能の伝播の能率とスピードを強く規定している」と。(1)

他方、経済史、とりわけ英国経済史においては、古典的な産業革命観にたいしさまざまな角度から疑問が出されてきていた。とりわけ、その変化の革命性については異論が唱えられている。まずなによりも、最近の数量経済史的な実証研究は、英国におけるいわゆる産業革命期の固定資本投資と国内総生産の増加がこれまで考えられてきたよりはるかに緩慢なものであったことを明らかにしており、この見解は新たな正統派となった。(2)この点は本章のテーマではないのでこれ以上たち入らないが、革命と呼ばれてきた現象も実はかなりゆったりとした、過去との連続性をもった変化であったということは、本章の課題である技術と労働の問題を考える上でも重要な含意をもっている。

以上のことを念頭におき、本章では、最初に産業革命を達成した英国の経験にたちもどって、技術とは区別された意味での技能ないしは熟練（skill）の問題を考えてみたい。すなわち、技能訓練、熟練労働者の雇用とその労働市場にかんして、英国におけるそれらの伝統的なあり方と産業革命およびそれ以降の工業化との間に観察される連続性と非連続性の問題を考えてみたい。次節でさまざまな角度からの産業革命像を概観し、第二節で機械化による熟練の解体という通念を批判的に検討する。第三節で諸概念の再整理をしたあと、第四節で、もっとも典型的な伝統的雇用制度であり、かつ技能訓練の制度であったアプレンティスシップ（apprenticeship）を取りあげ、歴史的視角から若干の考察を試みる。最後に第五節では、日本の歴史的経験と対比することによって英国のパターンを浮きぼりにし、他の諸国との比較史的研究への含意を探る。

一　産業革命像のパッチワーク

経済の実像

初めに、産業革命の到達点である一九世紀後半、ヴィクトリア朝の英国をみよう。このときまでに工場制は果たして支配的な生産様式となっていたのであろうか。

一九世紀には国勢調査が始まっているので、雇用面からこの問いに答えるのはそれほど難しくない。一八五一年の国勢調査結果は、農業が依然として単独では最大の職業グループであったこと、次いで家事サービス（家内奉公人《サーヴァント》）、建設業がくることを示していた。いずれも伝統的な職種であり、当時もっとも工業化していた経済としては「驚くべき結果」といえそうである。もちろん、工業生産へ移行していた綿工業もそれらに次ぐシェアをもっており、産業革命を演じた他の主役とともに経済の重要な一翼を担っていたことは間違いない。しかし、全体像は、これらの近代的な分野だけを研究したときに「予想されるかもしれない姿からは依然としてほど遠かった」といえるであろう。工業労働者だけではない。近代企業を特徴づけているあの職員層（ホワイトカラー）は、職業グループとしてはまだ姿を現わしてもいないのである。(3)ただ以上は、あくまで職業分類によってみただけであって、動力、とくに蒸気機関を備えたような工場がどこまで一般的であったかは教えてくれない。そこで、一八七〇年段階での様相をみよう。

綿工業における蒸気機関総馬力数は二八万馬力、製鉄業における二二万一五〇〇馬力がそれに次ぐ。これらの数値のもつ意味を知るために日本の場合をみてみると、多くの歴史家によって産業革命期と措定される一八八〇年代後半から九〇年代にかけての企業勃興期には、わが国でも確かに蒸気機関が急増し、一八八四年には八〇〇馬力弱であったのが一九〇〇年には六万馬力（うち繊維産業だけで五六パーセントを占める）にまでなった。とはいえ、これら日本の馬力数は右でみた英国の産業レベルの数値と比べてもレベルが一桁異なっており、その意味では英国における馬力数は「最初の工業国家」としての面目躍如たるものがある。しかし、一作業場あたりの平均馬力数を産業別にみてみると、一〇〇馬力をこえていたのは綿と製鉄だけ。多くの部門では一〇馬力にも達しない規模であった。蒸気機関が広範かつ大規模に導入されたのは綿工業・鉄工業で、やや後れて毛織物業・機械工業が挙げられるにすぎず、他の部門との間に大きな格差が存在した。前者の多くは工場規模が大きく、後者は小さかった。一八五一年調査によれば、綿工業では五五パーセントが雇用規模一〇人以上であったが、それを除く、ただし毛織物業や機械工業を含む一四業種の加重平均では六八パーセントが被雇用者三人未満の零細経営であった。機械と蒸気機関を備えた、何十人という労働者を雇用した工場は、一般的どころか、ごく限られた産業においてみられたにすぎなかったのである。(4)

ラファエル・サミュエルは、それら主導産業以外の部門——鉱業、農業、食品加工業、建設および建築資材産業、ガラス・陶磁器製造業、皮革製造業、木製品製造業、冶金・金属加工業など——をサーヴェイし、ヴィクトリア朝にあっても手工的技術(hand technology)が重要なシェアを保っていたと結論している。ただ問題は、その手工業の中味もけっして一様ではなかったという点である。その手工的技術を担ったのは伝統的な熟練職人だけだったのではなく、不熟練労働者の大量雇用による協業も、また女子の家内労働(内職)に依存した下請も含んでのことであった。それゆえサミュエルはいう。「もっとも目新しい、顕著な特徴に注目するのではなく、[一九世紀後半の]経済全体をみて絵をかくとすれば、描かれるカンバスは、あまりすっきりとしたものとはならないであろう。幾何学的な規則性がかった近代抽象画よりはブリューゲルの作品に、いやヒエロニムス・ボスの絵にすら似ているのではないだろうか(5)」と。怪物や不可思議な人物が画面いっぱいに描かれているブリューゲルやボスの寓意画は比喩としてあまりにも中世的と感ずるひとは、代わりに一八世紀の農村職人の妻がつくったパッチワークを想えばよい。要するに、多様なパターンのつぎはぎなのである。

もとより多様とはいっても、それらをいくつかの主要なタイプに分類することは可能である。マキシン・バーグは繊維諸産業について、苦汁《スウェッティング》制と工場制とが、それら産業が一九世紀後半までに到達した

「二つの終着点」と述べているが、繊維以外では、とりわけ金属加工では、これら二つの独立の職人による生産もつけ加えられなければならないであろう。そして「独立の」といっても、シェフィールド刃物製造業における'little mesters'のような文字どおりの独立アーティザンから、工場制の下に内部請負（internal contracting）のかたちで組込まれた職人まで、さまざまである。あるいは靴下編工の場合のように、独立のアーティザンが苦汁労働者にまで成り下ってしまったケースもある。しかしあえて単純化していえば、工場制の外側に存在していた手工的技術と労働組織は、(1)独立のアーティザン、(2)内部請負、(3)外部請負ないしは下請制《プッティング・アウト》の三つに類型化することが許されよう。[6]

以上は英国の経験によるところの類型化であるが、その他の諸国についてもある程度当てはまるものと思われる。たとえば、シェフィールドの刃物に対応するヨーロッパ大陸の産地はゾーリンゲンであるが、アーティザン型の小規模産業存続の重要性をつとに指摘していたG・I・H・ロイドは、そのシェフィールド刃物製造業にかんする著作のなかでゾーリンゲンにも触れ、英国の場合以上に伝統的な要素が色濃く保たれていることを指摘している。そしてまた、世紀の変わり目前後の全国統計を使って、ドイツ、ベルギー、デンマークでは、英国やアメリカと比較して雇用規模五人未満の小規模作業場がさらに多く残存していたことをつけ加えている。[7]このような小営業の広汎な存続ということは、したがって、何も例外的なことではなかった。私たちはそのような観察が日本についても当てはまることを知っており、上記の類型論は、大すじにおいて日本の経験にたいしても有効であるといってよいであろう。

変化のパターン

これにたいして、産業革命の前段階についてはどうか。伝統的な歴史学は、ギルド、問屋制家内工業《プッティング・アウト》、マニュファクチュア（手工的な集中作業場）の三つが考慮すべき形態だと考え、それらのどれが工場制に直接先行する形態であったかという問題と取り組んできた。もっとも、ギルドから工場制への移行を考えるひとはいない。ジョージ・アンウィンがかつて「手工業クラフト制度あるいはギルド制度は都市経済と結びつき、家内工業制度あるいは問屋制度は国民経済と結びつき、［一八世紀末から始まる］工場制度は世界経済と結びつく」と述べたように(8)、ギルドの崩壊と工場制の勝利の間に、問屋制家内工業ないしはマニュファクチュアの段階を置いて考えるのが一般的であり、論争の的となったのはその二つのうちどちらの途をたどるのが発展への〈自然的〉コースであったかという点であった。

このうちマニュファクチュア説はマルクスに始まるといってよく、わが国では大塚久雄がより洗練されたモデルに仕立てあげた。しかし研究史上では、問屋制を中心に考える歴史家や経済学者も少なくなく、プロト工業化論はその新しい試みであるといえる(9)。また、ラディカル・エコノミストのスティーヴン・マーグリンの所説もそれと近似した議論を展開している(10)。

これら二つの議論の内容については他でも論じたことであり、ここではこれ以上立ち入らないが、いずれも、機械の導入ではなく集中作業場成立の観点から考えている点、および、そのような分業にもとづく協業と労働規律の場としての工場の成立を最終ゴールとして理論を組立てている点において、共通している。すなわち、技術の問題が正面きって取り上げられていないこと、さまざまな労働組織のうちどれが選択されるかという問題設定がまったく抜けおちてしまっていることは、それら二つのアプローチに共通した欠陥だといえる。技術と労働組織の組合せは想像以上に多様だったのであり、それらの組合せのなかから、普遍妥当性をもった、単線的かつ一方向的《ユニリニア》な発展段階図式を作りあげようとすることは、不毛な試みに終るであろう。バーグがいうように、「一八世紀［英国］における製造の営みはありとあらゆる舞台装置のなかで行われていた。生産は、多くの異なった形態で組織され、そのどれひとつをとってもそれが置かれた当時の環境においては合理的ないしは筋の通ったやり方だった」のである。(11)

それだけではない。工場制へ、機械化による大量生産へ、生産の集中管理へ、という動きが厳然としてある一方で、ある特定の技術と労働組織の組合せは歴史のなかで繰り返し現われえたし、また姿をかえて存続しえた。たとえば、プッティング・アウトによる低賃金労働の利用はその典型例である。一七、一八世紀の問屋制家内工業、一九世紀の苦汁制度、そして今世紀の下請制は、このような観点からみることができる。(12)

それとは対照的に、非工場型の技術と組織により積極的な意味を、すなわち大量生産方式へのオルターナティヴをみようという論者もいる。たとえば、チャールズ・セイベルとジョナサン・ザイトリンによれば、一九世紀のヨーロッパ各地には、そして程度の差はあるが北アメリカの一部においても、主として職人的生産者によって担われた、高度に分化された製品市場に柔軟に対応できる「産地」が形成されていたという。このような産地の例として、フランスのリヨン（絹織物）、アルザス（キャリコ）、ドイツのゾーリンゲン（刃物）、イングランドのシェフィールド（刃物）などがあげられ、そこでは、大量生産タイプとは異なった「伸縮的な専門分化」(flexible specialisation)の途が重要であったという。[13] いずれにせよ、工業化と呼ばれる現象には、「不可逆な歴史的変化」という面と「産業発展のなかでくり返し現われる選択の結果」という面とが複雑に絡みあっていたのである。[14]

組織の問題

ところで、これまでの議論はもっぱら生産労働者にかんするものであった。実際、経済史家の注意は、たとえ産業革命をリードした企業を扱う場合であっても、ブルーカラーの労働組織と技術に向けられていたのであり、ホワイトカラーの研究があったとしても、それは経営史家に任されていた。中世・近世では、商人のもとに住み込んだアプレンティスがその時代の(いわば)職員層を形成していたのであるが、彼らが歴史家によって職人のアプレンティス(徒弟)とは別個の存在として取りあげられたことはなかったように思われるし、また経営史の領域でも、産業革命の時代では企業者の行動や出自が主要な関心事であり、職員層が問題となるのはだいぶ後の時代になってからである。すなわち、ラインハルト・ベンディクスの用語法を援用すれば、「企業の官僚制化」が始まった二〇世紀初頭以降のことである。

これはもちろん、たんなる無知や黙殺の結果なのではない。英国産業革命期の製造業企業は、ほとんど一工場=一企業であって、数工場をかかえた複数事業単位企業(multiple-unit enterprise)はまだ一般的となっていなかったという事実の反映なのである。管理部門の強化、ホワイトカラーの需要拡大、職員層の比率上昇、内部労働市場(internal labour market)の形成ということは、生産単位が複数化し、その間の相互調整のための事務が増大して初めて生じた現象だったからである(15)。

これはなにも英国だけではなく、他の諸国、たとえばアメリカ、ドイツなどでもみられたことであった。けれども、この事実から、近代企業発展の段階論を想定し、それが普遍妥当性をもつと考えるのは、早計であろう。日本の経験がこのような図式への反証例を提供しているからである。わが国最初の近代企業の中核をしめた綿紡績業ではスタート時から、複数工場をもち、職員層が無視しえぬ割合をしめていた。そしてそのことは、徳川時代の商家(大店《おおだな》)が、かなり早い時期から多店舗を擁した、中央集権的な経営管理と労働管理、奉公人制度という衣を被った内部労働市場のシステムを作りあげていたという伝統と無関係ではない。ことホワイトカラーにかんするかぎり、わが国の経験は一般的な発展図式と一八〇度異なっていたといっても過言ではないのである(16)。

このようにみてくると、産業革命像にしても技術と労働組織にかんする発展史像にしても、いまのところ雑多な概念のパッチワーク以上のものは期待できそうもない。少なくとも普遍的かつ単線的な発展段階論図式を構築しようというような試みは、不毛であろう。

二　熟練の問題

熟練の解体?

産業革命とは機械と工場制の登場にほかならないという理解は、通常、それによって熟練が解体したという観念と結びついている。どの教科書にもでてくる、あの英国における手織工の悲惨な運命は、その古典的な例だというわけである。

けれども前節でみてきた議論は、熟練の解体（deskilling）という通念にも再検討を迫っている。まず第一に、職人的な生産のあり方があれほど根強く残存していたということは、伝統的な熟練がそう簡単に解体しなかったことを意味する。これは英国よりもドイツなどのヨーロッパ大陸諸国をとれば、よりいっそう当てはまることであろう。

第二に、伝統的職人タイプの生産と機械の導入とが両立する場合もありえた。セイベルとザイトリンのいう伸縮的専門分化の途では、そのような方向が考えられている。例としては、NC機器の先駆的な形態とすらいえる、フランスのリヨンで一九世紀初頭に開発されたジャカード織機があげられる。時期は下るが、小型電動モーターも同様な役割を果たした。

第三に、初期の工場では伝統的な職人を雇用することがあった。工場はみな不熟練ないしは半熟練労働者に依存したと考えることは、明らかに歴史的事実にあわない。とりわけ、機械、金属加工、造船、あるいは印刷といった分野では、旧来の職人的労働者を雇いいれることがあった。印刷業における植字工は、そのような連続性がみられる典型的なケースである[17]。しかし他の場合では、彼らを直接管理するのではなく、親方を通して間接管理することが一般的であった。すなわち、内部請負である。このような産業では、一九世紀末から二〇世紀にかけてようやく、直接管理と内部労働市場の形成がみられることとなる[18]。

第四に、機械と工場生産の導入があった場合でも、それがただちにすべての熟練を解体させたわけではなかった。個々の作業工程をとるかぎり、機械化が伝統的な熟練を不要にするという過程は紛うかたなく存在した。しかし他面で、機械に体化された新しい、より高度な技術は、新たな熟練を労働者に要求したことを忘れてはならない。中岡哲郎がいうように、「機械を土台にして工作の精度を十倍、百倍、千倍に上げねばならないという要求は、機械の操作や素材のとりあつかいをめぐる新しい熟練の要求を生んだ」のである。それは、「特殊化し、部分化した熟練」であったかもしれないが、そのような新しい熟練を身につけた労働者、E・P・トムスンのいうニュー・エリートは量的には拡大したかもしれない。しかも、その需要の増大に反応したのが、旧来の職人的伝統とまったく切れたグループの人びとであったと考える理由は、必ずしもないのである(19)。

最後に、ホワイトカラーでは、そもそも熟練の解体ということはまったく問題とならなかった。機械の登場以前にも、経営事務にある種の技能が要求されたはずである。とりわけ金融や、また遠隔地取引の場合にそうであった。他方、機械の登場は資本計算、生産管理、労務管理の問題をいっそう重要なものとし、新たな熟練を要請したからである。

それゆえ産業革命の過程は、ある面で熟練解体的であったと同時に、ある面では技能インテンシヴでもあったといえるであろう。それゆえ、工業化における労働供給の問題を考える場合でも、熟練度の低い労働力の需給を想定するだけではなく、さまざまな技能にたいする需要とそれらへの供給ということをも考慮に入れなければならないのである。

熟練・不熟練の関係

英国産業革命期における技能の需要と供給という視点からの研究は、しかし、まだほとんどない。なによりも、〈技能〉というものをどのような尺度で計測すればよいかという大問題があるからである。ただ、熟練・不熟練の賃金格差にその需要が反映していると考えれば、問題への第一次的接近は可能である。産業革命にかんして古くより議論されてきたテーマの一つに生活水準論争があるが、かつてT・S・アシュトンは、楽観説と悲観説という対立は、その時代の労働者階級内部における熟練層と不熟練層との間でみられた対照的な経験、すなわち前者における賃金上昇と後者における低下ないしは停滞という事実を反映していたのではないか、と示唆したことがある。[20] この指摘は、実際、産業革命とともに製造業の現場における技能の需要が増大したにもかかわらず、それにたいする供給は弾力的になされなかったといっているに等しい。最近ではジェフリー・ウィリアムソンが、数量データ収集の成果の上に、熟練・不熟練間賃金格差の推移を検討し、一九世紀中頃まで格差拡大、それ以降に縮小、というパターンを描きだし、基本的にアシュトン仮説——さらには経済発展論におけるクズネッツ仮説——を支持する旨の主張を行っている。[21]

もっとも、ウィリアムソンの賃金格差系列提示の仕方には問題が残っている。ブルーカラーとホワイトカラーとを明確に区別しないで議論しているのである。そこで彼が推計した職業別賃金データを再整理し、（1）不熟練ブルーカラー、（2）熟練ブルーカラー、（3）ホワイトカラー（不熟練ワーカーは含まない）の三つの職業グループに分類して示せば、表7-1のようになる。一八一五年から一世紀近くの間に、男子の不熟練ないしは半熟練労働者の年間平均賃金収入は、五〇ポンドから八〇ポンドへと増加した。熟練職工の場合、六〇ポンド台から一〇〇ポンドで、極端に高かったわけではない。これにたいし、中堅事務職員（clerks）を中核とするホワイトカラーは二〇〇ポンド台であり、格段に高い収入をえていたことがわかる。

この表から、不熟練ブルーカラーの賃金を基準にしてホワイトカラーと熟練ブルーカラーの賃金倍率を計算し、その推移を示せば、それぞれ図7－1のAとBの如くである。一見して、労働者階級内部における熟練・不熟練格差が非常に安定的であったこと、これにたいしてホワイトカラーとの格差は大きく変化したことが読みとれる。それによれば、ウィリアムソンのいうパターンは実はホワイトカラーに当てはまるといえそうである。もっともホワイトカラーの賃金データにかんしては信憑性が落ちるのであまり強い結論は出せないかもしれないが、産業革命の中核にあった製造業の労働者に、ではなかったことは明白であろう。

この事実は、読者にやや意外な感を与えるかもしれない。実際、シドニー・ポラードはこれら二つの階層における職業教育にかんして、「貧しい［ブルーカラーの］子供たちのスクールが、カリキュラムや質の面で低下したのに反し、中産階級や専門職の子供たちのためのスクールとカレッジは改善されて、ますます意識的に産業や商業の将帥を訓練育成する方向へ」向かったと示唆していた(22)。しかし、表7－1と図7－1が示唆していることは、工業化の初期段階における技能労働の市場動向を考えるとき、英国の場合、不安定であった可能性があるのは資本計算や生産管理、仕入・販売やマーケティングを担当した人びとの

表7-1　英国における職業グループ別賃金の推移，1815-1911年

（男子１人あたり年間賃金収入：ポンド）

年	ブルーカラー		ホワイトカラー (3)
	不熟練 (1)	熟　練 (2)	
1815	54.4	69.4	207.3
19	50.8	66.8	232.3
27	53.5	65.2	236.6
35	52.4	63.3	277.3
51	54.8	66.0	250.1
61	55.7	72.0	260.4
71	60.7	83.6	280.3
81	62.0	87.5	286.3
91	73.6	93.1	265.9
1901	83.2	102.4	271.7
11	79.6	106.8	222.2

註1）各職業グループは次の職業からなる．

ブルーカラー　(1) 不熟練：non-farm common labour, messengers and porters, other government low-wage, police and guards, colliers (miners).

(2) 熟　練：shipbuilding trades, engineering trades, building trades, cotton spinners, printing trades.

ホワイトカラー　(3)：government high-wage, clerks, engineers and surveyors.

2）以上の区分は，斎藤修，"The other faces of the industrial revolution"『経済研究』第39巻2号（1988年），183頁の表におけるそれと，ホワイトカラーを除き同一である．そこではホワイトカラーに，clergy, solicitors and barristers, surgeons and doctors, school-masters も含まれていたが，これらが第三次部門の職業であること，またとくに弁護士と医者のデータの信憑性にかんして強い疑念が出されていること（R. V. Jackson, "The structure of pay in nineteenth-century Britain", *Economic history review*, 2nd ser. vol. 11, no. 4, 1987, pp. 561-70 など）を考慮して，本表の計算からは除外した．

資料）J. W. Williamson, *Did British Capitalism Breed Inequality?* (Boston & London, Allen and Unwin, 1985), pp.12, 29 の職業別賃金を雇用者数ウェイトにより加重平均．ウェイトは，ditto, "The structure of pay in Britain, 1710-1911", *Research in Economic History*, vol. 7, ed. P. Useling (Greenwich, Conn., JAI Press, 1982), pp. 31, 33 による．

図7－1　英国における熟練・不熟練間賃金格差，1815-1911年

（不熟練ブルーカラーにたいする倍率）

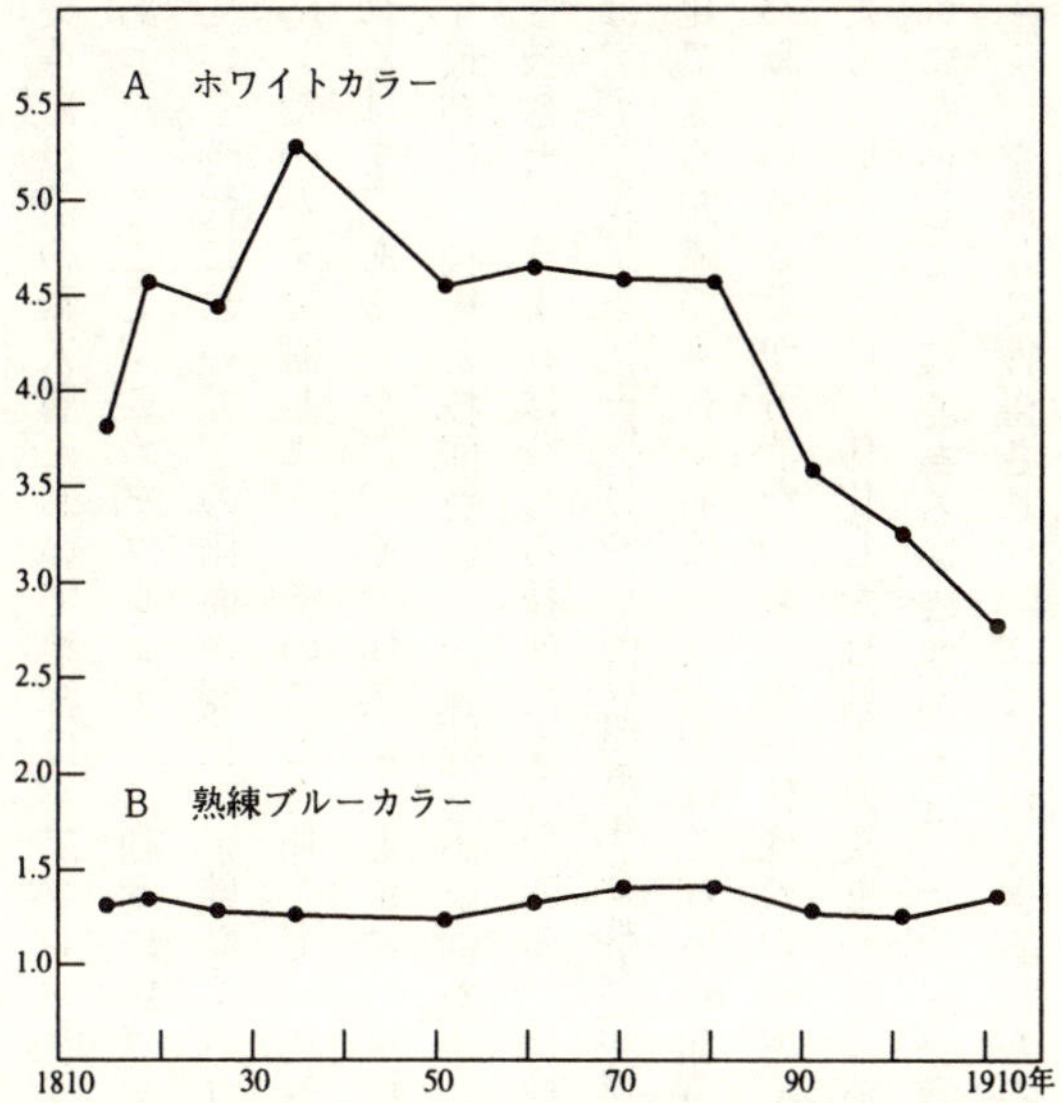

資料）　表7－1．

技能の需給であって、造船、機械器具製造、紡績業や、印刷、建築業の現場を担当した人びとのそれではなかったということであろう。工場においてであれ、職人の仕事場においてであれ、熟練の供給は想像以上に弾力的になされたといわなければならない。これは、たしかに産業革命による熟練の解体という通念とは相反する事実だといってよい。

三　概念の再整理

定義の問題

これまで主として一八―一九世紀の英国を例に技術と労働組織の面から、単純に〈工場制工業化〉という言葉では片づけられない、複雑で多元的な変化の様相をみてきた。そこで示唆されたことの一つは、伝統的な熟練の

解体はそう簡単に進行したわけではなく、そのような伝統的技能を体化していた職人層の存在がその複雑かつ多元的な変化をもたらす一つの要因であったのではないかということであった。

産業革命以前の職人層において熟練は、アプレンティス制度のもとで訓練され、伝達されることが一般的であった。そこで、このアプレンティス制度に焦点をあて、その多面的機能をみるとともに、いま問題としている時代においてどの側面が変化を余儀なくされ、どの機能が消滅し、そしてどの点で変化に柔軟に対応したのかを検討しよう。そのことを通して、比較史的にみた英国産業革命の経験の意味が浮き彫りにされるはずである。ただ、その作業に入る前に、本節では、簡単に諸概念の再整理を行っておきたい。

まず最初に、技術と技能ないしは熟練との区別をする必要がある。本章で問題としているのは、(狭義での)技術というよりはむしろ技能だからである。技術、とりわけ生産技術とは、清川雪彦の定義を援用すれば、「ある特定の生産目的に向け組織化された知識・情報の体系的集合」であり、基本的にはマニュアル化できる知識の集合である。[23] 技術者はそれらの知識がひとに、機械はものに体化した形態といえる。技術移転ということが可能なのも、本や仕様書の形態での移転だけでなく、技術者を招聘したり機械を購入したりというように、体化した技術を直接もってくることが相対的に容易だからである。

これにたいして、技能あるいは熟練とは、「ある職務を遂行する能力(ability)」のことをいい、「実習(practice)を通して獲得され、学ぶことができる」ものである(Oxford English Dictionary の定義)。「能力」は「腕」と訳してもよい。技能は知識そのものではなく、さまざまな事態や状況に対応して目的遂行のために活性化されるポテンシャルな力なのであり、経験を通して身につける以外にはない。その意味では、技術、とりわけ機械や仕様書に体化された技術とは対照的に、「マニュアル化できない」性質をもっている。[24] マニュアル化できる技術的知識の場合、たとえば明治日本におけるように、西欧から直接ワンセットで輸入することができる。しかし、現地の労働者にそれを使いこなす技術が欠けていたり、あるいは機械とともに技術者が派遣されたとしても、その技術者のもつ技能が伝達されないまま彼が帰国してしまうならば、移植された技術体系は結局のところ宝のもちぐされになってしまうであろう。ここに、技術とは区別された技能ないしは熟練のもつ重要性がある。

調達と管理

第二の問題として、このような熟練をどのように調達するかということがある。純粋に経済学的にみれば、それは組織外の労働市場で調達するか内部で養成するかという問題に帰着する。原理的にいえば、たとえ熟練というものが特定化できない能力なのだとしても、そのような能力を他において——たとえば公教育において——身につけた労働者を市場で獲得することは可能である。しかし、熟練をどのようにして養成するかということ自体は通常のマーケットには不向きなことがらといえる。それゆえ企業家ないしは親方にとって、その養成を内部的に行うか否かが重要な意思決定事項となろう。アプレンティス制度、すなわち「丁稚奉公」が——職人にたいしてであれ商人にたいしてであれ——不可欠の社会制度であった理由の一端は、この点にある。また高度に機械化された近代工場においても、ＯＪＴ、すなわち仕事をしながらの訓練（on-the-job training）が広汎に行われているのも、生産現場にはそれによってしか伝えられない種類の技能や知識が存在するからなのである。それゆえ、どこまでを公教育などの非経済組織にまかせ、どこまでを内部的に訓練するかは重要なポイントとなる。

第二に、その点と関連した、しかし別個の問題として、企業家が労働力を直接管理するか、それとも間接管理にとどめるかということがある。熟練形成との関連でいえば、それは、たとえある程度の内部養成を行う場合でも、第一段階の訓練を終えた労働力をどこまでキープするか、熟練に企業独特（firm-specific）な性格を与え、その養成に長い期間をかけ、そこに企業内における昇進の制度を絡めて行うかどうか、という問題となるし、それを生産のサイドからみれば、内製か外注かの問題と無関係ではない。それゆえ、一方では生産の組織者が技能の養成にはまったく関与しない、不熟練の低賃金労働力をなるべく管理のコストをかけずに利用しようとする問屋制家内工業や苦汁制度のような形態から、他方では、現在の日本の工場や徳川時代の商家の奉公人制度においてみられる、ＯＪＴと内部労働市場とを組合わせた形態までの間に、いろいろなバリエーションが存在することになる。

見取図

熟練のレベルと直接管理の強度とを二つの軸として、種々の労働組織の見取図を描くことができる。図7－2がそれを示すが、大雑把にいって、ＯＪＴと内部労働市場によって特徴づけられる労働組織は第Ⅰ象限に、機械と不熟練労働を組合わせた初期工場は第Ⅱ象限に、問屋制家内工業や苦汁制度は第Ⅲ象限に、職人タイプは第Ⅳ象限に位置すると考えられる。ただ、プッティング・アウトを広義に解釈すれば、第Ⅲ

象限をこえて第Ⅳ象限まで入りこんでいるとみることができる。熟練職人としての地位を保ったまま、問屋商人からの注文と前貸に依存した下請職人（out-workers）も広くみられたからである。また、すでにみたように初期の工場は、すべての場合に不熟練労働力を使ったわけではなかった。生産工程の一部を親方職工と彼のグループに一任してしまう、内部請負もまた広汎に存在した。そしてこれもまた第Ⅳ象限のなかに――ただしずっと上方に――位置すると考えられる。一般的にいえば、アプレンティス制度はこの第Ⅳ象限の諸形態に固有のものといえそうである。ただ、わが国の商家奉公人制度にみられるように、それがきわめてタイトな直接管理の形態とも両立しえた点に注意しなければならない。いいかえれば、管理の方式、あるいは労働調達の方式とは独立な、熟練形成の一制度と考えたほうがよいのである。

最後に、この見取図の上で機械化の問題を考えよう。すでにみたように、技能ないしは熟練と機械に体化された意味での技術とは別個の問題として考えるほうがよい。すなわち、図7-2における横軸とは独立の問題と考えるべきである。これにたいして、多くの論者は機械化を、直接管理への移行を促した要因として考えている。この考えによれば、図7-2の縦軸を機械に体化された技術の高度化と置きかえても、各労働組織の位置関係は変わらないということになる。実際、第Ⅳ象限から第Ⅱ象限へという左上方へのラインこそ、工場制工業化に伴う、集中作業場化と熟練の解体という二つの変化を表現するものと考えられてきた。しかしすでにみてきたように、それは必ずしも普遍的に観察されるコースであったわけではない。それどころか、工業化の次の局面においては、第Ⅱ象限あるいは第Ⅳ象限の内部請負から第Ⅰ象限へのシフト、すなわち内部労働市場に依拠した熟練形成という方向への変化が多くの国々でみられるように

図7-2　労働組織の見取図

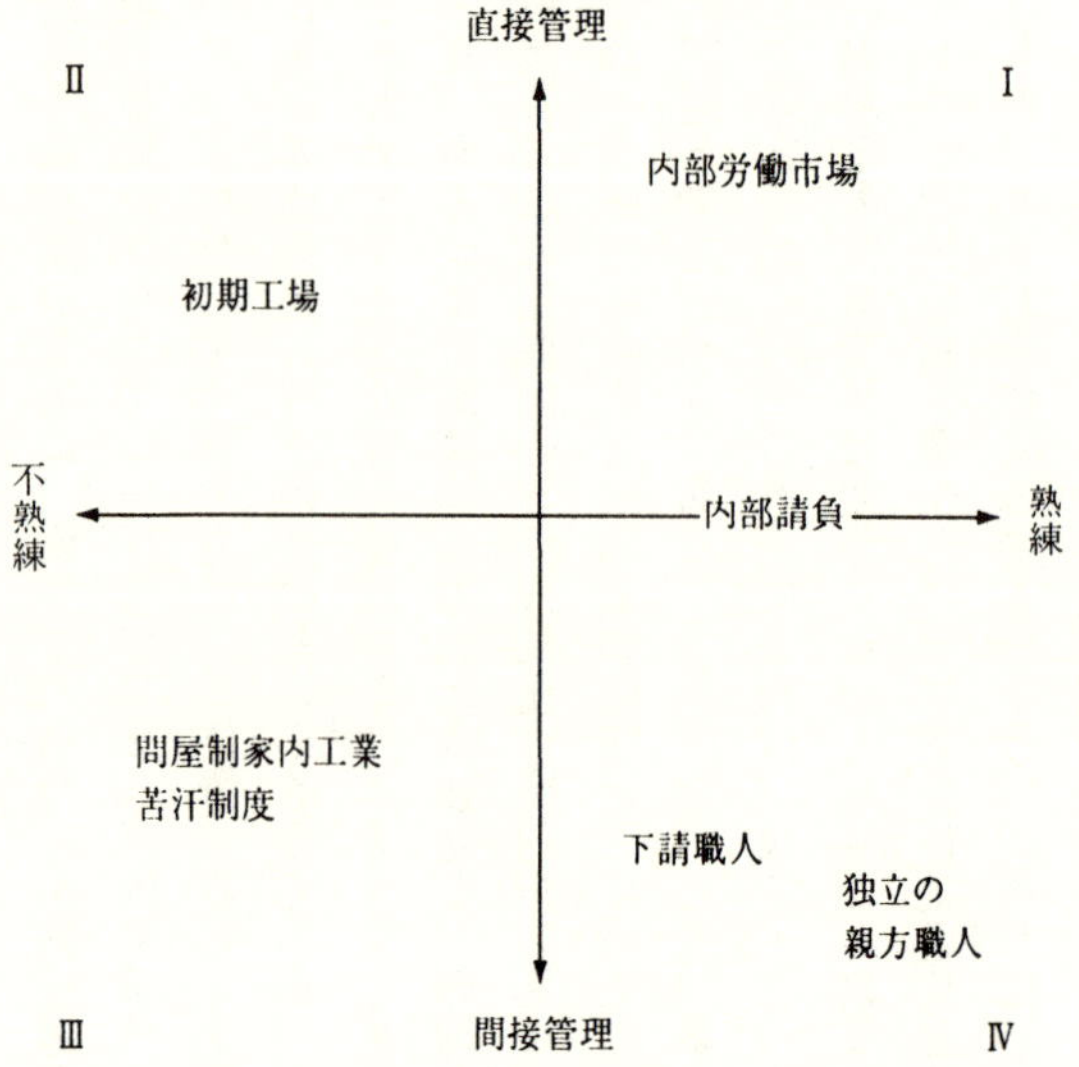

なった。またセイベルとザイトリンが強調するように、導入される技術の性質とタイプによっては、第Ⅳ象限から左上方へ変化してゆくとはかぎらない。伸縮的専門分化という、この図ではうまく描くことのできない発展の途も、たしかにありえないことではなかった。

産業革命とその後の工業化の過程において、各国、各地域のたどった発展のコースは技術と労働組織という面からみても一様ではなかった。そして、そのような違いを生んだ理由の一端は、それ以前の時代における熟練形成のレベルとそのあり方にあったように思われる。そこで節をあらためて、もっとも典型的な、熟練形成・技能訓練のための伝統的制度といえるアプレンティスシップについて若干の考察を加えることにしたい。

四　アプレンティス制度

衰退の軌跡

アプレンティス制度は徒弟制度と訳され、徒弟という言葉から手工業職人にかんする制度と考えられがちであるが、実際は、すでに指摘したように、純粋の商人においても同じようにみられた雇用形態であった。一五六三年の徒弟法（Statute of Artificers）によって定められた七年間を親方（master）のもとに住込んですごし、その修業期間を経て雇職人ないしは遍歴職人（journeyman）となり、運と努力とによって親方になれるというのが、そのコースであった。この制度は、もちろん一五六三年法以前の仲間組合（guild あるいは company）に起源をもち、すでに引用したアンウィンの言葉からも想像されるように、一六、一七世紀はむしろギルドの転換期と考えられていた。彼のこの命題はロンドンのギルドの制度史的研究にもとづいたものであったが、事実、ロジャー・フィンレィの仕事によれば、アプレンティスの総人口にしめる割合は一六〇〇年の一五パーセント前後から一七〇〇年の四―五パーセントへと、大きく低下したと推測される。これはロンドン全体の人口膨張のなかで生じたことであるが、その間、アプレンティス人口は絶対数においても若干減少したのである(25)。

いま、衰退が進行していたと想定されている一七世紀末から産業革命へかけての時期に、アプレンティス人口が雇用労働のなかでどのような位置をしめていたかを、表7－2によってみよう。

近代統計確立以前にあっては人口の職業分布を知ることが難しく、また人びとの職業がわかる例外的なケースでも、通常は世帯主のそれしか書き上げられていないため、さらにまた、英語のサーヴァントという言葉は——日本語の奉公人と同じく、ただしフランス語の場合とは異なって——しばしばアプレンティスや住込みの雇職人をも含んで使われたため、アプレンティス人口を正確に把握することは想像以上に困難である。ここでは、比較的明瞭に奉公人人口（あるいは奉公人雇用世帯）におけるアプレンティスの比重がわかる二つの資料からパーセンテージを計算し、比較している。この表によれば、一七世紀末のロンドンにおけるアプレンティス人口の割合は二四パーセント、一九世紀のロンドンとイングランド全体における住込アプレンティス雇用世帯の割合はそれぞれ一五パーセント、二〇パーセントである。ただこれらのパーセンテージは、分母の総世帯数が実際には世帯を形成していない単身者を含んでいるために過小に計算されているという意見がある。一八五一年についての試算によれば、表中の数値に、家事奉公人をおく世帯の割合で六・一ポイント、業務使用人雇用世帯の割合で〇・八ポイント上乗せすべきだという。[26]もっとも他方では、ロンドンにおいては一七世紀中にアプレンティス人口の減少が始まっていたらしいことを想えば、[27]二つの時点にかんして尺度が異なっていることを考慮にいれたとしても、低下は現実であったといえそうである。

このように表7‐2は、アンウィン以来の通説を支持しているかの如くである。しかし、英国の場合、一六、一七世紀というかなり早い時期からギルドとそのアプレンティス制度が崩れはじめていたと考えると、やや奇妙なことがおきる。たとえば、アプレンティス制度にかんするまとまった論考としていままでも

表7-2　奉公人とアプレンティス：17世紀末から19世紀へ

	〈奉公人〉数 (1)	総人口にしめる(1)の比率 (2)	アプレンティスの(1)にたいする割合 (3)
A　1695年のロンドン	人	%	%
富裕な2教区	298	31.2	26.5
貧しい2教区	430	11.2	21.6
4教区計	728	15.2	23.6
	家事奉公人または業務使用人をおいている世帯数 (1)	総世帯にしめる(1)の比率 (2)	業務使用人をおく世帯の(1)にたいする割合 (3)
B　19世紀サンプル(1851,61年)	戸	%	%
ロンドン4地区	4,590	20.1	15.3
地方24地区	12,166	11.4	21.2
28地区計	16,756	12.9	19.6

註）1）資料Aにおけるservantは，業務に携わる住込の使用人を含む，広い意味で使われているが，ここではアプレンティスなどの業務使用人が家事奉公人から明確に区別されていると思われる4教区を選んだ．しかしそれでも，アプレンティス数はやや過小見積りとなっているかもしれない．資料Bでは，trade assistantがservantとはまったく別のカテゴリーとして扱われている．

2）パネルBの数値は，1851年の14地区と1861年の14地区とをプールして算出した．なお，ここにいう地区とはregistration district内のsub-districtのこと．両サンプルはまったく重ならない．

資料）A：D. V. Glass (ed.), *London inhabitants within the walls, 1695*, London Record Society publications, vol. 2 (1966), pp. xxiv, xxvi, xxxv.

B：1851 Census, British Parliamentary Papers LXXXV, Sess. 1852-53, Population tables, i, pp. c-ci ; 1861 Census, BPP LIII, Sess. 1863, General report, pp. 94-95.

有用な著作のなかで、ジョスリン・ダンロップは「[制度の]崩壊が明確なかたちをとって始まった日付を示すもっともよい年は、おそらく一七二〇年であろう」と述べ、衰退の時期を一世紀も遅く考えている。[28]それだけではない。この時代のアプレンティス制度の法的根拠であった徒弟法が廃止されたのは次の世紀の初め、一八一四年だったが、それも自然崩壊のようなかたちでではなく、企業家を中心とした執拗な反対キャンペーンとアーティザン組合による抵抗とのぶつかりあいの結果だったのである。[29]法的な支柱がなくなった後でも、アーティザンもアプレンティスシップも死語とはならなかった。ヴィクトリア朝の文献にはそれらがしばしば登場するし、草光俊雄の議論によれば、むしろ逆に徒弟法廃止をめぐる攻防がアーティザンという言葉の定着を促したという。[30]さらに二〇世紀初頭、エドワード朝に児童労働が社会問題化し、彼らへの職業訓練が論議されたときには、経済史家R・H・トーニィをも含む多くの論者が、旧来のアプレンティス制度が崩壊しつつあるので……、という論法で議論を展開した。[31]あたかもヴィクトリア朝にはまだエリザベス朝以来の制度がしっかりと機能していたかの如き印象すらうけるのである。一九二五年から二六年にかけてはアプレンティス制度にかんする大がかりな調査が政府によって実施され、[32]青少年の職業訓練は第二次世界大戦後にも社会的論議の対象となった。[33]そのなかで生まれた学問的成果の一つである調査研究において、ケイト・リープマンは労働組合との関連に触れ、現代の組合がアプレンティス制度に関心をよせる理由として、賃金と労働条件、訓練、職業《トレード》への参入規制の三つがあると述べており、そのような組合の態度は「一世紀前のそれと同じ」とさえいっているのである。[34]

強靭さ

このような数世紀にわたる歴史を一瞥しただけで、中世に起源をもつアプレンティス制度は意外に強靭な生命力をもっていたのではないかと思えてくる。いつの時代にも〈消滅しかかっている〉といわれながら、実は強固に生きのびてきたように思われる。実際、トーニィの同時代人であったノーマン・ダールは、「アプレンティスという用語が今日まで現実に生きのびてきた、その大変な持続力に驚かされる」。「しばしば断定的な口調でいわれる「アプレンティス制度は死滅した」ということは、あまりにも皮相的な診断のなせるわざなのであろう」と述べていた(35)。

たとえばチャールズ・モアは、エドワード朝一九〇六年における（見習も含む広義の）アプレンティス数を三九万五七〇〇人と見積もり、一五—一九歳の有業人口にたいする比率を二一パーセントと推計している(36)。もとよりこの数値を表7-2のパーセンテージと比較することはできないが、ダンロップが制度崩壊の日付とした一七二〇年から数えて二世紀近く経過しているにもかかわらず、アプレンティス人口は意外と減少していなかったといえる。

モアもダールも産業における職業訓練のみを問題としているのであるが、彼らは、一九世紀後半から第一次世界大戦までの時期における技能訓練のあり方を三つのタイプにわけて考察する(37)。その第一はレギュラー・サービスで、最初から最後まで一企業内において連続した規則的《レギユラー》雇用のなかで技能を身につける場合をいう。そのほとんどが徒弟制度をとっており、機械器具、造船、印刷、繊維、建築、木工業、さらには刃物製造におけるシェフィールドの'little mesters'などの熟練養成方式は、ほとんどこのタイプであった。第二は移動《マイグレーション》を繰りかえしながら技能を身につけていくタイプで、本来は徒弟期間修了者がさらに腕をみがくことを目的として行うものであったが（improver と呼んだ）、修了年限が短くなった徒弟もこのカテゴリーに属し、後者がむしろ増加する傾向にあった。第三はフォローイング・アップと呼ばれ、作業チームの一員として、あるいは熟練労働者の助手として仕事を覚えてゆく場合である。階梯制と組合わされていることが多く、フリントグラス製造工はそれがさらに徒弟制度と結びついていた事例である。(38) いうまでもなく、第一の形態が伝統的な徒弟制度にもっとも近いが、他の二つの場合であってもけっしてそれと無縁ではなかったことがわかる。

モアはさらに――レギュラー・サービスにかんしてであるが――次のような興味深い事実発見をしている。第一は、この時代における徒弟の修業期間である。一九〇九年の統計とエドワード朝労働者にかんする聞きとり調査と自分史データとにもとづく整理によれば、最頻値《モード》は五年であった。七年をフルに勤めあげた事例も三分の一から四分の一に及んでいた。修業期間の短縮化が認められないわけではないが、徒弟になった場合には大部分が少なくとも五年以上の訓練をうけていたわけである。

第二は、このような徒弟制度がみられた職種のうちかなりの場合に、なんらかの――直接的ではなかったかもしれないが――入職規制が行われていたらしい点である。それを知りうる一つの統計的手がかりは、雇職人と徒弟の比とその変化にある。そのレベルが極端に高い産業では徒弟制度の重要性が高くなく、他方その値が大きく低下する場合は、企業が徒弟をたんに安い労働者として利用し始めたことを示唆する。モアが掲げる二五職種のうち、五対一未満のケースが一九〇九年では二一、一九二五年にかけてレベルの大幅な低下がみられる職種はあまりなく、五割以上のレベル・ダウンをしたケースは三つだけ、印刷業の場合では低下を示す職業が一つもみられなかった(39)。

これとの関係で、第三の興味深い事実発見として、これらの徒弟が教わったのは親方からではなく、雇職人《ジャーニーマン》からだという点がある。すなわち、親方であれ職長であれ、直接の雇用者からではなく、すでに熟練を獲得した仲間と一緒に仕事をすることによって、技能訓練が行われたという点である。それゆえ、これは必ずしもレギュラー・サービスにかぎったことではなく、他の形態においても当てはまるポイントであり、また伝統的な徒弟制の下でもある程度いえることであった。しかし、モアが考察の対象とした多くはすでに工場制へ移行した産業であった。雇職人はたんなる工員に、徒弟はたんなる見習工になってしまっていた。にもかかわらず、伝統的な徒弟制度がもっていた重要な機能の一つ、すなわち仕事をしながらの技能訓練(OJT)ということは、制度としても、また実質においても生き続けていたわけである。

またこの時代には、学校教育による技術者・技能工養成がすでに――といってもドイツに比べれば明らかに遅く、日本と比較しても早いとはいえないのであるが――始まっていた。明治初年に来日、わが国の工部大学校設立に深くかかわったヘンリー・ダイアーは帰国してからも学校教育の重要性を説いたひとであるが、その彼ですら次のように述べていた。すなわち「英国のエンジニアと職工たちはほとんどすべての産業においてヨーロッパ大陸諸国の競争者と伍してきたのであるが、それは、彼らが良き実地訓練を[仕事場や工場において]うけてきたことと、健全な判断力《コモン・センス》をもっていることによる。これら二つは、学校やコレッジで過度に長い時間を費やしたひとにはほとんどの場合みられない素質なのである」と(40)。英国におけるOJT伝統にはまことに根強いものがあったといえよう。

モアはこのような特質をもった徒弟制度を〈ニュー・スタイル〉と呼び、典型的なかたちでそれのみられた産業として造船、機械、建築、印刷などをあげる。それゆえ、二〇世紀初頭においてもなお徒弟制度が残存していた、というのは必ずしも正確な表現ではない。工業化の主導産業における新たな労働と生産の環境に適応してかたちを変えつつ、それは熟練の養成と供給という重要な機能を果たし続けたというべきであろう。すでに第二節において、ブルーカラーにおける熟練・不熟練間賃金格差の動きから、熟練供給は予想以上に弾力的になされたのではなかったかということを示唆しておいた。その熟練ブルーカラーの賃金系列を構成していた五つの産業（表7－1の註1を参照）のうち、綿紡績を除く他の四つがすべて、このニュー・スタイルの徒弟制度が有効に機能していた産業であったということも、それゆえ、格別驚くにあたらないのである。

何が変わったのか

それでは、アプレンティス制度の衰退ということは事実無根なのであろうか。おそらくそのようなことはないであろう。とすれば、真に変わったものは何か、これが問われなければならない。

まず第一に、クロノロジィを確定しておく必要がある。前項でみた一九世紀の場合と同じように、一八世紀にかんしても戦後の研究は「衰退の世紀」というイメージを覆しつつあるようである。

すでにみたようにロンドンでは、一七世紀後半にアプレンティス制度の弛緩が起こった。そして、アンウィンに代表されるような古典的な時代区分も、このロンドンにおける変容のクロノロジィに多くを依存していた。しかしキース・スネルは、ロンドンの事例がどこまで一般化できるか疑問だと考える。彼が依拠するのは、主としてイングランド南部の、一七〇〇年から一八四〇年にわたる職人徒弟六八二例の奉公期間にかんする時系列データである。それによれば、一八世紀中頃まではサンプルから計算される平均奉公期間は六年半であって、ほぼ法令の規定どおりの制度運用がみられた。その後一七七〇年代に向かって若干の期間短縮がみられ、一七八〇年以降に急激な変化が生じたという。彼のサンプルは主に地方都市の、職人層にかんするものであって、ロンドンのギルドや、呉服商《ドレイパー》や絹物商《マーサー》といった問屋的な商人をまったく含まない。すなわちロンドン以外の都市では、そして多くの職人的職業においては、アプレンティス制度の衰退ははるかに遅く一八世紀末、産業革命と時を同じくして起こったことだったのである。また、スネルも引用するマイクル・ウォーカーの未発表論文も、オクスフォードなど六つの地方都市におけるアプレンティス数やギルド成員許可人数の推移を検討することによって、ギルドはいわれるように一本道の衰退の途をたどったわけではなく、時代の変化にある程度弾力的に対応できた組織だったのではないかと示唆している(41)。

それゆえ、前項での観察と合わせて考えれば、アプレンティス制度の変化にかんする時期区分は次のようになろう。まず一八世紀後半までは、かなり強固に、ロンドンを除く他の地方においてほぼ無傷のまま、機能していた。しかし世紀末からの経済的激変のなかで、伝統的形態でのアプレンティス制度は不熟練労働の増加とともに脅かされ、その動揺の象徴的な出来事として一八一四年の徒弟法廃止がくる。にもかかわらず、工業化が軌道にのり、経済が安定成長の局面に入ると、基幹産業のうち機械、造船、あるいは印刷などにおいてそれは新たな形態に再編され、再び熟練養成の制度として産業経済のなかに組込まれたのである。いいかえれば、E・P・トムスンが mill-wright についてみたクロノロジィは、アプレンティス制度一般にも当てはまるものといえよう。[42] もっとも個々の産業をとってみれば、制度動揺の時期も程度も、そして不連続性の程度もさまざまであった。mill-wright の中身は水車大工から機械据付工へと変わり、造船では熟練労働力の担い手が船大工からボイラー製造工へと変化したが、植字工の場合にはそのような不連続性はみられなかった。しかし、個々の産業をとりまく諸条件の相違にもかかわらず、いずれの場合も同じような動揺―再編のパターンを示しているという事実は重要である。

伝統的アプレンティスは、すでにみたように、住込奉公人 (indentured servant) の一タイプと見なされていた。それゆえそのかぎりでは、この制度は、教師と弟子という面をもったマスター・サーヴァントという社会関係の一表現であり、また同時に家父長制的人間関係の一つの環でもあった。[43] しかし他方で、他の世帯成員とは異なり、彼らが労働市場を通して雇いいれられ、年季があければ再び労働市場へ戻っていったという点では、紛うかたなくそれは純経済的な雇用関係であった。さらにいえば、この雇用関係がはだかのまま社会のなかに存在することは少なく、ギルドという、経済組織でもあれば社会的・儀礼的団体でもある小宇宙のなかに埋込まれていたということも、伝統的アプレンティス制度の特質の一つであった。すでにみたように、現代の労働組合もまたアプレンティス制度にかんして労働条件の保持・技能訓練・入職制限という点で発言権をもっているのであるが、これは――そしてそれらと密接に関連した営業の規制と独占も――伝統的ギルドがもっていた主要な経済的機能なのであった。

真の変化

このように考えると、一九世紀以降のアプレンティス制度が一八世紀以前のそれとどこにおいて異なっていたのかが、明瞭となる。すなわち、アプレンティス制度は純粋に職業訓練の一制度となり、それとの関連で入職制限の努力はたえずみられたのであるが、他の社会諸関係としての側面は消滅したということなのである。まず、技能訓練の方法という面にかんしては明らかに連続性がみられた。その本質は、ＯＪＴによるところの熟練形成ということであり、それは技術体系の変化、すなわち機械化の進行によっても変わらなかったといってよい。むしろ、その変化によって生じた新たな熟練の発生と、それらの新しい熟練への需要増加にたいして弾力的に対応できたという意味で、伝統的なアプレンティスシップは柔軟な制度であったといってよいかもしれない。他方、変化した面についていえば、年季奉公契約の消滅と住込制の衰退がその変化の核心にあった。実際、今世紀初めにダールは、もはや年季奉公契約にもとづく雇用者か否かという区別は重要ではなく、一定期間連続したかたちでの技能習得か、すなわちすでにみたレギュラー・サービスか、移動による技能習得かという区分けのほうがより重要となってきたと断言していた(44)。

住込制の衰退は一八世紀からすでに始まっていた。それは「戸外徒弟」(outdoor apprentice)と呼ばれたアプレンティスの増加となって現われたが、それは直接、工場雇用の増加と結びついていたわけではなく、むしろ伝統的な親方職人の職場で生じたことであった。シェフィールドの刃物製造工は今日、そのようなタイプの数少ない生き残りであるが、彼らの産業でも非住込の徒弟制度は一七世紀末からすでにみることができ、一八世紀にはもう一般的となっていたという(45)。その意味では、住込の業務使用人の比率でもってアプレンティス制度の残存状況を知ろうとしても、けっして正確な把握はできないということになる。表7－2のパネルBに示されたパーセンテージは、分子の数字も過小評価になっているのである。他方、戸外徒弟の一般化とともに、古き社会関係・人間関係の絆も、またギルドの強制力も徐々に消えさっていった。もちろん、この動きに伴って、アプレンティスを低賃金の児童労働として利用しようという傾向もみられた。それは奉公期間の短縮化という現象とともに生ずることが少なからずあったと思われるが、その延長上には、アプレンティスと呼ばれるものの実際は下請の苦汁労働者にすぎないというような傾向が生じたのである。二〇世紀初頭における児童労働問題論議にさいしてのトーニィらの危惧も、この限りでは根拠のないことではなかった。

最後に、衰退という意味での変化にかんしては、もう一点付け加えておかなくてはならない。これまでみてきたのは製造業の技術訓練であって、商業、サービス業、さらにはホワイトカラー一般におけるアプレンティス制度については触れることがなかった。実際、伝統的な奉公人という言葉には、職人の徒弟と商人の丁稚だけではなく、住込の事務員も含まれていたのである。それは、表7－2のパネルAの原資料にあたってみると、'clerke'とか'bookekeeper'と特記された住込使用人が見出されることからもわかる(46)。事情は、一九世紀になっても基本的には変わらなかった。パネルBの地方サンプルを構成する地区のなかでもっとも業務使用人が多かったところの一つ、ハダスフィールドのセンサス個票をみると、靴職人や仕立工の徒弟のほか、亜麻織物商《リネン・ドレイパー》や紅茶取扱商の手代《アプレンティス》および店員《アシスタント》も書き上げられており、後者のなかには明らかに事務職が含まれていたと思われるからである。(47)

しかし歴史的趨勢は、これらのホワイトカラー職種のアプレンティス制度にかんするかぎり、衰退はかなり早くから始まり、技能訓練制度としての重要性すら稀薄となるという方向を示していたようである。すでに言及した、地方都市ギルドにかんするマイクル・ウォーカーの論文は、呉服商《ドレイパー》や絹物商といった問屋商人の場合には、製造業職人に先がけて一七〇〇年頃にはすでに衰退を開始していたと示唆している。(48)アンウィンらが観察対象としていたロンドンのギルドにはこのようなタイプの大商人が多かったわけであるから、そこでは地方全体と比較してかなり早い時期に衰退局面が始まったということも、整合的に理解できる。表7-2のパネルBは住込の業務使用人だけを問題としているのであるが、それをみてもロンドンの比率のほうが地方サンプルのそれより低くでており、商人層を中心としたホワイトカラー職種におけるアプレンティス制度崩壊がかなりの程度進んでいたことを窺わせる。非住込も含めたアプレンティス人口全体のなかにおける流通・海運業の比重としては一九二五年の数字があるが、その値はわずか一三パーセント、ヴィクトリア朝以降におけるアプレンティスの大部分は工業徒弟であったといってよい。(49)逆にいえば、ホワイトカラーにおいては、技能訓練の方法としての側面すら意味をもたなくなってきたといってよい。この分野においては、文字どおりの意味における伝統的制度の崩壊が観察されるのである。

ふたたび第二節で引用したポラードの言明に戻っていえば、OJTにかんしてブルーカラーとホワイトカラーの間でみられた、それゆえまた図7-1においてみられた対照は、ポラードがいうところの対照とは正反対であったのである。もっとも、ポラードのそれはもっぱらスクールによる教育のみを問題としていたと考えれば、OJTによる技能訓練が本項でみたような推移をたどったがゆえに、学校教育の場では一見正反対と思われるような現象がみられたというべきかもしれない。

五　比較史的考察

英国と日本

これまでの観察を要約しよう。英国において、ブルーカラーの熟練形成の方式としてのアプレンティス制度は強靭な生命力をもっており、産業革命とその後の工業化にたいしても柔軟な適応力を示した。他方、あたかも常識のごとくいわれてきたアプレンティス制度の衰退ということが、実質においてもクロノロジィにおいても、当てはまるのはホワイトカラーにかんしてであった。生産の現場において徒弟制度が生き残ったということは、しかし、ギルドないしは類似の組織による労働市場の統制が生き続けたということを意味しない。一八世紀からの傾向は、むしろ、それとは逆の方向にあり、とりわけ修業期間を終了した雇職人《ジャーニーマン》の労働市場は自由かつ異動性に富んだものとなった。徒弟制度の強靭さ、職人的伝統との連続性ということはOJTによる熟練養成を意味しているが、英国の場合、それが内部労働市場への志向と結びついて現われるということは、かなり後の段階になるまでみられなかった。それゆえ、OJTで獲得された技能がその企業特有の性格をもつことはなかったといってよい。そのようなＯＪＴと自由な労働市場への依存ということが組合わされていたところに、英国の歴史的経験の独自性がある。

この点をより広い比較史の脈絡のなかで理解するために、いま日本のパターンをみてみよう。筆者が他の箇所で示唆しておいたことであるが、わが国の場合、職人的伝統はけっして強くなく、幕末・明治初期には技能訓練の方式としての徒弟制度は満足に機能しなくなっていた。これにたいして商家の丁稚と手代においては、逆に、奉公人制度という個々の経営に独特の性格をもったかたちを維持したままアプレンティス制度的技能訓練への依存度が高まった。しかもそれは、内部労働市場化の動きを伴って進行し、徳川時代の商家の伝統と明治以降の近代企業ホワイトカラーとの間に連続性をもたせる因子となった。それゆえ、英国と日本とは、外部の自由な労働市場か内部労働市場かという対比、またブルーカラーとホワイトカラーという対比において、対極的な位置にあったといえよう。

より広いパースペクティヴ

もちろん、この結論は過度に単純化されたものであり、若干の限定ないしは注釈が必要である。まず第一に、両国とも、右の図式でもってすべてを割り切ることは不可能である。少なくとも、それを一つの歴史的発展の図式と考えてしまうと、かつての産業革命論と同じ轍を踏むことになる。むしろ歴史の各局面において生産者と企業者はつねに複数の選択肢に直面していたと考えたほうがよく、産業革命期の英国についていえば、クライヴ・ビィハグがバーミンガムについていうように、小生産者の間でもビジネス・ライクな個人主義的対応と同業者団体的対応（その中心には徒弟制度による熟練の維持ということがあった）との違いがありえたし、前者にかんしても、技術（すなわち機械化）にウェイトのかかった選択肢もあったし、労働面での合理化、すなわち可能なかぎり労働コストを切りつめようとするような選択肢もあったであろう。わが国の農村工業にあっても――筆者が阿部武司との共同研究によって明らかにしたように――類似の選択がみられた(50)。すなわち、右でみた図式は、あくまでもこれらの選択の結果、事後的に観察される歴史的パターンの特質のうち一つの重要と思われる側面を切りとったにすぎないのである。しかし、西欧の職人ギルドがカヴァーする範囲はわが国の場合と比べて非常に広かったこと、製造業の職人だけではなく、石炭運搬夫や馭者などの運送・サービス関連の職種にまで及んでいたこと、そしてそのような職種においてもそれほど早期に徒弟制度が弱体化したわけではなかったことを考えると、アプレンティス制度の強固さが、都市労働市場における雑業者化にたいしてある程度の歯どめとして機能していたことが想定される。産業革命以前の西欧において――プロト工業化論がいうように――プロレタリア化が農村部で起こったのも、この点と無関係ではない。他方、そのプロト工業化論の図式に合わない農村工業地域のなかに、職人的農村工業のところが見出せるのも、けっして偶然ではないであろう。逆にいえば、わが国の職人ギルドにおける伝統の弱さと、その早い時期における衰退とは、江戸市中でみられたようなドラスティックな雑業者化を生ぜしめた一つの要因であったかもしれない。また明治以降かえってプッティング・アウトが農村地域で拡大したということも、わが国における職人的伝統の弱さと無関係ではなかったのかもしれない。他方、それゆえに、学校教育による技術・技能訓練の早期的制度化が必要であったのであり、また、明治末から近代企業部門で起こった直接的労務管理への急速な移行も可能となったのであろう(51)。

第二の但書は、英国と日本を文字どおり対極と考える必要はないという点である。いま英国とドイツという対比を考えると、かなり異なった様相が浮かび上ってくる。ドイツの場合、職人における徒弟制度はたんに技能訓練としての面だけではなく、その後の雇職人—親方と続く階梯制的な雇用構造も根強く残存した。それゆえ、雇職人のレベルでの労働市場をみるとき、プロト工業化期から産業革命にかけての英国とドイツでは相当に異なっていたはずである(52)。他方、日本の経験も、西欧諸国とではなく現代の発展途上諸国と対比させた場合には、西欧との相違以上に強烈なコントラストが浮び上ってくる。日本の場合、職人的技能の伝統の弱さと先進技術輸入の必要とが一九二〇年代以降にいわゆる二重構造を生みだしたが、わが国のそれが「連続した二重構造」であったとすれば、第三世界で現在みられる格差現象は「断絶した二重構造」といえるであろう(53)。

以上、複雑な歴史のパッチワーク・パターンのなかから、従来比較的に軽視されてきた二、三のパターンに焦点をあてて、若干の新しい解釈を試みようとしてきた。そのことによって、かえって多くの問題——たとえば話を英国にかぎっても、なぜ大商人のアプレンティス制度のほうが早く衰退したのか、機械工業などにおいて職工の徒弟制的熟練形成方式はなぜ再編・復活したのか、等々——が生ずることになるが、それら一つひとつに答えることは現在の段階ではできない。本章は、新たな比較研究への一つの方向を示したにとどまる。

註

（1）小池和男・猪木武徳編『人材形成の国際比較――東南アジアと日本』（東洋経済新報社、一九八七年）、四三頁。また、尾高煌之助編『アジアの熟練――開発と人材育成』（アジア経済出版会、一九八九年）をも参照。

（2）N. F. R. Crafts *British Economic Growth during the Industrial Revolution* (Oxford: Oxford U. P., 1985) などを参照。

（3）P・マサイアス、小松芳喬監訳『最初の工業国家――イギリス経済史、一七〇〇―一九一四年』新版、（新版原著、一九八三年、日本評論社、一九八八年）、二八一―九六頁。

（4）R. Samuel, "The workshop of the world: steam power and hand technology in mid-Victorian Britain", *History Workshop*, no. 3 (1977), p. 18. 南亮進『動力革命と技術進歩――戦前期製造業の分析』（東洋経済新報社、一九七六年）、付表3、マサイアス、前掲訳書（註3）、二八三頁より計算。

（5）Samuel, *op. cit.* (in n. 4 above), quotation from p.58. アーティザンの重要性にかんしては、E. P. Thompson, *The Making of the English Working Class* (London: Gollancz, 1963), ch. viii; I. J. Prothero, *Artisans and Politics in Early Nineteenth-century London: John Gast and his times* (Folkstone, Kent: Dawson, 1979), pp.28 ff. をも参照。

（6）M. Berg, *The Age of Manufactures: Industry, innovation and work in Britain, 1700–1820* (Oxford: Blackwell, 1985), part ii, quotation from p.229. 本書については、筆者の "The other faces of the industrial revolution: a review essay"『経済研究』第三九巻二号（一九八八年）、一八〇―八一頁をみよ。

（7）G. I. H. Lloyd, *The Cutlery Trades: An historical essay in the economics of small-scale production* (London: Longmans, 1913), pp. 365–87, 425–30. なお本書は、シェフィールドの伝統的な刃物製造にかんする研究として今でも有用である。ただシェフィールドは、重工業の成長によって発展した産業革命の町でもあった。S. Pollard, *A History of Labour in Sheffield, 1850–1939* (Liverpool: Liverpool U. P., 1959) をみよ。

(8) G・アンウィン、樋口徹訳『ギルドの解体過程――一六―一七世紀の産業組織』（原著一九〇四年、岩波書店、一九八〇年）、一一頁。

(9) 斎藤修『プロト工業化の時代――西欧と日本の比較史』（日本評論社、一九八五年、岩波現代文庫、二〇一三年）、第二章。

(10) S・A・マーグリン「ボスたちは何をしているか――資本主義的生産におけるヒエラルキーの起源と機能」、青木昌彦編『ラディカル・エコノミクス』（中央公論社、一九七三年）、九一―一七八頁。彼の議論にたいする歴史家の論評としては、D. S. Landes, "What do bosses really do?", *Journal of Economic History*, vol. 46 (1986), pp. 585-623 をみよ。

(11) Berg, *op. cit.* (in n. 6 above), pp. 83-84.

(12) たとえば、S. Pollard, "Labour in Great Britain", in *The Cambridge Economic History of Europe*, Vol. 7: *The Industrial Economies: Capital, labour, and enterprise*, part i, ed. P. Mathias & M. M. Postan (Cambridge: Cambridge U. P., 1978), section iii; Berg, *of. Cit.* (in n. 6 above), p.146 et passim.などを参照。

(13) C. Sabel & J. Zeitlin, "Historical alternatives to mass production: Politics, markets, and technology in nineteenth-century industrialization", *Past and Present*, no. 108 (1985), pp. 133-76. 斎藤修「中小企業再評価の新しい視座」『エコノミクス・トゥデイ』第六号、（一九八七年）、一八〇―八一頁をも参照。

(14) 岩波現代文庫版『プロト工業化の時代』（前掲、註9）、二七九頁。

(15) R・ベンディクス、大東英祐・鈴木良隆訳『産業における労働と権限――工業化過程における経営管理のイデオロギー』（原著一九五六年、東洋経済新報社、一九八〇年）、第四章。およびS・ポラード、山下幸夫ほか訳『現代企業管理の起源――イギリスにおける産業革命の研究』（原著一九六五年、千倉書房、一九八二年）、第四章。L・ハンナ、湯沢威・後藤伸訳『大企業経済の興隆』（原著一九七六年、東洋経済新報社、一九八七年）、八七頁。C. R. Littler, *The Development of the Labour Process in Capitalist Societies: A comparative study of the transformation of work organization in Britain, Japan and the USA* (London: Heinemann, 1982), passim.

(16) 米川伸一「明治期大紡績企業の職員層」『社会経済史学』第五一巻四号（一九八五年）、四二一―五四頁。斎藤修

『江戸と大阪――近代日本の都市起源』(NTT出版、二〇〇二年)、第三章。

(17) R. Harrison & J. Zeitin, eds., *Division of Labour: Skilled workers and technological change in nineteenth-century England* (Brighton: Harvester Press, 1985), chs. v, vi.

(18) 尾高煌之助「内部請負と内部労働市場――労働過程変革の歴史理論」『経済研究』第三九巻一号(一九八八年)、八一―九〇頁。日本については、同『労働市場分析――二重構造の日本的展開』(岩波書店、一九八四年)、一九五頁以下、およびW・M・フルイン「経済管理のかわりに――日本の内部請負と近代的労使関係」、速水融・斎藤修・杉山伸也編『徳川社会からの展望――発展・構造・国際関係』(同文舘、一九八九年)、第五章を参照。

(19) 中岡哲郎『工場の哲学――組織と人間』(平凡社、一九七一年)、七八頁、および Thompson, *op. cit.* (in n. 5 above), ch. viii.

(20) T・S・アシュトン、杉山忠平・松村高夫訳『イギリス産業革命と労働者の状態』(原論文一九四九年、未来社、一九七二年)、三九三頁。

(21) J. G. Williamson, *Did British Capitalism Breed Inequality?* (Boston & London: Allen and Unwin, 1985). 筆者の書評論文(前掲、註6)、一八一―八四頁も参照。

(22) ポラード、前掲訳書(註15)、二三二頁。

(23) 清川雪彦「日本の技術発展――その特質と含意」、南亮進・清川雪彦編『日本の工業化と技術発展』(東洋経済新報社、一九八七年)、三九三頁。

(24) 小池・猪木、前掲書(註1)、四七―五六頁。尾高煌之助「工業化過程における職人の役割」、南・清川編、前掲書(註23)、第十一章をも参照。

(25) 斎藤『江戸と大阪』(前掲・註16)、一七七頁の表6-1をみよ。ただ、この推計には批判がある(L. Schwartz, "London apprentices in the seventeenth century: some problems", *Local Population Studies*, no. 38, 1987, pp.18-22)。それによれば、ロンドン全体ではなくザ・シティだけをとってみると、アプレンティス比率の低下はそれほどドラスティックではなくなるという。もしこの批判が正しければ、ロンドンの事情も、後にみる地方都市の商人ギルドの場合とそれほど大きくは異なっていなかったということになるかもしれない。

(26) W. A. Armstrong, 'A note on the household structure of mid-nineteenth-century York in comparative perspective', in P. Laslett and R. Wall, eds., *Household and Family in Past Time* (Cambridge: Cambridge University Press, 1972), pp. 212-13.

(27) なお、ザ・シティの外ではあるが、一六五四―九三年の聖ジャイルズ教区については埋葬記録から職業がわかり、'servant'（おそらく徒弟が主であったと思われる）の有業人口に対する割合が計算できる。それによれば、男子の場合は一三・五パーセントであった。仮に男子全体の有業率を九〇パーセントとすると、この教区の総人口にしめるアプレンティスの比率は一二パーセントと計算できる。すなわち、表中の、一七世紀末における「貧しい二教区」の水準とほぼ同じである。アプレンティスの減少は、拡大するロンドン人口のなかで、このような貧しい教区のウェイトが高まることによっても生じたのであろう。聖ジャイルズ教区の値は、T. R. Forbes, 'Weaver and cordwainer: occupations in the Parish of St. Giles without Cripplegate, London, in 1654-1693 and 1729-1743', *Guildhall Studies in London History*, vol. 4 (1980), p. 126より算出。

(28) O. J. Dunlop, *English Apprenticeship and Child Labour. A history* (London: T. Fisher Unwin, 1912), p. 224.

(29) Prothero, *op. cit.* (in n. 5 above), ch. iii.

(30) T. Kusamitsu, "British industrialization and design, 1830-51; with special reference to printing and figure-weaving in the Lancashire and West Riding textile industries", unpublished ph. D. dissertation, University of Sheffield (1983), pp. 36-43. なお、J. Rule, "The property of skill in the period of manufacture", in *The Historical Meanings of Work*, ed. P. Joyce (Cambridge: Cambridge U. P., 1987), p. 105をも参照。

(31) たとえば、R. A. Bray, "The apprenticeship question", *Economic Journal*, 19 (1909), pp. 404-15; R. H. Tawney, "The economics of boy labour", *ibid.*, pp. 517-37. ただ、トーニィらの危惧していたことは年少労働者の失業とその casual labour 化であって、そのかぎりにおいてそれはリアルな問題であった。

(32) *Report of an Enquiry into Apprenticeship and Training in 1925-6*, 7 vols. (London: HMSO, 1927-28).

(33) その際、比較の対象となったのはヨーロッパ大陸諸国の制度であった。たとえば、G. Williams, *Apprenticeship in Europe: The lesson for Britain* (London: Chapman and Hall, 1963).

(34) K. Liepmann, *Apprenticeship: An enquiry into its adequacy under modern conditions* (London: Routledge and K. Paul, 1960), pp. 147, 153 ff.

(35) N. B. Dearle, *Industrial Training with Special Reference to the Conditions Prevailing in London* (London: P. S. Kings, 1914), p. 3.

(36) C. More, *Skill and the English Working Class, 1870–1914* (London: Croom Helm, 1980), Table 5. 13, p.103.

(37) 以下、Dearle, *op. cit.* (in n. 35 above), および More, op. cit. (in n. 36 above) による。このほか、ピッキング・アップという第四の形態を区別しうるが、これは、以下の三形態のうち後二者で昇格が組込まれていないケースである。多くの場合、半熟練的労働であった。

(38) T. Matsumura, *The Labour Aristocracy Revisited: The Victorian flint glass makers, 1850–80* (Manchester: Manchester U. P., 1983), chs. ii, iii.

(39) ただし印刷業においても、もっと長期的にみれば雇職人・徒弟比率の低下は生じていた。産業革命とそれに続く時代に、一度、旧制度の動揺があったからである。坂巻清『イギリス・ギルド崩壊史の研究——都市史の底流』（有斐閣、一九八七年）、三七九—八〇頁、および Harrison & Zeitlin *op. cit.* (in n. 17 above), pp. 187–98.

(40) H. Dyer, *The Evolution of Industry* (London: Macmillan, 1895), p.191.彼は、学校における学理教育と実地訓練とを組合せた「サンドイッチ・コース」を理想と考えていた。

(41) K. D. M. Snell, *Annals of the Labouring Poor: Social change and agrarian England, 1660–1900* (Cambridge: Cambridge U. P., 1985), ch. v: M. J. Walker, "The gulid control of trades in England, c. 1660–1820", paper circulated at the 1981 Economic History Society conference, photocopy in the ESRC Cambridge Group library.

(42) Thompson, *op. cit.* (in n. 5 above), p. 246; Harrison & Zeitlin, *op. cit.* (in n. 17 above), chs. v, vi.

(43) 法的には、しかし、第二次世界大戦後にいたるまでマスター・サーヴァントの関係として扱われていた。この側面にかんしては、森建資『雇用関係の生成』（木鐸社、一九八八年）を参照。

(44) Dearle, *op. cit.* (in n. 35 above), pp. 19–20.

(45) Dunlop, *op. cit.* (in n. 28 above), pp. 196–97, 232.

(46) London Guildhall Library MSS (photocopies in the ESRC Cambridge Group library). なお P. Earle, "Age and accumulation in the London business community, 1665-1720" は、この時期の企業者の大部分はアプレンティスシップを経てその職業へ入り、事業を起こすにいたったということを見出している。N. MaCkendrick & R. B. Outhwaite, eds., *Business Life and Public Policy: Essays in honour of D. C. Coleman* (Cambridge: Cambridge U. P., 1986), pp. 47-48.

(47) Public Record Office MSS (RG9-3261/68).

(48) Walker, *op. cit.* (in n. 41 above).

(49) More, *op. cit.* (in n. 36 above), Table 5. 13, line 6, p. 103.

(50) C. Behagg, "Custom, class and change: the trade societies of Birmingham", *Social History*, 4 (1979), pp. 455-480: *ditto*, "Masters and manufacturers: social values and the smaller unit of production in Birmingham, 1800-50", in *Shopkeepers and Master Artisans in Nineteenth-century Europe*, ed. G. Crossich & H. G. Haupt (London: Methuen, 1984), pp.137-154. 斎藤修・阿部武司「賃機から力織機工場へ――明治後期における綿織物業の場合」。南・清川編、前掲書（註23）、第四章、および、T. Abé & O. Saito, "From putting-out to the factory: a cotton-weaving district in late-Meiji Japan", *Textile History*, 19 (1988), pp. 143-58. なお産地（industrial district）の内部構造にかんしては、西欧と日本の間で重要な相違点も存在した。それらは、斎藤と阿部の英文論文の初めに素描されている。

(51) 斎藤修『プロト工業化の時代』前掲書（註9）および『江戸と大阪』前掲書（註16）の当該箇所を参照。なお、明治以降の日本の工場と英国の工場との比較は、次の文献でもなされている。R・P・ドーア、山之内靖・永易浩一訳『イギリスの工場・日本の工場――労使関係の比較社会学』（筑摩書房、一九八七年）、第Ⅲ部。

(52) 高木健次郎『ドイツの職人』（中央公論社、一九七七年）、田中洋子『ドイツ企業社会の形成と変容――クルップ社における労働・生活・統治』（ミネルヴァ書房、二〇〇一年）、一一八―二八頁、川越修『ベルリン王都の近代――初期工業化・一八四八年革命』（ミネルヴァ書房、一九八八年）、五八頁以下。また、「古き手工業」における職人の世界については、藤田幸一郎『手工業の名誉と遍歴職人――近代ドイツの職人世界』（未来社、一九九四年）も参照。靴職人を例にとった興味深い比較史研究に、J. Ehmer, "Master's household and journeyman's family: the units of artisan

outworker production in central Europe and England in the mid-19th century", paper presented to the ESRC workshop on proto-industrial communities, University of Essex (1986)がある。もっとも比較の対象をアメリカにとると、英独の差が英米の懸隔よりもずっと小さくみえてくるであろう。スティーヴ・ブロードベリは一八五〇年以降の労働生産性からみたマクロの経済実績を三国間で比較し、英国の相対的地位の長期的低下といわれているのは英米間にみられる現象であって、ドイツとの相対的関係は全体として安定していたことを見出し、その一つの大きな要因として英独の製造業における豊富な熟練労働力の存在をあげている。S. N. Broadberry, *The Productivity Race: British manufacturing in international perspective, 1850–1990* (Cambridge: Cambridge University Press, 1997) を参照。

(53) 尾高、前掲論文（註18）、九〇頁。

八　家族の労働時間と生活時間

——日本は特殊か

はじめに

一九八〇年代後半ロナルド・ドーアは、日本の企業システムに適切な比較労使関係論的評価を下した自著の日本語版序文にこう書いた。

経済効率性は勿論大切である。生産性を上げるに越したことはない。しかし、私だったら日本の企業の従業員にはなりたいとは思わない。第一、年に二二〇〇時間の労働を会社に捧げるのは御免こうむる。自分の私生活、家族生活、レジャー生活に対して労働生活を日本と同じ程度優先させなければならないとすればこれはいやだ。(1)

ここには、生活時間を犠牲にして〈会社の時間〉を優先させている日本人の働き方にたいする、ヨーロッパ人の率直なコメントが表明されている。本章では、このような現代日本における「労働生活」と「私生活、家族生活、レジャー生活」のあり方に、明治以降の日本における〈農民の時間〉から〈会社の時

間〉へという歴史的変容の過程がどのようにかかわっていたのかをみてみたい。(2)

一　問題

たしかに、ドーアがこう書いた当時の事業所統計によれば、わが国の製造業労働者の年間労働時間はそのくらいの長さだった。ただ、その統計にはいわゆる「サービス残業」は含まれていない。そして、サービス残業はブルーカラーよりホワイトカラーでいっそう深刻だということを、いま私たちは知っている。その後に長期不況があり、労働市場をとりまく環境が大きく変わったので話しは少し複雑となったが、しかし、私たちの生活が豊かとなっても労働時間はいっこうに減らないという事実は、依然として変わっていない。(3)

しかもこれは、主として男性の労働時間の話である。いまでは、共稼世帯の一般化によって女性の労働時間にも注意が向けられるようになっている。女性がフルタイムで働くようになって、共稼家族の所得水準は向上したはずである。しかし、彼らは増えた収入で何を買ったのであろうか。余暇を買うだろうというのが経済学の教えるところである。けれども統計書や実態調査結果は、余暇時間はあいかわらず短いことを示している。たしかに、かつてのイエのなかの女性と現代の女性とでは働き方が大きく変わった。しかし、家族の場において時間行動をめぐる男女間関係は変わったのであろうか。変わったとしても、いったいどの程度の変化だったのであろうか。

経済学の概念枠組では、ひとの生活時間は労働と広義の余暇とに区分される。この広義の余暇時間には睡眠などの生理的生活時間も含まれるが、真の余暇とは自由時間で、社会的・文化的生活時間として分類されているのがそれにあたるだろう。経済学では、ひとの所得水準が向上すれば余暇への需要が増加すると想定されている。したがって、過去一世紀かそれ以上の期間をとれば、その間に実現した経済成長の果実としての生活水準上昇は、余暇時間の増加となって現われたはずである。しかし、欧米でも日本でも現実はそうなっていないようだ。これはどう考えたらよいのであろうか。

それに、明治以降における工業化の過程を振り返ってみて、日本の労働者たちはいったい労働時間をどうみてきたのだろうか。戦前日本における労使紛争や労働運動の機関紙をみてみると、「時間に関する問題は、昇進や昇給におけるえこひいき、あるいはホワイトカラーとブルーカラーの間の不公平な差別がわかった場合に比べると、労働者の強い憤りを引き起こすことはなかった」という、トマス・スミスの指摘をどう考えたらよいのであろうか(4)。

それゆえ、筆者の問題意識は次のようなものである。その第一は、労働時間は「自然に」減るものなのだろうかという問いである。これはすべての地域の労働・生活《ワークライフ》史にとって根源的な問いかけである。そして、欧米においても労働時間は「自然に」減ったわけではないというエヴィデンスが存在する一方で、それがすぐれて日本の問題であることはドーアの発言からも明らかであろう。第二節では、近代日本の経験を振り返ることによって、労働時間は経済の発展とともに必ずしも順調に縮小してきたわけではないこと、とくに産業の外からの時間規制が決定的に重要であったことをみる。

しかし、労働時間短縮が順調でなかった理由の一端には〈会社の時間〉という、日本に独特の（あるいは独特と思われている）時間観念もある。この〈会社の時間〉の歴史的淵源は徳川時代の商家に遡ることができる。第三節ではその商家における時間管理の実態を一瞥する。

第四節では、仕事の時間と生活の時間との関係を歴史的に考えるために〈農民の時間〉に目を向け、第五節で、昭和戦前期のデータによって、小売業世帯も加えた自営業家計の時間配分様式を現代家族の労働-生活パターンと比較考察する。そして最後の節で、若干のまとめとスペキュレーションを述べて本章の結びとする。

二 労働時間の変容

労働時間がこの一世紀間にどのように変化したかを正確に跡づけることは、予想以上に難しい作業である。戦前と戦後では、労働時間統計の制度も精度も異なるからである。ここでは表8-1のようなかたちで変化をみてみたい(5)。

戦前の両大戦間期は、一九二三年から三九年の日本銀行『労働統計』による民間工場労働者の「実際就業時間」（一日あたりに実際の月間就業日数を乗じた時間数）による。カバリッジは完全ではないが、政府統計に比べれば産業の労働時間の動向をよく反映していると評価されているデータである。戦後は労働省/厚生労働省の『毎月勤労統計調査』の値を利用する。事業所規模三〇人以上の製造業にかぎったのは、そのほうがより長い系列をカバーできることと、戦前系列との不連続性が少ないからである。ただし、この「毎勤」統計における「実労働時間」が事業所調査によるものであることには注意を要する。それが、よく知られているように、労働者自身が記入した世帯票にもとづく調査（たとえば『労働力調査』）の結果と少なからず異なるからである。いいかえれば、「毎勤」による労働時間にはサービス残業が含まれていない。具体例をあげれば、水野谷武史が一九九三年について推計した男性の「不払」残業時間は年間二七〇時間、月間では二二・五時間である。英、米、ドイツ、カナダと比較して三倍から三〇倍の長さである[6]。もっとも、この二二、三時間という推計値を表8－1の戦後の値に上乗せしても、戦前と戦後の比較を覆すわけではない。実際、戦前の値にもサービス残業が含まれていなかったと思われるので、その意味では比較可能な作表となっているといえるかもしれない。

そのような限界があることを念頭に表8－1をみよう。労働時間の中長期的な変化をみるうえで気をつけなければならないのは、景気循環に対応した増減の幅がかなり大きいという事実である。そのために、この表では年次の後に循環変動の峰《ピーク》と谷《トラフ》を明示してある。戦前の場合、ピーク年次である一九二四年と一九三八年を比較すると横ばいかわずかな短縮がみられ、戦後のピーク年次比較（一九六〇年と一九八四年）およびトラフ年次比較（一九七五年と一九九九年）でも減少が観察される。とくに前者の、高度成長始期からバブル期までの四半世紀期間における時間短縮は二七時間と顕著である。さらに戦前から戦後へはもっと大幅な水準低下があった。しかし、これらの観察事実は本当に歴史の趨勢を表現しているのであろうか。

表8－1　月間労働時間の戦前－戦後比較

年次	戦前 民間工場労働者の「実際就業時間」（日銀統計）	年次	戦後 事業所規模30人以上製造業常用労働者の「実労働時間」（毎勤統計）
1923	271	1950	196
1924（峰）	273	1960（峰）	207
1931（谷）	248	1975（谷）	168
1938（峰）	270	1984（峰）	180
1939	269	1999（谷）	162
		2004	168

註）いずれも事業所調査である．労働者自身が記入した調査票にもとづく調査ではないので，いわゆる「サービス残業」は含まれていない．

資料）日本労働運動史料委員会編『日本労働運動史料』第10巻，日本労働運動史料委員会，1959年，230頁（原資料は日本銀行『労働統計』），労働省／厚生労働省『毎月勤労統計調査』各年版．

最初に戦後をみよう。高度成長の始期に上昇がみられたが、一九六〇年からは景気による変動を伴いながらも減少傾向が続いている。その要因を本格的に分析することは筆者の能力を超えるが、一九六二年の国際機関ＩＬＯ時短勧告以降、日本産業の国際的競争力が高まるなかで、政府が国際的な眼を強く意識し始め、国民の休日を増やしたりしたことの影響が小さくないのではないかと思っている。

戦前－戦後の水準差は戦後改革の一環としての八時間制の確立によることは明らかであるので、次に両大戦間の時代に眼を転じよう。ここには産業集計上の問題がある。繊維という、労働力が圧倒的に女子で労働時間が減少していた産業と、機械や食品という、男子が支配的で労働時間が傾向的に増加していた産業とを合算した結果が上記の統計なのである。そして、繊維産業の右下りの傾向線は、一二時間労働を定めた一九一一年工場法の一五年間猶予事項が期限切れとなって、条項どおりの就業時間となったことや、ＩＬＯからの圧力をうけて婦人および年少者の深夜業を禁止することとなった結果であって、産業の外からの規制を反映したものであった。逆にいえば、大方の産業では労働時間が長くなるのが一般的趨勢であった。そして、これは『日銀統計』よりも長い期間をカバーする長崎造船所のデータ系列によっても確認できることである。(7) 戦間期は労働時間が増加傾向にあったのであり、その趨勢を逆転したのが戦後改革の一環としての労働基準法施行であった。

表８－１のような統計のかたちで示すことはできないが、この趨勢はさらに前の時代から続いていたと推測される。徳川時代には国民の祝日にあたるものはなく、農村社会における労働時間は、ムラの定める「遊び日」によってコントロールされていた。休日の多くは、鎮守の祭のようにムラをあげての余暇の日であったからである。それゆえ、年間休日数はムラによって変わりえたし、また社会経済的変化に対応して、それを増やしたり減らしたりしたのもムラであった。この徳川農村にかんする研究や、明治大正期の村是を渉猟した結果によれば、農村社会における所得水準がゆっくりと上昇するにつれて余暇への潜在的需要は高まったと推測できるエヴィデンスがある一方で、明治の前半期には、農業や養蚕業における労働集約度の上昇に応じてムラ自らの意思で休日を減らすところも存在した。

明治以降における労働時間の歴史において決定的な役割を果したプレーヤーは国家であった。明治の初めは、政府も労働時間を長くする勢力に加わった。明治政府が国家の休日を制度化した理由の一つは、「農村の休日は多くて困る」（内務官僚の発言）ということだったのである。しかし他方で、国家は労働時間の直接的規制にも乗り出すこととなった。それも、労働組合勢力が「八時間問題にあまり注意を払わなかった」にもかかわらず、である。(8)政府による工場法の制定は難産であったが、それによる労働時間抑制効果は小さくなかった。このように、表8-1にみられる労働時間の低下傾向の背景には、人びとの余暇需要の強弱に加えて、産業家・経営者の意向、労働界の態度、コミュニティ内における世代対立、政府のアンビヴァレントな態度、そしてILOに代表される国際機関や国際世論からの圧力が複雑に絡みあっていた。いいかえれば、近代日本の経済発展の過程において人びとの潜在的な余暇需要が本当に実現するかどうかは、さまざまなレベルにおける社会・政治的な力関係に依存するところが大きかったのである。

それゆえ、労働時間は生活水準の向上によって「自然に」減ったわけではなかった。ムラ、産業、国家それぞれのレベルで増加させる方向と減少させる方向とが拮抗していて、両者の力関係でその時々の趨勢が決まっていたと考えるのが実態に近いであろう。

三　商家の時間

以上の概観は、一つは農民の、もう一つは暗黙のうちにではあったが工場労働者の労働時間にかんするものであった。しかし、現代の日本において労働時間の長さが問題なのは男子のホワイトカラーについてである。とくに深刻なのは統計に表われない「サービス残業」であろうが、その問題は管理職や販売・サービス職などでとくに顕著である。とすれば、この問題の歴史的淵源は何なのであろうか。筆者の考えは、それは徳川時代の商家の奉公人制度、大店《おおだな》の時間規律にみられるというものである。商家の雇用制度はかたちを変えて、子飼制と内部昇進制を柱とする日本型雇用制度となった。もっともブルーカラー労働者を対象とした制度の確立は新しく、両大戦間から戦後にかけてのことであるが、ホワイトカラーにかんするかぎり、徳川から現代まで制度上の連続性がみられるからである。(9)

商家の奉公人は、イエの時間規律の下にあった未成年者が他の（実態は会社組織にかなり近かった）商家世帯に移籍したところの存在である。彼らは自らの世帯をもたない、住込の身分であったがゆえに、そこではイエの場合より直截に組織の論理が働いていた。それは丁稚の期間で終了したのではなく、最長で三〇代半ばまでの長さとなった手代の期間においても同様であった。このような制度の下では、奉公人は四六時中管理されていたといっても過言ではない。実際、明治初年生れの女流劇作家長谷川時雨は、その生活を「お店《たな》ものの奴隷生活」と呼び、呉服問屋大丸の江戸店について次のような回想を記している。

> 震災の幾年か前……裏の方から妓楼の窓を見たことがある。そこにも金網が張ってあった。娼妓の逃亡を怖れてだといったが、それより幾年前、帝都の中央の日本橋に、しかも区内のめぬきで中心点である土地ゆえ、日本国の中心といってもよい場処の大呉服店に、そうした窓が、しかも一丁の半分以上をしめて金網が張りわたされていたという事実がある。それはあたしも子供心に知っていた。盗品をおそれるのだといったが、それならば台所の窓にまでしなくってもよいはずである。外からの盗人を怖れたのではない。(10)

長谷川の「娼妓」や「奴隷」という対比が妥当かどうかは別として、厳しい時間管理は他の大店でもみられたことであった。

同じ呉服問屋白木屋の江戸店には徳川時代の掟書が残っていて、支配役から丁稚にいたるまで事細かに内規と注意事項が定められていたことがわかる。時間管理にかんする事項をみると、外出は公用・私用とも「役所」に断って出かけること、「六ツ時」までには帰店することといった仕事に直接関係する事柄に加えて、在所のものが江戸にやってきた場合でも、こちらから出向いて逢いにゆくことは見合わせることとか、昼の内の読書禁止、稽古事禁止、正月以外の碁・将棋、謡の禁止といった生活時間の過し方にたいする縛りもあったことがわかる。この掟に反したときにはどのような処罰がなされたのであろうか。明治になってからの記録であるが、興味深い事例が報告されている。奉公人知兵衛は南伝馬町まで店の用事で出かけたところ、帰りがけに国元のものに出会い、話しこんでしまったため帰店が「掃除後」になった。その結果、若干の紆余曲折はあったようだが、知兵衛には「休日券」没収、三〇日間の「禁足」が申し渡されたという。奉公人一人にたいして「休日券」何枚が与えられていたのかはわからないようであるが、企業内の時間規律に違反したものは有給休暇を取り上げられたと考えるとわかりやすい話である。(11)

工業化と時間観念の変容にかんしては、工場の成立がいかに決定的であったかをあざやかに描きだしたE・P・トムソンの古典的図式がある。(12)しかし日本では、トマス・スミスが論じたように、時間規律そのものは工場に入って初めて学ばざるをえなかったものではなく、徳川時代以来、農民のあいだですでに浸透していた。日本の場合に特徴的なことは、働くものが「時間は無条件に個人に属するものではない」という観念をもっていたことである。この観念は「今日まで生き残っているばかりではなく、日本の企業における時間の中心的要素なのである[13]」。トムソンと同じくスミスも、工場の時間への移行を農民の時間から説き起こそうとしたのであったが、彼の「日本の工場における時間観念」と題する節におけるエヴィデンスの多くは、工場の実例よりはホワイトカラーの例――高橋是清の自伝から、一九二〇年代の新聞漫画、さらには戦後の銀行における参与観察まで――からとられている。それらは現代における〈会社の時間〉とまったく変わらず、それゆえ、上でみてきたような徳川時代の〈商家の時間〉こそが〈会社の時間〉の直接的淵源というべきであろう。

四　農民の時間

しかし、日本の場合、時間規律が〈農民の時間〉の産物であったというスミスのもう一つの主張は正しい。それはムラの時間規制力の根底にはイエの論理があったこと、時間管理、時間規律という観念は、ムラの規制によって初めて可能となったのではなく、イエのなかで培われたものだったことを意味する。圃場の土壌や水利条件、栽培する作物とその耕作時期の違いから生みだされる多様な作業の数々を前提とした日程調整の必要、さらには農業と副業とのあいだの人手のやりくりの必要とは、農家に時間規律を教えたというのである[14]。世帯あたりの平均従事者数が三人程度であった状況のもとでは、その「調整」「やりくり」とは事実上イエ内におけるジェンダー間の時間配分の問題であった。

徳川時代における農家の時間配分の詳細を詳らかにすることは、残念ながらできない。時代を下るが大正から昭和になれば、男女の農業労働時間配分にどのような関係があったかを調査データによって分析することができる。それによれば、夫と妻の労働時間のあいだには強い相関があった。しかも、妻の時間配分行動は夫よりも弾力的であった。斎藤萬吉調査と農家経済調査の分析結果によれば、両者のあいだには非常に高い相関が観察され、かつ妻の労働時間の弾力性値は一・五〜一・八の大きさだったからである。すなわち、家族農業は夫婦協業であり、かつ家業の労働需要の変動には妻が弾力的に対応していたことがわかる。(15)

妻の時間配分が弾力的であったということは、家事や他の生活時間もまた弾力的に変化したということである。それゆえ、ジェンダー間の時間配分とは、仕事と生活時間のあいだの均衡をいかにとるかの問題でもあった。いいかえれば、農民の時間について検討することは、現代の仕事《ワーク》‐生活《ライフ》バランスにも少なからぬ含意を有するのである。

五　生活時間の戦前‐戦後

ただ残念ながら、徳川から明治の農家について時間配分の詳細がわかる資料は存在しない。しかも、農家以外の職業世帯と併せて検討しようとすれば、一九四一―四二年の日本放送協会（ＮＨＫ）『国民生活時間調査』まで降りてくる以外にない。もっとも、農家の生活様式は基本的には明治期とそれほど変わっていなかったと思われるので、現代のパターンと大括りな比較をするという目的には十分であろう。

表8－2は、そのNHK調査にもとづき、戦前における平日の労働・家事・余暇時間パターンを自営業世帯（小売業、農家）と賃金・俸給生活者世帯（俸給生活者、工場労務者）についてまとめた。次に、表8－3は総務庁統計局の一九九一年度『社会生活基本調査報告』から同様の時間統計を示している。ただ、自営業世帯から勤労者世帯へという歴史的位相の変化を考慮して、世帯の類型は共稼夫婦世帯と専業主婦世帯（夫有業、妻無業）の比較となっている(16)。

戦前のパターンからみよう。労働時間にかんして目立つのは、俸給生活者と工場労務者の差である。程度の違いはあるが、自営業部門内の小売業と農家のあいだにも同様の差が男女双方にみられる。一般に前者は後者よりも高所得であろうから、これは所得が世帯の中核的稼得者の労働時間供給にたいする効果が負であったことを反映していると読める。それと同時に、自分で労働時間を決めることができる小売業世帯と農家の労働時間のほうが、就業時間が自由に選べない勤労者のそれよりも短くない点にも注意したい。働くもの個人のではなく、イエの意思が働いていたことを示唆するからである。

余暇時間に目を転ずると、夫および妻の余暇時間にたいする所得効果は正であったことがわかる。勤労と自営の各部門内で平均所得が高いと想定される職業世帯のほうが長いからである。女性の場合には部門間の違いも観察される。自らの意思で生活時間を決められるはずの自営業世帯では短いのである。

ただ、絶対レベルとしては、女性の余暇時間は相当に少ないというべきであろう。それは家事時間の重要性を含意しており、実際、表8－2からはそのことをみてとることができる。すなわち、妻が働くこと

表 8-2　戦前における労働・家事・余暇時間

（男女 31-45 歳，職業階層別，1941/42 年 NHK 調査）

職業世帯	男子一人あたり（時間／日）	女子一人あたり（時間／日）
A　労働（従業）時間		
俸給生活者	7.5	0.1
工場労務者	10.0	0.6
小売業	9.4	5.1
農業	10.1	7.7
B　家事時間		
俸給生活者	0.4	10.4
工場労務者	0.2	10.4
小売業	0.2	6.7
農業	0.3	5.5
A＋B　全労働時間		
俸給生活者	7.9	10.5
工場労務者	10.2	11.0
小売業	9.6	11.8
農業	10.4	13.2
C　余暇時間		
俸給生活者	3.0	2.5
工場労務者	1.8	1.4
小売業	2.0	1.2
農業	1.7	0.5

註）調査日は特別な行事等のない平日に行われ，上記の数値はいずれも四季平均．余暇時間は，「教養」「趣味」「娯楽」「運動」「交際」の計である．

資料）NHK『国民生活時間調査』日本放送協会，1942-43 年刊，各巻，および斎藤修『賃金と労働と生活水準――日本経済史における 18-20 世紀』岩波書店，1998 年，177 頁．

が当然とされる自営業世帯では家事時間が仕事の時間と拮抗していたが、専業主婦が支配的な世帯ではもっとも多くの時間が配分されたのが家事であった。とくに注目されるのは、専業主婦の家事時間が自営業の主婦の場合を大幅に上回っていた点である。その結果、労働と家事を合計した全労働時間は、すべての職業世帯において妻のほうが長かったのであるが、これをどう解釈するかは意見が分かれるところであ

表8－3　戦後における労働・家事・余暇時間

（男女15歳以上有配偶者，共稼・専業主婦世帯別，1991年）

有業世帯タイプ	夫（時間／日）	妻（時間／日）
A．労働時間		
夫有業，妻無業	8.37	0.08
共稼	8.55	5.80
B．家事時間		
夫有業，妻無業	0.12	6.60
共稼	0.25	3.52
A＋B．全労働時間		
夫有業，妻無業	8.48	6.68
共稼	8.80	9.32
C．余暇時間		
夫有業，妻無業	2.65	3.77
共稼	2.73	2.20

註）平日の，すべての世帯類型込みの集計結果．労働時間には通勤時間を含まず，家事時間は「家事」「育児」の計，余暇時間は「テレビ・ラジオ・新聞・雑誌」「趣味・娯楽」「スポーツ」「交際・付き合い」の計である．

出所）総務庁統計局『社会生活基本調査報告』1991年版．

る。「女性によって引き受けられたいわゆる主婦役割は、量的にはなお過重なものであった」[17]と解釈することもできるが、農家や他の自営業世帯では、仕事の時間によって家事が犠牲にされていたとみることも可能だからである。筆者は後者の妥当性を棄却できないと考えるが、それはイエにとって家業のウェイトが大きく、しかも家業は男女協業であったからである。農家についてみたように、妻の農業労働への時間配分が弾力的になされたということは、家事への時間配分がしばしば切り詰められていたことを意味している。

戦後はどうか。全体として、労働時間も家事時間も戦前と比べて大幅に減少したと予想されるであろう。たしかに家事時間は大幅に縮小した。戦前の五～六割の水準である。男性の労働時間も、戦前の勤労世帯の典型を工場労働者と考えれば、一〇時間労働から八時間強の労働へと減少したことが明らかである。しかし、戦前の俸給生活者との比較は異なった様相を示す。戦前期にはサラリーマンの数が少なく、また労働力におけるその位置づけも異なっていたので厳密な比較は難しいが、工場労働者の場合とは逆に、戦後の労働時間のほうが長くなり、他方で家事への寄与はさらに少なくなったのである。

女性の場合、労働時間の戦後水準が長いのか短いのかは、絶対水準としても、また戦前の自営業との比較としても、容易に判断がつかない。表8-3からは直接わからないが、高度成長時のデータにもとづいて既婚女性の労働・家事・余暇時間を計量分析した樋口美雄の優れた研究によると、夫の所得が妻の労働時間に与える効果は負、家事時間にたいしては正である。しかし同時に、女性にたいして提示された賃金の効果は、それぞれ正と負になる。すなわち、既婚女性の賃金稼得の可能性が高まれば、家事を切りつめても就労するであろうことがわかる。それゆえ、経済成長の過程で女性の労働時間が長くなるか短くなるかは、先験的にいうことができないのである[18]。他方、女性の家事時間は明瞭に減り、それには世帯外で生じた変化の影響が大きかった。子どもの数が減ったことに加えて、電化製品の普及、保育所、幼稚園の普及といった「家事の市場化」が「主婦のままで就労すること」を可能にした[19]。樋口の論文も、耐久消費財の購入が、余暇時間をわずかながら増やす効果をもった一方で、家事時間を縮小させ、主婦の就労時間を増加させたということを見出している[20]。ただ、この主婦の家事時間の縮小には夫からの協力はなかった、ということは付記しておくべきであろう。最近のパネルデータを用いたミクロ計量分析によれば、男女の賃金、年齢、学歴、家族構成をすべてコントロールすれば、調査期間の一九九三—九七年間に夫による家事労働の代替はわずかに進んでいたことがわかるが、他方では、学歴が高くなればなるほど、また年齢が上がれば上がるほど、その代替が起きにくくなるという因果連関も明らかにされている[21]。戦後半世紀の過程において、家事労働のジェンダー間代替が起きていたとは考えにくいのである。

余暇のパターンに目を転じよう。女性の場合にはかなりの増加をみた。前述の樋口の計量分析結果は、余暇時間への所得効果も家事時間と同様に正であるが、女性の賃金上昇の効果は負であること、しかも効果の大きさはいずれも家事時間の場合よりも大であることを示している[22]。すなわち、女性の余暇時間増加には、共稼の増加によるブレーキがかかっていたことを示唆する。他方で、男性の余暇が増えたかどうかは明瞭でない。夫の余暇時間は妻が就労しているか否かとあまり関係なく、その長さは戦前の自営業主と比較すれば増加が明らかであるが、俸給生活者との比較ではむしろ減少してしまっているからである。

それゆえ、戦後の半世紀間、夫の労働時間が減少する気配がなく、また夫の余暇時間も増えないなかで、専業主婦世帯においては、妻の全労働時間が夫のそれを下回るという関係が実現した。

しかし、徐々に共稼が一般的となると、妻のほうが夫の全労働時間よりも明瞭に長いという伝統的なパターンに戻ってしまうこととなった。一九九一年の共稼夫婦の場合、夫の全労働時間八・八時間にたいして妻は九・三時間だったからである。もちろん、妻の従業時間も家事時間も自らの就業形態――常勤かパートタイムか――に大きく依存する。パートタイム就業の妻はより多くの時間を家事に振り向けられるからである。ただ、水野谷が東京世田谷における二〇〇〇年の生活時間調査を使って明らかにしたところによれば、夫の実際の就業時間もまた妻の時間配分に影響を与えているという。その結果、妻の全労働時間が夫のそれよりも長くなるのは、妻が常勤の場合は夫の従業時間が一日一二時間未満で、パートの場合は夫の従業時間が一〇時間未満に出現するパターンとなる。ただ、妻がパートの夫婦においても、夫の従業時間が一二時間を超えると妻の家事時間は増える。いいかえれば、夫がモーレツ社員だと、妻の家事時間は自分の就業形態を問わず増加する傾向がある。(23) これは、やはり伝統的な労働・生活パターンの現われといってよいであろう。

六 結語

以上の歴史的スケッチから明らかなことは、労働時間は経済発展とともに「自然に」減ったわけではなかったということであろう。それも、ムラ、産業、国家の次元だけではなく、個人とイエまで降りてみても、それぞれのレベルで背反する力が働いていたことがわかる。それぞれの時期における両者の力の拮抗の結果が積み重ねられ、そこからその社会に独特の時間観念が生まれる——現代の労働‐生活時間問題の根源には歴史の影が色濃く認められるといってよいであろう。

徳川日本においては、〈農民の時間〉と〈商家の時間〉という二つの観念があった。支配的であったのは前者で、後者はごく一部の人口集団がもっていたにすぎない。しかも、明治になって新たに工場制度が登場し、商家の時間の比重はさらに低下した。けれども、一九二〇年代以降、大企業は商家の雇用制度を換骨奪胎した制度を採用し、そこへブルーカラーをも包摂した。それとともに、〈農民の時間〉と〈商家の時間〉は自営業の時間と〈会社の時間〉に変容し、敗戦後、日本型雇用制度が定着すると、〈会社の時間〉が支配的となった。「効率的に非効率的なことをする」と揶揄された日本企業のあり方、より正確にいえば、山本勲と黒田祥子によって「残業の糊代」を確保しておくと表現された企業の体質が現代人の労働時間を強く規定するようになったのである。(24)

変容したのは労働だけではない。余暇のあり方も大きく変貌した。所得水準が向上したにもかかわらず余暇への需要が強くなかったのは、余暇の内容も変わってしまったからではないであろうか。明治以降となると、休日とコミュニティをあげての行事との結びつきが徐々に薄まっていったことは疑いえない。他方で、個々の家庭にとって余暇とは、貨幣をもって購入するものという側面が強まった。余暇は消費支出の一項目となり、消費のための現金収入を確保するために労働供給を増加させるという行動様式が、ようやく大正期あたりを境に登場することとなった。

類似の指摘を家事についてもすることができる。最近では家事の市場化が食事にも及び、子育てや教育関連の時間もまた市場化の方向へ動いている。一九七〇年以降のデータであるが、女性の行為者平均では、炊事時間は減っている一方で、子どもの世話に費やされた時間は漸増しているのである。(25)「子どもの世話」には、子どもの稽古事、予備校への送り迎えなどが含まれるであろう。そして、そのための費用に充てるためにパート就労をする、あるいはその時間を増やすことになり、「主婦のままで就労する」というかたちでの共稼家族世帯の生活時間パターンが強化されている可能性がある。

この新たなパターンは、仕事が夫婦協業ではないという意味で、かつての〈農民の時間〉とは異なっている。しかし、どこか過去からの連続性を感じさせるパターンではある。そもそも〈会社の時間〉は男だけの時間観念である。生活時間には別の時間配分ルールが必要なはずである。現代の共稼家族世帯の生活時間パターンを規定しているのは何なのであろうか。そこにも〈会社の時間〉が影を落としているのではないであろうか(26)。

註

(1) ロナルド・ドーア、山之内靖・永易浩一訳『イギリスの工場・日本の工場―労使関係の比較社会学』(原書一九七三年、筑摩書房、一九八七年)、x頁。

(2) もう一つ、武士の働き方が明治以降どうなったかという問題がある。武士の勤務時間は極端に短かったからである。この点は、斎藤修「武士と手代――徳川日本の「正社員」」『日本労働協会雑誌』第五五二号(二〇〇六年七月)、六〇―六六頁を参照。

(3) ロナルド・ドーア、石塚雅彦訳『働くということ―グローバル化と労働の新しい意味』(原書二〇〇四年、中公新書、二〇〇五年)。ドーアは本書で、「二〇世紀の終わりになると、われわれは週五時間程度だけ働くようになっているはずだ」というケインズの予言が見事に外れることとなった労働の現在を、市場のグローバル化、政府や企業の姿勢の変化と絡めて検討している。

(4) トマス・スミス、大島真理夫訳『日本社会史における伝統と創造――工業化の内在的要因、一七五〇―一九二〇年』増補版(原書一九八八年、ミネルヴァ書房、二〇〇二年)、二三二頁。

(5) 以下、斎藤修『賃金と労働と生活水準――日本経済史における一八―二〇世紀』(岩波書店、一九九八年)、一六五―一八〇頁による。

(6) 水野谷武志『雇用労働者の労働時間と生活時間――国際比較統計とジェンダーの視点から』(御茶の水書房、二〇〇五年)、第四章。

（7）尾高煌之助編『旧三菱重工の労働統計——明治一七年—昭和三八年』（一橋大学経済研究所統計係、一九七八年）、同『労働市場分析——二重構造の日本的展開』（岩波書店、一九八四年）。

（8）スミス、前掲書（註4）、一三二頁。

（9）斎藤修『江戸と大阪——近代日本の都市起源』（NTT出版、二〇〇二年）。日本型雇用制度と呼ばれる慣行が正確にいつ成立したかについては、菅山真次『「就社」社会の誕生——ホワイトカラーからブルーカラーへ』（名古屋大学出版会、二〇一一年）が新たな問題提起をしている。同書によれば、ブルーカラーの内部労働市場は両大戦間においても、戦後の一九五〇年時点でも確立しておらず、それ以降、とくに五〇年代における職安の需給調節と指導の力が大きかったという。ただ、技術系ホワイトカラーを中心に、卒業時に学校から直接雇入れようという企業の志向は第一次世界大戦以前からすでにあり、他方、ブルーカラーでも若年者の採用とOJTによる育成がみられなかったわけではないが、それは熟練工というよりはプロセスワーカーに多かったという。研究の今後の進展が俟たれるところである。

（10）長谷川時雨『旧聞日本橋』（初版一九三五年、岩波文庫版、一九八三年）、八二頁。

（11）林玲子『江戸店犯科帳』（吉川弘文館、一九八二年）、七四—七九頁、同『江戸店の明け暮れ』（吉川弘文館、二〇〇三年）、一七四頁。

（12）E.P. Thompson, 'Time, work-discipline and industrial capitalism,' *Past and Present*, no. 38（1967）, pp. 56-97.

（13）スミス、前掲書（註4）、一三三頁。

（14）スミス、前掲書（註4）、一二五—一二五頁。

（15）斎藤修「農業発展と女性労働——日本の歴史的経験」『経済研究』第四二巻一号（一九九一年）、三一—四一頁。

（16）もっとも『社会生活基本調査報告』は、自営業と勤労者別の作表をしていない。ただ実際は、ここでの共稼世帯と専業主婦世帯の大部分が勤労者世帯である。戦後の比較年次として一九九一年を採用したのは、一九九〇年代不況の影響がまだ及んでいない時点の状況をみたかったからである。表8-1の労働時間にみる景気循環との関連でいえば、戦前の一九四一／四二年が峰に近い年次であるのにたいして、戦後の一九九一年は峰から谷への中間点となっているので、現代の水準はやや低目に出ている可能性がある。

（17）中川清「家族生活の変動と二一世紀の家族」『国立女性教育会館研究紀要』第五号（二〇〇一年）、八頁。

(18) 樋口美雄「家計の労働供給と消費構造」『三田商学研究』第二一巻五号(一九七八年)、一四—三七頁。家計の労働時間・家事時間・余暇時間は同時決定なので、通常の最小自乗法ではバイアスのない計測ができない。そこでこの論文では、まずパラメタの初期値が推計され、次に最適化プログラムによる推定を行って各弾力性値が求められている。

(19) 瀬地山角『東アジアの家父長制——ジェンダーの比較社会学』(勁草書房、一九九六年)、一八六頁。

(20) 樋口、前掲論文(註18)。

(21) 本田重美「現代の家族と生活時間配分」、樋口美雄・岩田正美編『パネルデータからみた現代女性』(東洋経済新報社、一九九九年)、六七—九四頁。

(22) 樋口、前掲論文(註18)。

(23) 水野谷、前掲書(註6)、二五八頁。

(24) 山本勲・黒田祥子『労働時間の経済分析——超高齢化社会の働き方を展望する』(日本経済新聞出版社、二〇一四年)の第七章を参照。

(25) 天野寛子「生活時間からみる家庭生活一〇〇年——圧迫される家族共有時間」、日本生活学会編『家庭生活一〇〇年』生活学第二七冊(ドメス出版、二〇〇三年)、一一八—一一九頁。

(26) 高齢化が進むなかで働き方の再検討は重要な課題となる。その点でも、山本・黒田、前掲書(註24)が参考となろう。

九　女性の時間配分行動

——英国・スウェーデン・日本

はじめに

現在、わが国では男女共同参画社会をいかに実現するかが問われている。一九九九年には男女共同参画法が制定され、雇用や社会保障のシステムをどう再構築するかをめぐって活発な論議がなされてきた。子育て中心の核家族形態をとり、世帯の稼ぎ手は夫で、妻は専業主婦という性別分業の上に成り立つ世帯モデルを基本と考えるところの伝統的な思考パターンから脱却し、いかに仕事《ワーク》と生活《ライフ》の両立を実現するかが、ポスト工業化社会における戦略的問題だという認識があるのであろう。

しかし、そのような男性稼ぎ主（male breadwinner）モデルは歴史的にどのように位置づけられているのであろうか。モデルと歴史的現実の関係はどうなのであろうか。いいかえれば、そのモデルはどのような意味で「伝統」なのであろうか。歴史家である筆者には、このような歴史的側面が気になる。男性稼ぎ主型家族世帯の解体ではなく、その成立の解明もまた少なからぬ意味をもつと思える。本章では、この伝統的と形容される家族世帯モデル成立の歴史的過程について若干の研究史的考察を加えたい。

その成立の契機として多くのひとが思い浮かべるのは、工業化ないしは産業革命のインパクトであろう。

とくに第二次産業革命とその後の重化学工業化の影響は、計りしれない大きさであったと思われる。しかし、男性稼ぎ主型モデルの成立過程に注目する場合は、他の要因も考慮に入れなければならないであろう。具体的には、伝統的な稼得様式、すなわち自営業世帯の比重がある。小農経済においては女性の労働参加が一般的だったからであり、そこで培われた世帯内分業のあり方は、後の時代にも少なからぬ影響をもったかもしれない。それは、伝統的家族システム自体の異文化間比較に目を向けることを意味するであろう。同様に、福祉国家成立以前において社会保障機能がどのように担保されていたのかも、歴史的観点からは無視できない。もっぱら家族に任されていたのか、あるいは地域社会や中間団体が一定の役割を果たしていたのか、このような点にも注意を向ける必要があろう。

このような歴史過程の多様性を強調する視点に加えて、ある歴史段階に共通の状況に着目するアプローチもある。従来の研究史からいえばやや異端の仮説といえる、〈世帯内生産〉（household production）に注目した経済史家ヤン・デ・フリースの見解はその典型である。現代の課題を考える上でも無視できない論点を含んでいると思われるので、本章の後半ではその紹介と日本のデータによる若干の検討を行いたい。最後に、本章の主要論点の要約と、ポスト男性稼ぎ主型社会についての含意を述べて結語とする。

一　研究史——工業化、世帯の稼得様式、家族システム

社会保障論や労働経済の領域では、男性稼ぎ主型家族は工業化、それも重化学工業化段階の産物と考え

られてきたようである。産業革命以降における鉄鋼、造船、工作機械、自動車、化学工業部門の拡大と、その成果としての経済成長と生活水準の向上とがその背景にあった。前者が含意しているのは男性世帯主の雇用拡大と賃金上昇であり、後者は女性に専業主婦になるという選択肢を提供したと解釈されている。それは、戦後福祉国家体制によって強化されたともいう。ベヴァリッジ構想以来、当時の有配偶女性の低労働力率を前提として、福祉国家の建設にあたっては男性稼ぎ主型モデルに依拠した制度設計——世帯主の収入が失業、老齢、出産、死亡、その他さまざまな理由によって不足するときに、国家が社会保険給付や公的扶助を与えることによって所得を移転する諸制度づくり——がなされてきた。日本も例外ではなく、それどころか、一九八〇年代の日本では「諸外国にもまして強固な」男性稼ぎ主型モデルが確立したといわれているのである。(1)

福祉国家は西欧近代の歴史的産物である。そこで最初に、英国を中心に西欧における男性稼ぎ主型家族の歴史的起源についての研究史を一瞥しておきたい。(2) いわゆる先進国の多くで二〇世紀中葉に男性稼ぎ主型家族モデルの確立をみたという点では共通認識がある一方、最近の実証研究が強調しているのは、その成立史にもモデルへの傾斜の度合いにも国によって少なからぬ違いがあるということであろう。紙幅の制約もあるので、ここでは英国とスウェーデンを日本との比較対象に取り上げる。

最初の工業国家となった英国の場合、長期的な視点からみると、「伝統的」と呼ばれることの多い核家族の男性稼ぎ主型形態は——ウォリー・シーコムの表現を借りれば——「最近の発明」(3)で、一九世紀中葉以降に成立し、それが「黄金時代」を迎えたのは二〇世紀の五〇年代であったという。それは中産階級だけではなく、労働者家族においてもみられた現象であったことが重要である。産業革命は家族のあり方にも革命的な影響を与えた。その負の影響への対応として、家族の構成にも家族の働き方にも多様な形態がみられたことが、実証研究の結果としてわかっている。しかしここでの主題にとって重要なことは、労働者の賃金水準がようやく上昇を始め、彼らの家族の生活水準が目にみえて改善をするようになった一八五〇年以降、英国産業における賃金システムのなかに「家父長制」的な発想がしっかりと根を下ろし、女性の労働参加率が趨勢的に低下するようになったという事実である。(4) 産業革命期やそれ以前では、世帯主が賃金労働者である場合であっても、妻や子どもがさまざまな賃金労働に従事し、収入をプールして不慮の事態に備えるというのが一般的であった。(5) しかし、家族を養うに足る賃金の確保という、家父長制的な発想の下にとられた労働者の新たな戦略は、労働組合の支持や雇用者の政策とも相俟って、男性稼ぎ主型家族イデオロギーの賃金形態上の表現である「ファミリー・ウェイジ」観念を成立させたという。(6)

シーコム自身はマルクス主義フェミニズムの立場を鮮明にする歴史家であるが、用語法や表現を別とすれば、ここで紹介をした時期区分は広く受け入れられてきた図式と大きく変わらない。実際、戦後に進んだ実証研究が産業革命直後の時期における労働者家族の所得稼得機会とその組合せにみられた多様性の存在を明らかにしたこと、そしてそこから生じたのが労働者家族の間においても支配的となった男性稼ぎ主型パターンであったことは、多くの研究者の認めるところといってよい。

しかし、研究史的にもっとも重要なことは、このティリー＝スコットからシーコムにいたる理解の前提にあった時期区分が、家族構造および家族経済にかんする実証研究の進展によって葬りさられてしまったという点であろう。産業革命を分水嶺として家族を生産単位とした経済の凋落、核家族の成立、労働市場の全面展開があり、その変化の過程に男性稼ぎ主型家族の登場をみる図式は、イングランドにかんするかぎり、もはや成り立たない。近年における実証研究、とくにセイラ・ホレルとジェーン・ハンフリーズによる一連の研究成果は、その現象面での多様性にもかかわらず、賃金労働者層の間ではすでに産業革命以前より男性稼ぎ主型パターンが支配的であったということを明らかにしている。[7]

表9-1と表9-2に要約した彼女らの推計結果によれば、(1)貧困層に偏った家計データベースから得られる有配偶女性の労働参加率は五〇―六〇パーセント台、賃金労働者層の全体像により近いと思われる自伝データベースの場合は二九―三六パーセントであった(夫の職業に従事しているものには自営業が多いと考えられるので、それらを含まない値でみている)。予想外に低い水準であった。(2)女性労働の貢献は時間とともに単線的に低下したのではなくて、一八世紀から一八一五―四〇年の時期にかけて上昇、一八四〇年からゆっくりと低下に向かった。(3)高賃金地域よりは低賃金地域で女性の労働参加率が高く、これは――上記(1)の観察と併せて――夫の賃金収入が多ければ妻の就業確率は低下したと読むことができる。(4)また、夫と同じ職業に就業する自営業では、女性の労働参加率が高くなるという傾向もみてとれる。以上から、一九世紀後半になって男性労働者の実質賃金が上昇し、かつ自営業部門がさらに縮小へ向かうと、有配偶女性が労働力から退出をするであろうことが予測できる。それだけではなく、産業革命以前へと外挿をすれば、そこでも女性の労働参加率がそれほど高くなかったということが推測できる。ハンフリーズの巧みな要約を借用すれば、「英国の場合、核家族が早くから出現しただけでは

表9-1　英国労働者階級における有配偶女性の労働参加率，1787-1865年

（%）

時期	Ⅰ．家計データ（貧困層に偏り）			Ⅱ．自伝データ	
	全事例	農業		全事例	夫の職業に従事の場合を除く
		高賃金地域	低賃金地域		
1787-1815	66	55	85	41-47	29-36
1816-1820	(49)	34	–		
1821-1840	62	22	85		
1841-1845	58	40	56		
1846-1865	45	48	63		

出所と註）

Ⅰ）S. Horrell and J. Humphries, 'Women's labour force participation and the transition to the male breadwinner family, 1790-1865', *Economic History Review* 48（1995), table 1, p. 98（definition C). 総計1,161の，全体として貧困層の比重が高い労働者家計データベースによる．1816-20年の全事例に括弧が付されているのは，データを欠く低賃金農業地域を除いて加重平均された値だからである．なお，両地域を合わせた農業の全データにしめる割合は43%である．

Ⅱ）J. Humphries, *Childhood and Child Labour in the British Industrial Revolution*（Cambridge: Cambridge University Press, 2010), table 4.5, p. 105. 総計617の労働者自伝サンプルのうち，自伝作者の両親が健在で，雇用情報が得られるケース（60-76%）による．サンプル・サイズに幅があるのは，カテゴリーごとに判断の難しい事例があり，含めた場合と含めない場合の双方についてそれぞれ集計をしているからである．自伝作者の生年は18世紀から1878年にわたるが，彼らが子ども時代の両親状況なのでほぼ標記の期間と一致する．このサンプルにおける農業の比重は24%である．

ない。男性稼ぎ主型家族もまた工業化に先立って現われたのである」(8)。

このような発見事実は、男性稼ぎ主型家族の形成を産業革命のインパクトとみる見方を退けるものである。イングランドにおいては、ケンブリッジ・グループが明らかにしたように、近世から近代への歴史的変化のなかで家族形態には強い連続性がみられた。一七―一八世紀の家族はほとんどが世帯構成の単純な核家族形態をとっていたこと、世帯形成の原理が新居制と訳されることもあるネオ・ローカリズム（neo-localism）にあり、次世代が結婚をして家族をもつことは、完全に独立した二つの世帯の誕生を意味したこと、それゆえに早くから救貧法に立脚した

表9－2　英国労働者階級の世帯所得にしめる女性賃金収入の割合，1787-1865年

（%）

時期	農業労働者		戸外労働者
	高賃金地域	低賃金地域	
1787-1815	9	11	15
1816-1820	17	－	21
1821-1840	14	16	25
1841-1845	13	10	19
1846-1865	13	13	18

出典と註）Horrell and Humphries, 'Women's labour force participation'（op. cit.）, table 3, p. 107. 働く女性の定義（definition B）が表9－1と同じではなく，この割合が計算できる事例は3分の1に減少し，しかも本表からは，事例数の極端に少ない鉱山および工場労働者と商業従事者が省かれている．また，年度別の全職業事例平均値は原表においても算出されていない．

福祉と所得再配分のシステムが導入されていたことが実証的に明らかとなっている。それは近代に誕生したものではなかったのである。(9) しかも、家族類型を家族世帯の形成ルールという観点から再定式化したジョン・ヘイナルは、単純家族世帯形成システムと彼が呼ぶところの社会ルールの束が近世にはすでに北西ヨーロッパ固有の様式となっていたとみている。(10) これは、男性稼ぎ主型家族の成立が文化に固有の家族システムと親和力をもっていたことを示唆しているようにも思える。

それでは、同じ北西ヨーロッパ型家族世帯形成システムを有していたスウェーデンはどうであろうか。(11) スウェーデンの福祉国家は、よく知られているように、先進国のなかではもっとも男性稼ぎ主型から遠い、両立支援型である。しかも、これまでの研究が明らかにしたところによれば、そのスウェーデン型社会保障制度の起源は戦前の一九一〇年代にまで遡れるという。国民年金法や労災保険法から婚姻法、さらには一九三〇年代における人口政策といった個別施策には女性差別的な発想と条項が少なく、政府介入もまた常にジェンダー

中立的であった。[12] この簡単な紹介からもわかるとおり、英国とはかなり異なった歴史的経緯をたどったとみなければならない。それでは、何が両者を分ける要因だったのであろうか。一つの可能性は、イングランドが産業革命以前から賃金労働者世帯の多い社会経済構造をもっていた、とりわけ農業部門においてそうであったのにたいして、スウェーデンはヨーロッパの後進国であったという点に見出せるのかもしれない。日本と同様に工業化のスタートは遅く、世紀の変わり目においても農家という自営業部門が大きな比重をもっていた。いうまでもなく、自営業世帯ではどこでも妻の生産活動――家業であれ副業であれ――への参加が一般的であり、その意味で世界内における女性の地位は低くなかった。実際、一九一三年国民年金法は農民団体の要求がきっかけとなって実現したものであった。男性の賃金が上昇していたこの時期、スウェーデンでも男性稼ぎ主モデルが定着してもおかしくない状況が生じていたが、個人主義的家族文化の伝統に加えて、同じころに始まった出生率低下の社会政治的な影響もあり、女性をも保障対象に含むという平等原則が福祉政策に盛り込まれたのである。[13]

このように、世帯の稼得様式もまた重要な構造要因である。ただ、これだけでは日本との違いが説明できない。わが国において男性稼ぎ主型家族世帯が「大衆的成立」をみたのは遅く、高度成長の最中であった。それ以前における女性の労働参加率はスウェーデン同様、自営業部門における女性の存在を反映してかなり高位だったのである。しかし、ひとたび高度成長が始まると「諸外国にもまして」男性稼ぎ主型モデルへの傾斜が急となった。しかも大沢真理がいうように、その過程で整備された種々の社会保障制度がその強固な型を「補強」したのだとすると、[14] 政府の姿勢の違い、そして福祉を支える地域社会・慈善団体・国家の「複合体」的伝統の有無もまた無視できない影響をもったということになるのであろうか。[15]

以上の素描をまとめれば、英国は強固な核家族の伝統の下、工業化以前から賃金労働者世帯が拡大、きわめて早期に男性稼ぎ主型が確立した、いささか特異な事例というべきであろう。これにたいしスウェーデンは、家族システムの点では核家族的であったが、二〇世紀初頭にいたるまでまったくの農村社会で、他方では国家が早くからジェンダー中立的であったために、男性稼ぎ主型への傾斜が弱かったタイプであり、同じ後発国でも、直系家族型の自営業世帯である農家経済の伝統を有していた日本では、高度成長の時代に急速な進展をみた工業化のインパクトが強く、国家の姿勢と相俟って他の国以上に強固な男性稼ぎ主型が成立したと特徴づけることができそうである。ただ、このようなまとめでは、どの国の男性稼ぎ主型成立史も個性的であるという以上の切り口は出てこない。長い歴史過程を通観して、この段階の各国に普遍的にみられた要因はないのであろうか。

二　世帯内生産仮説

幾多の関連文献のなかでけっして有力なアプローチとはいえないが、〈世帯内生産〉に着目した研究もある。初期工業化の時代において健康や育児は、労働者家族が生活水準の質を向上させたいと願ったとき決定的に重要な領域であった。その分野には市場から調達できない、仮にできたとしても質の点で見劣りするモノとサービスしか存在しなかったからである。その場合、妻が「家事」という名の非賃金労働によって、それら「商品に非ざる」モノやサービスを世帯内で生産するという選択肢があり、実際、多くの国では労働者家族がそのような選択をしたのだという見解である。読者には必ずしも馴染みある名前ではないかもしれないが、経済史においては大家といってよいヤン・デ・フリースの議論である。検討に値する説と思うので、以下に紹介をする。

この議論は、より壮大な勤勉革命論図式のなかに位置づけられている。第五章の用語法にしたがえば、〈家計革命〉論である。デ・フリースは過去数世紀の経済史を、近世における勤勉革命、近代の開始を告げる産業革命、一九世紀から二〇世紀中葉までの主婦《ホームメーカー》－男性稼ぎ主型世帯の時代、二〇世紀後期に始まる第二の勤勉革命という、四つの局面循環によって描き出す。近世から産業革命にかけての議論は論文のかたちで公刊されていたが[16]、最近になって全プロセスを通して論じたモノグラフが出版された[17]。当然、最後の二局面についてのまとまった議論はこの単行本で初めてなされたことになる[18]。

ただ、彼の図式がそもそも何を意味しているのか、若干の知識は必要であろう。これは、ミクロ経済学的な意味における世帯（家計）経済の変容論である。北西ヨーロッパ型の核家族という特定の歴史的家族システムに当てはまる議論として構想されているので、家族世帯はたんに市場条件の変化に反応するだけではなく、市場経済と相互作用をする存在として捉えられる[19]。そのような北西ヨーロッパの家族は、一七世紀後半から一八世紀にかけて生産と市場経済とが拡大し、市場で購入できる消費財が増加すると、それに反応して貨幣収入を増やすために労働供給を増加させる。規模の小さい家族世帯では、それは妻と子どもの労働供給が大幅に増えることを意味し、結果として消費もまた増加し、消費と労働の市場がともに拡大することによって産業革命が準備されることになる。ただ、家族員の労働時間が大幅に増えるので、消費財の購入量が多くなったからといって生活水準が実際に上昇したとはかぎらない。産業革命とその直後には労働市場における賃金率を押し下げる力が働いたので、労働者家族の賃金収入が実質的に増え始めるのは一九世紀中葉以降のことであった。

　ここからが主婦‐男性稼ぎ主型世帯の局面となる。ひとたび世帯主である男性労働者の賃金水準が上昇するようになると、家族の消費上の関心は市場で買えない健康および育児面でのモノとサービスへ向かう。家族の消費選好が再びシフトするのである。一九世紀後半の状況下では、家庭内の清潔、衛生管理、安全な離乳食――これらは、世帯内生産に頼るしかなかった。その「生産」へ労働時間を振り向けるために、実質賃金の上昇とともに女性は外部労働市場から撤退をするようになった[20]。この市場で購入できない一群の財とサービスを手に入れるためには、世帯内で夫婦間の、すなわち性別分業を推し進めることが、「そこそこの所得しかない家族にとって唯一実現可能な方向だった[21]」。その意味で、産業革命後の時代であっても世帯は「生産単位」であった。ただ、周知のとおり、そのような世帯内生産／男性稼ぎ主型の局面は比較的に短命であった。第二次世界大戦後、女性が再び労働市場に戻るようになったからである。その背景には――産児制限、家事技術の進歩、女性の学歴向上など、これまでに指摘されてきたことだけではなく――第二の〈家計革命〉と呼べるような、人びとの選好面における変容があったというのがデ・フリースの見立てである[22]。

　この勤勉革命ないしは家計変容論は経済史家の間で大きな議論を呼んだが、いまのところ批判的検討の対象は近世から産業革命の時代にかぎられている。近世ヨーロッパの消費実態を明らかにする資料は遺産目録が中心なため、財産を残すことが少ない低所得層については実証が困難であるけれども、前節でみた表9－1と表9－2は女性労働にかんする趨勢の一端を示しており、またイングランドにおける労働時間についても産業革命中は増加傾向にあったという実証結果はある。(23) たしかに「勤勉」な家族世帯が誕生したといえないことはないように思える。ただ、個々の指標の変化はともかく、その背景にあったメカニズムがデ・フリースの仮説どおりであったかどうかの厳密な検証は難しく、簡単には結論が出そうにない。(24)

これに対して男性稼ぎ主型成立の局面については、デ・フリース説が有配偶女性の労働力からの撤退が彼女たちの自発的な選択であったことを示唆するという、きわめて論争的な含意を有しているにもかかわらず、モノグラフ出版からあまり時間がたっていないこともあり、いまだほとんど論議の対象となっていない。デ・フリースが自説の実証的エヴィデンスとして提示したのは、第一に女性の労働参加率であった。わかる場合には婚姻状態別で、可能であれば時系列的変化を追っている。ここからは、その一九世紀後半における低下傾向が看取され、自営業部門が大きい国ではその水準が高いという点についても確認できる。(25) また、ベルギーにおける有配偶女性の稼得が世帯所得にしめる割合も引用されている。ホレル＝ハンフリーズが明らかにした英国の場合と比べるとタイミングは若干遅れるが、一九世紀の後半にやはり顕著に低下した。(26) ただ、いずれも国単位の数値であって、エヴィデンスというには説得力に欠ける。

より立入った検証は、所得プーリング仮説を念頭においた様々な発見事実の検討というかたちでなされている。男性稼ぎ主型形態をとるにいたった世帯内において、家父長である稼ぎ主が所得の使い方に男性優位の発想で臨むとすれば、家族員の食事内容や健康、さらには死亡率に男女差が出るもしれない。逆に、家族を養えるに足る賃金を稼ぐ家父長であっても所得がプールされている場合には、男女差は少ないか、現われない可能性がある。指標として通常の成人死亡率しか得られない場合は、その男女差の決定因は複雑となってしまい、明瞭なことがいえないが、出生コウホートを揃えた体位、とくに身長データであれば、乳幼児期以来の栄養状態や罹病経験が累積した結果を観察できると期待できる。[27]デ・フリースが引用するデボラ・オクスリィと共同研究者の体位研究は、しかし、かなり複雑な結果を示している。[28]その研究が対象としたのはイングランドとアイルランドからオーストラリアに送られた女性有罪者六〇〇〇人余の体位であるが、当時の刑事裁判慣行からみて、「有罪」の判決を受けたものでも実態は平均的な労働者とあまり変わらなかったといわれ、まとまった歴史体位データとして優れたものとみなされるようになった。その分析からわかったことは、彼女たちの身長は同じコウホートの男性有罪者と比べて、一八世紀末から一八四〇年代までは相対的に低下したというものであった。研究者自身の解釈は、男性に有利な世帯内配分パターンが一八世紀末にまで遡ることから、男性稼ぎ主型は一九世紀を通じて支配的だったというものであったが、デ・フリースは、その確立の日付をあくまでも一九世紀中葉とし、その確立後の体制下ではかえって男性優位の配分バイアスがみられなくなったという解釈が成り立つのではないかという推測を述べている。そして、オクスリィが世紀後半の体位とは異なった資料を用いた分析からは、家族成員の稼得上の貢献度と子ども扱いにおけるジェンダー間差別との間に直接の関連はみられていないので、デ・フリースの推測が当っている可能性はあるかもしれない。[29]

もう一つ、ここで紹介するに値する指標は英国における衣料ストックの男女差である。利用できる研究は資料においても調査方法の点でも均一ではないが、一八世紀には女性の衣装タンスのほうが豊かであったが、一九世紀に入ると相対的に低下、世紀末までに再び趨勢が変化して、男女ほぼ平等になったという。[30] デ・フリースはここでも、男性稼ぎ主型パターンが確立した一九世紀末に平等化へ向かったことを重視する。ただ全体としてみると、疑う余地のない結果が得られたというわけではないという印象を受ける。

このように、家庭内の清潔、衛生管理、安全な離乳食などの世帯内生産へ労働時間を振り向けるために、夫の賃金収入の上昇が始まると女性は外部労働市場から撤退をしたのだというデ・フリース説は、依然として仮説にとどまっているといえよう。ただ、なかなかの説得力を有する仮説だというのが筆者の感想である。デ・フリースの自己限定にもかかわらず、日本など異なった家族文化をもつところでも、自営業世帯の厚い社会であっても妥当する可能性のある仮説のように思われる。

説得力の源泉は二つあろう。一つには、夫の稼得が多ければ妻の労働供給は減少するという、わが国ではダグラス＝有沢の第一法則として知られる命題がある。すでにみたように、この関係が産業革命期にみられたことは確かめられている。それだけではなく、その効果の大きさも問題になりうる。ダグラス＝有沢の第二法則――女性への市場賃金が上がれば労働供給は増える――もまた効いていたとすれば、第一法則の効果が十分に大きいか、第二法則の効果がそれを下回る大きさであるときに、市場賃金の一般的上昇が有配偶女性の労働参加率を低下させてゆくことが説明できるからである。実際、筆者が三〇年以上前に産業革命期イングランドのミクロ・データから得た発見事実は、男性稼ぎ主型世帯が一八世紀末から支配的であったと示唆していたと解釈できるものであった[31]。ただし、それは近年の計量経済学的進歩以前になされたものなので、結論には留保が必要である。実際、前述のホレル＝ハンフリーズによるプロビット分析からは、男性賃金への弾力性がマイナス〇・四であるのに対して女性賃金への弾力性は二・二と大きく、逆の結論が導き出されているのであるが[32]、彼女らの結果をそのまま受けいれるのにも不安が残る。彼女らが構築した労働者家計データベースは筆者の依拠したサンプルを含む十分に規模の大きなもので、貧困層の比重が高いという特徴をもつ。それにもかかわらず、貧困世帯の女性の反応が夫の稼得の多寡（ネセシティ要因）へよりも市場における賃金率（オポチュニティ要因）に対してのほうがずっと弾力的であったというのは、いささか疑問である。個々のデータの解釈に問題が残っているのではないであろうか。ジョイス・バーネットは、ホレル＝ハンフリーズ推計を使って簡単なシミュレーションを試みている。ただ――理由を記してはいないけれども――その女性賃金への弾力性値は使わずに、男性賃金への弾力性値と一九世紀後半における実際の男性労働者の実質賃金系列のみから男性賃金の上昇が女性の労働参加率をどのくらい低下させるかを算定し、ダグラス＝有沢の第一法則は現実の低下を説明する重要な要因であった可能性があると述べている[33]。女性の労働参加率低下をもたらしたのは女性労働市場での変化ではなく、男性の市場賃金の上昇だったという現実的判断があったのであろう。ただ、これは賃金および俸給生活者の家族にかぎられる理由ではある。

それに、ダグラス＝有沢の第一法則や第二法則の効果の大きさは主婦の時間選好によって変わりうる。

家事に携わっている時間の価値が何らかの理由で高まったとすれば、仮に他の事情が一定でもデ・フリースが説くようなことが生ずるからである。その意味で、次の要因も考慮に入れなければならない。すなわち、いくつかの国において第二次世界大戦までは主婦の家事時間が増えたのではないかという議論がされているのである。そのもっともよく知られた例が、ルース・コーワンの著作『お母さんは忙しくなるばかり』であろう[34]。技術史家である著者は、第二次世界大戦前から家庭電化がいち早く進んだアメリカの世帯を念頭において、産業革命の成果が家庭にも及び、もたらされた技術のほとんどが家事労働節約型であったにもかかわらず、なぜ主婦はこの間「忙しくなるばかり」だったのであろうかという問題を提起した。「忙しくなるばかり」という表現は誇張だとしても、アメリカにおいて、世紀の変わり目に平均五二時間であった一週間の家事時間が戦後の一九六〇年代後半に五六時間となったという事実はある[35]。それに加えて、一九三七年から六一年にかけての英国における趨勢もきわめて類似したものであった[36]。いうまでもなく、欧米の中産階級の場合、以前は住込奉公人が家事の大半を担うことが多かったが、時とともにその数が減少、主婦が奉公人のやっていた仕事を代替せざるを得なくなったということはあったであろう[37]。英国の推計は階級別になされていて、この点を確かめることができる。一九三七年時点では中産階級の主婦が一日にこなした家事時間は労働者階級の場合の半分程度でしかなかったが、一九六一年には両者の差がほぼ解消していた。これは前者の世帯から家事奉公人が消滅し、その結果として主婦の家事時間が倍増したことの反映ということができる。しかし、それ以上に重要なことは、一九三〇年代に一日平均八時間をこえる家事をしていた労働者世帯の主婦をみても、一九五〇年ころまではその家事時間が微増をしていたという事実である。[38]おそらく、一九世紀末からの長期的趨勢は、住込奉公人の有無の影響をコントロールしても、有配偶女性の家事時間がじりじりと増加するというものであったとみてよいであろう。

この、一見したところパラドクスともとれる発見は、技術や科学的知識に関心をもつ経済史家ジョエル・モキアが取上げ、医学上の革新や家政学的知見の一般家庭への浸透が人びとの選好に及ぼしたであろう影響へ焦点をあてた説明を与えている。[39]別な表現をすれば、通俗医学上の革新のインパクトを重視した説明といってよいであろう。もっとも、仮にそのような効果が認められるとしても、中産階層ならばともかく、一九世紀末からすでに医学ないしは家政学的知識が労働者階級の家庭で広く受容されるようになったと想定するのは、かなり無理があろう。[40]ただ、モキアの分析枠組からは、所得効果によって健康や長寿の限界効用が高まることも要因であった可能性が導出でき、全体としてデ・フリースの図式と不整合ではない。そして、市場労働と家事労働への時間配分自体は、自営業世帯であっても常に直面する問題なのである。

このように魅力的な仮説ではあるが、デ・フリースの著作にしてもモキアのモノグラフにしても、実証的な裏づけがあまり与えられていないことは残念である。とくに、家事労働に費やされた時間を推計しようとか、既存の――断片的ではあっても――データの分析から家事労働への時間配分にかんして何かの示唆を得る努力がなされたように思えないことは、いささか物足りない。筆者は、本節で紹介してきたデ・フリースの世帯内生産と家事労働にかんする仮説は、彼の理論図式と切り離しても、すなわち単独で検討するに値すると考えている。次節ではこの点を、自営業世帯がいまだ厚く存在していた戦前日本のデータによって考えてみたい。

三　戦前日本の自営業世帯

英国のBBCが一九三〇年代に最初の大規模な生活時間調査を行った数年後に、日本のNHKも国民生活時間調査を実施した。第二次世界大戦前の世帯内における時間配分行動が、しかも職業階層別の集計もなされている。これは一種の典型調査で、階層ごとの客観的な代表性が確保されているわけではなく、また一九四一―四二年という一時点の記録ではあるが、いまだ自営業世帯が大きな比重をもっていた社会における世帯内時間配分について貴重な手がかりを与えてくれる(41)。

表9－3は、そのNHK調査の結果を、平日の男女別労働および家事時間を俸給生活者、工場労務者、小売業者、農家それぞれの世帯について要約したものである。ここでは、自営業世帯（小売業者、農業者）と勤労者世帯（俸給生活者、工場労務者）という稼得様式の違いを重視するが、所得の高低の影響もみることができる。部門を超えた、農家と工場労務者、小売業者と俸給生活者の比較は難しいかもしれないが、部門内においての世帯所得差ははっきりしているからである。すなわち、自営業部門内の小売業と農家において主婦は一日五時間以上、家業の仕事をこなさなければならなかったが、それでも両者の間には二時間以上の違いがみられ、同様の差が――ただし、典型調査のため、この部門における有配偶女性の市場労働時間の水準は極端に低位であったが――俸給生活者と工場労務者の間においてもみられる。また、

表9－3　戦前日本における有配偶女性の職業階層別労働・家事時間，1941-42年

（時間／日）

職業階層		労働（従業）時間	家事時間	合計
非自営部門	俸給生活者	0.1	10.4	10.5
	工場労務者	0.6	10.4	11.0
自営部門	小売業者	5.1	6.7	11.8
	農業者	7.7	5.5	13.2

出典）　本書，第8章、291頁より作成．原拠は日本放送協会『国民生活時間調査』である（四季調査の平均）．

同様の傾向が労働時間と家事時間の合計についてもみられる。これは、世帯主が稼ぐ所得額が妻の労働時間供給へ与える効果が負であったことを意味している。他方、家事時間にかんしては、小売業者の妻は農家の妻よりも長い時間を家事に充てていたが、非自営業部門ではともに一〇・四時間と差がみられない。

総じて、自分で労働時間を決めることができる自営業世帯（小売業と農家）の家事時間のほうが、就業時間を自由に選べない勤労者世帯（俸給生活者と工場労務者）のそれよりも短い点に注意したい。妻が一緒に働くことを当然とする自営業世帯では仕事の時間が家事時間と同等の重みをもっていたが、専業主婦が支配的な階層では家事へ非常に多くの時間が配分されていて、しかもその専業主婦の家事時間は自営業の主婦の場合を大幅に上回っていた。そこには家業の仕事を優先する、働くもの個人のではなく、イエの意思が効いていたことが示唆されている。さらに、表9－3では割愛したが、労働時間と家事時間を合わせた総時間数はどの職業階層においても男性より長かった。非自営業部門となれば女性の総仕事時間が顕著に減少するということも、また同じ部門内で所得が高くなれば彼女らの総仕事時間が夫のそれより少なくなるということもなかったのである。(42)

結局、このNHK調査が含意しているのは、もし農家が男性稼ぎ主型の工業労務者世帯へと転換したとすれば、主婦の労働時間が八時間弱から一時間未満へと激減した代わりに、家事時間は五・五時間から一〇時間へと増加したということではないであろうか。自営小売業の主婦が男性稼ぎ主型の俸給生活者の妻になったとすれば、労働時間は五時間からわずか〇・一時間へと減り、家事時間が七時間弱から一〇時間へと増加したということなのではないであろうか。視点を変えれば、示唆されているのは、家業の縛りが大きく、しかも男女協業であったがゆえに、農家や他の自営業世帯では仕事の時間によって家事が犠牲にされることがあったということなのである。

この、戦前の自営業世帯において家事が犠牲にされていたという言明に実証的根拠はあるのであろうか。確かにこの命題を直接に観察することは容易でないが、妻の時間供給の夫のそれに対する弾力性を労働および家事双方について計測し、前者の符号がプラス、後者はマイナスであれば、夫が家業の仕事を増やさなければならなかったときには、妻もまたその仕事時間を増やし、その結果として家事時間を切り詰めたことがいえるであろう。筆者は戦前期農家経済調査個票データベースを使うことによって、実際にこのような関連が働いていたと論じたことがある。[43]そのデータは現在も作成中である、一九三一―四一年の一一年間を対象としたパネルデータのテストサンプルで、茨城・山梨・大阪・徳島の四府県における調査対象世帯一七家族であった。非常に小さなデータではあるが、その結果から、農家女性は、夫がより長時間働かなければならない状況となれば同じ割合で労働時間を増加させ、それに伴って家事に充てる時間を減少させていた可能性を示すことができた。

その作業について少し詳しく述べよう。被説明変数は、世帯内で妻の地位をもつ女性の年間農業労働時間と家事時間で、対応する夫の年間農業労働時間と直系複合家族構成をとる家族周期段階にあったか否かの二値変数とに回帰させたのである（コントロール変数として、妻の年齢、子供の年齢構成、母親ないしは姑の存在、世帯の土地所有階層、兼業の有無などを加えた）。計測された結果を要約すれば以下のとおりである。（1）妻の労働時間の夫の労働時間に対する弾力性値は一で、（2）妻の家事時間の夫の農業労働時間に対する弾力性は負値をとり、マイナス〇・五未満である。さらに（3）跡とりの結婚によって夫婦単位が縦につながった直系複合家族構成をとる家族周期段階では、（1）の弾力性がわずかながら小さくなり、（2）のマイナスの弾力性も若干小さくなる。

いうまでもなく、これは規模の小さなテストサンプルにもとづく予備的観察である。今後、データベースの完成を俟って再度分析を行う必要はあるが、本章のこれまでの議論とは整合的な結果が得られているということはいえる。上記（1）は自営業における男女協業を象徴する結果で、家族労働需要にたいする高い供給弾力性を支えていたのは農家女性の家事時間を切りつめることを厭わない性向であった。また（3）からは、要扶養の家族に対して相対的に生産年齢の成員が少なくなる、単純家族形態ないしは不完全な拡大家族形態をとる家族周期中に、妻の伸縮的な労働投入が要請されたということが示唆されている。

それゆえ、日本の場合、男性稼ぎ主型世帯が成立する以前の自営業世帯においては、家事に費やされた時間は望ましい水準に達していなかったとみることができよう。

四　結語

以上、試論的に述べてきたことの結論と含意をまとめたい。第一に、欧米であっても日本であっても、男性稼ぎ主型世帯を成立せしめた要因の一つに主婦による「家事」という〈世帯内生産〉への時間投下があった可能性は否定できないであろう。これは伝統的な家族文化の相違にもかかわらず、家族が生活水準の質の向上を求め、健康や育児の領域で消費を充実させようとしても、市場では調達できない、あったとしても質の劣るモノとサービスしか存在しなかったという、特定の発展段階に固有の問題があったからである。

しかし第二に、問題自体は各国共通であったとしても、そのモノあるいはサービスの世帯内生産を主婦が担わなければならないという観念は文化によって異なりえた。それゆえ、伝統家族のあり方は無視できない影響をもった。日本の場合、自営業世帯における有配偶女性の働き方は伝統家族が直系世帯型であったことに強く規定されていた。とくに、世帯内の働き手と扶養家族の比が低下する家族周期段階においては、妻が家事時間を切り詰め、家業への労働投入を増加させることが要請されたのである。これは、男性稼ぎ主型世帯の成立史とも関連する。その成立契機として、ヨーロッパ諸国について指摘されてきたのは男性賃金の上昇であった。しかし日本の場合、それとともに自営業の勤労者世帯への転換という構造変化も重要だったとみなければならない。男性稼ぎ主型家族世帯の「大衆的成立」が高度成長の時代であったという事実もこの点と関連する。社会学的にみれば高度成長期は、農村地帯から都市への大量移動した人びとの世帯形成とによって特徴づけられるが、彼らが都市においてもつこととなった家族は必然的に、自営業世帯の軛から解放された核家族形態の勤労者世帯だったからである。

他方、第三に、国家の作為と不作為も無視できない。この自営業世帯の転換過程において、スウェーデンとは異なり、日本政府の政策が女性の市民としての権利を積極的に擁護しようとしたということはなかった。大沢真理も指摘するように、高度成長期における政府の福祉政策は男性稼ぎ主型モデルを暗黙の前提としていた。それゆえ、自営業部門から勤労者世帯が析出されると、そのジェンダー間関係の表現形態は「諸外国にもまして強固な」男性稼ぎ主型となってしまったのである。

最後に、ポスト男性稼ぎ主型社会への含意について一言したい。日本においても男性稼ぎ主型モデルは短命であった。高度成長後、共稼家族が急速に一般的となったが、その帰結は意外なものであった。その過程で労働時間も家事時間も戦前と比べて大幅に低下したにもかかわらず、妻のほうが夫の全仕事時間よりも長いという伝統的なパターンに戻ってしまったのである(44)。

これは、たんに日本が福祉国家後進国だからでも、また取組の遅れに適切に対処することで解消できる問題でもないであろう。ここにも〈世帯内生産〉の問題が絡んでいる可能性があるからである。一つには、高齢化社会の到来がある。大沢もいうように、「市場で購入しようとしても高価すぎるか、標準化しにくいために、無償で注文に応じて生産・供給される対人サービスは、貨幣経済が発達した社会でも多い」(45)が、高齢化社会ではとくに介護の領域で顕著である。そして二つ目に、そのための無償労働は既婚女性に集中しているという問題がある。現代日本における無償労働の大きさ自体はドイツ、カナダ、オーストラリアよりも格段に低水準であったが、それを担っているのはほとんど女性というのが日本の特徴である。一九九一年の調査によると、一日あたり無償労働時間の男女比は八対一であった。女性は四時間近いのに対して男性は三〇分と、「無償労働の圧倒的部分が女性によっておこなわれている」のが特徴である[46]。これは現代でも、「市場で購入しようとしても高価すぎるか、標準化しにくい」サービスである育児と介護は「世帯内生産」によって提供されなければならず、その両方を女性が担うことが増えてきているからであろう。

欧米の場合、無償労働の中身を仔細にみると、増加しているのは育児と買物であるという。買物には娯楽要素が入る場合があるので別とすれば、育児に費やされる時間が一九六〇年代以降ゆっくりと増加傾向にあることは興味深い。男女を問わず、である。英国のように「家父長制的」な核家族の伝統をもっていたところでも、夫が育児に費やす時間は明瞭に増えている[47]。ただ、異文化間比較の観点からいっそう興味深いのは、そこに介護が登場しないことであろう。日本のように居住のあり方という点だけをみれば核家族形態をとるところが圧倒的となっても、世代間の関係のもち方は依然としてかつての直系家族型という社会では、高齢者介護は「世帯内」にあったときとまったく同じように「生産」されているのと対照的である。すなわち、英国からスカンディナヴィアにかけての北西ヨーロッパ諸国では、核家族型の世帯形成原理――ネオ・ローカリズム――がやはり働いているのである。これは、ポスト男性稼ぎ主型社会の国際比較にとっても、時代に普遍的な視点と文化特殊的視点との双方が必要だということを示しているのではないであろうか。

註

（1） 大沢真理「社会保障――ジェンダー分析の試み」、毛利健三編『現代イギリス社会政策史 一九四五―一九九〇』（ミネルヴァ書房、一九九九年）、八九―一五三頁、『男女共同参画社会をつくる』（日本放送出版協会、二〇〇二年）、『現代日本の生活保障システム――座標とゆくえ』（岩波書店、二〇〇七年）。

（2） この主題にかんする研究サーヴェイとしては、C. Creighton, 'The rise of the male breadwinner family', *Comparative Studies in Society and History* 38 (1996), pp. 310-37; A. Janssens, 'The rise and decline of the male breadwinner family? An overview of the debate', in A. Janssens, eds., *The Rise and Decline of the Male Breadwinner Family?* (Cambridge: Cambridge University Press, 1998), pp. 1-23、福祉国家論からの J. Lewis, 'Gender and the development of welfare studies', *Journal of European Social Policy* 2 (1992), p. 159-73を参照。

（3） W. Seccombe, *Weathering the Storm: Working-class families from the industrial revolution to the fertility decline* (Verso, London 1993), p. 208.

（4） W. Seccombe, 'Patriarchy stabilized: the construction of the male breadwinner wage norm in nineteenth-century Britain', *Social History* 11 (1986), pp. 53-76; Seccombe, *op.* cit., p. 59.

（5） L. A. Tilly and J. W. Scott, *Women*, Work, and Family (New York: Holt, Rinehart and Winston, 1978).

（6） Seccombe, *op.* cit., pp. 115-22.

（7） S. Horrell and J. Humphries, 'Women's labour force participation and the transition to the male breadwinner family, 1790-1865', *Economic History Review* 48 (1995), pp. 89-117, and 'The origins and expansion of the male breadwinner family: the case of nineteenth-century Britain', in A. Janssens, eds., *The Rise and Decline of the Male Breadwinner Family?* (Cambridge: Cambridge University Press, 1998), pp. 25-64; J. Humphries, *Childhood and Child Labour in the British Industrial Revolution,* (Cambridge: Cambridge University Press, 2010), ch. 4.

（8） Humphries, *op.* cit., p. 120.

（9） 一八世紀を境にイングランドにおいて複合ないしは合同家族システムの没落が起こり、そこから近代的な核家族が誕生したという近代化論的な解釈は、ケンブリッジ・グループの地道な実証研究によって完全に覆された。彼らによる統計的発見事実とその含意については、斎藤修編『家族と人口の歴史社会学――ケンブリッジ・グループの成果』（リブロポート、一九八八年）所収の諸論文、とくにピーター・ラスレットの第Ⅱ章、リチャード・スミスの第Ⅳ章、リチャード・ウォールの第Ⅶ章をみよ。

（10） J・ヘイナル、浜野潔訳「前工業化期における二つの世帯形成システム」（原論文一九八三年、速水融編『歴史人口学と家族史』藤原書店、二〇〇三年）所収。

（11） もっとも、以前より核家族ではなく直系家族（stem family）こそがスウェーデン（および中欧の）の伝統的形態とする見解が根強くあった。しかし、ヘイナルの理解では、それは単純（核）家族型の、ネオ・ローカリズムに立脚した世帯形成ルールと矛盾しないタイプの直系家族形態という（Hajnal、前掲論文）。これは直系家族論にとっては重要な意味をもつ。すなわち、日本の家族システムもまた直系家族型であったが、それは単純家族型世帯形成システムとは異質のタイプの直系家族だったからである（O. Saito, 'Two kinds of stem family system? Traditional Japan and Europe compared,' *Continuity and Change* 13, 1998, pp. 167-86; 'The stem family and labour markets: reflections on households and firms in Japan's economic development,' *History of the Family* 16, 2011, pp. 466-80）。多くのひとに引用されるエマニュエル・トッドの類型学では、残念ながらこの区別が十分に反映されておらず、スウェーデンはドイツなど中欧諸地域とともに「直系家族」に分類されている（E. Todd, *The Explanation of Ideology: Family structures and social systems*, Oxford: Basil Blackwell, 1985; E・トッド、石崎晴己訳『新ヨーロッパ大全』Ⅰ-Ⅱ、原書一九九〇年、藤原書店、一九九二―三年）。なおトッドは、イングランドの家族システムに、フランスに代表される「平等主義核家族」（egalitarian nuclear family）と区別された「絶対核家族」（absolute nuclear family）という別カテゴリーを与えている。

（12） D. Sainsbury, *Gender, Equality and Welfare States* (Cambridge: Cambridge University Press, 1996), pp. 63–67; and L. Sommestad, 'Welfare state attitudes to the male breadwinning system: the United States and Sweden in comparative perspective,' in A. Janssens, eds., *The Rise and Decline of the Male Breadwinner Family?* (Cambridge: Cambridge

University Press, 1998).

(13) Sommestad, op. cit., pp. 169, 171-73.

(14) 大沢『男女共同参画社会をつくる』(前掲)、六三―七二頁。

(15) 福祉国家以前の英国とスウェーデンには、ともに「福祉の多元主義」(welfare pluralism) あるいは「福祉の複合体」(mixed economy of welfare) と呼ばれる多重機構が存在したのに対して、日本では家族を超えたところでの福祉維持機能が弱かったといえる。明治以降でも一九四〇年代までは、医療・健康・社会保障分野への政府の関与はいちじるしく消極的であった(斎藤修「母子衛生政策における中間組織の役割――愛育会の事業を中心に」、猪木武徳編『戦間期日本の社会集団とネットワーク――デモクラシーと中間団体』NTT出版、二〇〇八年、所収)。イングランドとスウェーデンとを比較すると、前者では地域社会と慈善団体の厚みが国家のそれを上回っていたが、後者では国家が福祉国家成立以前から積極的な役割を果たしていたという違いがあった。高田実・中野智世編『福祉』近代ヨーロッパの探求15(ミネルヴァ書房、二〇一二年)所収、高田の第二章と石原俊時による第六章をみよ。福祉国家以前の比較セーフティネット論という視点については、本書の第十章をも参照。

(16) J. de Vries, 'Between purchasing power and the world of goods: understanding the household economy in early modern Europe', in J. Brewer and R. Porter, eds., *Consumption and the World of Goods* (London: Routledge, 1993); and 'The industrial revolution and the industrious revolution', *Journal of Economic History* 54 (1994), pp. 249-70.

(17) J. de Vries, *The Industrious Revolution: Consumer behavior and the household economy, 1650 to the present* (New York: Cambridge University Press, 2008).

(18) 本章の主題との関連で有用な書評として、次の二点をあげておく。J. Humphries, 'Review of Jan de Vries, *The Industrious Revolution*', *Economic History Review* 62 (2009), pp. 761-63; J. Burnette, 'Review of Jan de Vries, *The Industrious Revolution*', *Enterprise and Society* 12 (2011), pp. 482-84.

(19) de Vries, *op. cit.*, pp. 14-19.

(20) de Vries, 'Between purchasing power and the world of goods' (op. cit.), p. 119; and *op.* cit., ch. 5.

(21) de Vries, *op. cit.*, p. 205.

(22) de Vries, *op. cit.*, ch. 6.

(23) H.-J. Voth, *Time and Work in England 1750-1830* (Oxford: Clarendon Press, 2000).

(24) すでに紹介したように、デ・フリースのいう「勤勉」世帯は近世北西ヨーロッパ型家族の産物とされてはいるが、同様の観点から東アジアの近世をみるとどうなるかも、十分に論議の的である。とりあえず、O. Saito, 'An industrious revolution in an East Asian market economy? The case of Tokugawa Japan and implications for the Great Divergence', *Australian Economic History Review* 50 (2010), pp. 240-61 と J. de Vries, 'Industrious peasants in East and West: markets, technology, and family structure in Japanese and western European agriculture', *Australian Economic History Review* 51 (2011), pp. 107-19のリジョインダーをみよ。

(25) de Vries, *op. cit.*, tables 5.1 and 5.3, pp. 212, 224.

(26) *Ibid.*, tables 5.2, p. 218.

(27) 年齢別死亡率が当該期間に生じたイヴェント——たとえば感染症の罹患、災害への遭遇、事故、出産など——の影響を強く受けるのに対して、身長（final height）は誕生後に経験した栄養状態——グロスの栄養摂取量から動作・仕事や罹病の際に必要となるエネルギー量を差し引いたネットの値と定義される——の累積効果を反映する。したがって、幼児期以来、家庭内で男女間に食事内容や看病の仕方に違いがあったとすると、その影響は平均身長の男女差となって現われるのである。体位の比較経済史に興味がある方は、斎藤修「体位と経済発展」『経済セミナー』（第六六七号、二〇一二年）、五二—五八頁を参照されたい。

(28) de Vries, *op. cit.*, p. 232; S. Nicholas and D. Oxley, 'The industrial revolution and the genesis of the male breadwinner', in G. D. Snooks, ed., *Was the Industrial Revolution Necessary?* (London: Routledge, 1994), pp. 96-111.

(29) S. Horrell and D. Oxley, 'Crust or crumbs? Intrahousehold resource allocation and male breadwinning in late Victorian Britain', *Economic History Review* 52 (1999), pp. 494-592.

(30) de Vries, *op. cit.*, p. 235.

(31) O. Saito, 'Who worked when: life-time profiles of labour force participation in Cardington and Corfe Castle in the late eighteenth and mid-nineteenth centuries', *Local Population Studies* 22 (1979); reprinted in N. Goose, ed., *Women's Work*

in Industrial England: Regional and local perspectives (Hatfield: Local Population Studies Society, 2007), pp. 209-27; 'Occupational structure, wages, and age patterns of female labour force participation in England and Wales in the nineteenth century', *Keio Economic Studies* 16 (1979), pp. 17-29; and 'Labour supply behaviour of the poor in the English industrial revolution', *Journal of European Economic History* 10 (1981), pp. 633-52.

(32) Horrell and Humphries, 'Women's labour force participation' (op. cit.), p. 112, n.81.

(33) J. Burnette, *Gender, Work and Wages in Industrial Revolution Britain* (Cambridge: Cambridge University Press, 2008), pp. 320-21.

(34) R・S・コーワン、高橋雄造訳『お母さんは忙しくなるばかり――家事労働とテクノロジーの社会史』(原書一九八三年、法政大学出版局、二〇一〇年)。

(35) J. Vanek, 'Time spent in housework', *Scientific American* 231 (1974), pp. 116-20; J. Mokyr, *The Gifts of Athena: Historical origins of the knowledge economy* (Princeton: Princeton University Press, 2002), p.199.

(36) J. Gershuny, *Social Innovation and the Division of Labour* (Oxford: Oxford University Press, 1983), p.151; *Changing Times: Work and leisure in postindustrial society* (Oxford: Oxford University Press, 2000), p. 54.

(37) Gershuny, *Social Innovation* (*op. cit.*), pp. 149-50.

(38) 以上、無業およびパートタイム雇用の主婦についての集計による。Gershuny, *Social Innovation* (*op. cit.*), p. 151.

(39) J. Mokyr, 'Why "more work for mother?" Knowledge and household behavior, 1870-1945', *Journal of Economic History* 60 (2000), pp. 1-41; and *The Gifts of Athena*, ch. 5.

(40) Burnette, *Gender, Work and Wages* (*op. cit.*), p. 322におけるコメントも参照。

(41) 戦前日本の文脈における位置づけについては、斎藤修『賃金と労働と生活水準――日本経済史における一八―二〇世紀』(岩波書店、一九九八年)、第Ⅲ部を参照。

(42) 本書、第八章、二九三―九四頁。

(43) 斎藤修「農家世帯内の労働パターン――両大戦間期一七農家個票データの分析」『経済研究』第六〇巻二号(二〇〇九年)、一二六―三九頁。

(44) 本書、第八章、二九四―九五頁。
(45) 大沢『現代日本の生活保障システム』（前掲）二九頁。
(46) 大沢、同書、一一四―一六頁。
(47) J. Gershuny and J. P. Robinson, 'Historical changes in the household division of labor,' *Demography* 25（1988）, pp. 537–52 ; Gershuny, *Changing Times*（*op. cit.*）, pp. 192–96.

診断と処方箋

十　家族再生産とセーフティネットの比較史

はじめに

福祉国家成立史には正統派の解釈があるようである。伝統社会では家族か、それでは対応しきれない場合には寺院や教会の手でなされていた貧困救済が、市場経済の勃興および資本主義の進展とともに機能しなくなり、自由放任の時代をへて、やがて国家が福祉国家としてセーフティネットと福祉サービスの提供者として登場するという歴史観である。これはかつての近代化論を想い起こさせる考え方であるが、いまも専門家以外のひとに広く共有されているのではないかと思う。しかし、近年の市場原理主義思想の再登場がこういった福祉国家成立史論への批判を始めた一方で、歴史家による実証研究の深化は、福祉国家成立以前の社会における救貧とセーフティネット機構の多様性を明らかにしつつある。

救貧が必要とされるのはひとの生存と家族の再生産が脅かされるからであるが、その原因には大きくわけて三つある。第一は戦争や飢饉といった外生的ショックである。マルサスはそれも本質的には内生要因というかもしれないが、それらが発生するきっかけは外生的であったといってもさしつかえないであろう。第二は市場に起因する経済要因で、失業はその典型的な現象である。一般的には、経済発展とともに前者からこの市場要因へのシフトがあったと考えられている。ただ、イングランドのように早くから資本主義的農業が支配的であった社会では、一九世紀以前にすでに労働市場のセーフティネットも制度化されていた。(1) 第三は家族周期《ライフサイクル》要因である。「総領の十五は貧乏の峠」という諺はその端的な表現の一つであるし、高齢者扶養もライフサイクル問題である。福祉国家は市場要因とこれらライフサイクル要因の相乗作用によって生ずる社会問題への対応を課題として登場したのであったが、家族周期上の危機に由来する貧困救済の必要性は近代以前であってもけっして小さくはなかった。その場合、救済の手を差しのべたのはまず家族および親族だったと考えてよいのであろうか。あるいは、宗教団体だったのであろうか。これらの主体に比較しての、国家や地域共同体（collectivity）の役割はどうだったのであろうか。いいかえれば、近代以前についてもセーフティネットの〈公共性〉を問題にすることはできるのであろうか。

本章は、福祉国家が出現する以前の社会におけるセーフティネット機構を比較史的に考察する。ただ、三つの要因群すべてについてサーベイをすることは与えられた紙数からみて不可能であるので、以下では家族周期に起因する問題に絞って論点の整理を行う。それでも問題点は多岐にわたるが、家族構造と公共性という二つの基本的な概念軸をめぐって比較史の研究整理と分析枠組の設定を行うこととなろう。まず、ライフサイクルの最後の段階である老齢期について、近代以前にあっても核家族の社会と特徴づけられる、イングランドの歴史的経験をみることから始めたい。

一　核家族困窮仮説と救貧法

近代以前の貧困問題にかんしてピーター・ラスレットらが提唱している議論に、核家族困窮（nuclear hardship）仮説がある。(2) 核家族システムとは、結婚が同時に新しい世帯の形成を意味する新居制《ネオ・ローカリズム》のもとで成立する。そこでは原則として三世代同居が出現することがないので、核家族ライフサイクルのなかで暮らす人びとは、配偶者ないしは親の死、失業、病気などに遭遇したとき、世帯内に扶助の手を差し伸べてくれる成人の近親者がおらず、老齢となっても扶養親族がいない状態が一般的であったという。それゆえ、本人の個人的能力や努力とは無関係に、家族周期上の危機からくる貧困にさらされる度合が高かったというのである。実際、一七世紀イングランドのヘンリィ・アーシントンという著者は、「不具の貧窮者」と「自活するだけの稼ぎ」がある者との間の範疇として次の三つのグループを認めたという。七歳以下の孤児、子だくさんの家族、年齢・虚弱および病弱のために労働能力がない者、である。(3) これら三グループはすべて、核家族システム下の社会における家族周期上の危機の犠牲者である。彼らに援助の手を差し伸べたのは誰だったのであろうか。

彼らのうち、数の上でもっとも多かったのは高齢者である。それも寡夫と寡婦である。そこで、ケンブリッジ・グループのリチャード・スミスがサーベイ(4)した教区レベルの事例研究にもとづき、一八世紀以前のイングランドにおける高齢者扶養の実態をみよう。最初に、六教区の人口書上によって六五歳以上の男女が誰と暮していたかをみると、予想どおり配偶者との同居がもっとも多く、約半分（男性五八パーセント、女性四〇パーセント）である。配偶者をもたない場合、男性の約三人に一人（全体の一三パーセント）、女性の約半分（全体の三二パーセント）が一人住い、ないしは非血縁者と同居していた。寡夫または寡婦が血縁者に扶養されていたと看なせる事例は、最大限に見積っても三割以下だったのである。次に、救貧法の下、教区からの手当受給者およびその家族が教区人口のどの程度の割合をしめていたかをみよう。やはり限られた事例からであるが、人口の四－五パーセントが平均的水準と推計されている。一九世紀を念頭においた叙述のなかでパット・セインは、被救貧者の割合が「イングランドとウェールズの人口の五パーセント以上となることは決してなかった」と述べているので、(5)一七－一八世紀の水準としてこの推計はそれほど的外れの数字ではないと思う。彼ら受給者のすべてが高齢者ではなかったが、この時代の六〇歳以上人口が一〇パーセントをこえることがなかったことを想えば、四－五パーセントという受給者比率の重みが理解できるであろう。すなわち、近代以前のイングランドにおける高齢者（とくに寡婦）は、たとえ成人の子どもがいたとしても、教区からの扶助によって老後を過ごした。核家族社会のイングランドでは、近代以前においても、ライフサイクル上の危機にたいするセーフティネットは家族ではなく、エリザベス朝に制定された救貧法の下、教区という地域共同体が提供したのであった。

もっとも、右記の結論は主として南部の教区のデータにもとづいていた。実際、スティーヴ・キングは、教区の救貧法運用実態がわかる資料をイングランドの南および南東部（以下、たんに南部という）と北および北西部（以下、北部と呼ぶ）に分けて検討し、(6)そのイメージは南部の実状を強く反映したものであったこと、北部ではかなり異なった救貧が行われていたことを明らかにした。南部の場合、全体の六割をしめる六〇歳以上の救貧受給者が平均的な市場賃金の二五から三〇パーセントをもらうことが普通であったのにたいし、北部では受給額がその半分の水準であった。他方、南部に比較して若年層にたいする一時的な支払（現物支給を含む）は多かったという。農村的色彩が強い南部の救貧行政が老齢年金支給に傾斜していたのにたいし、プロト工業地域の多い北部では、緊急避難的な運用に傾斜していたのである。後者は疾病ないしは失業への対応策と考えられるが、南部でも一八世紀後半には農村失業が深刻となり、イングランド救貧法の歴史において特異な地位をしめるスピーナムランド法が施行された。すなわち、一種の最低賃金が定められ、失業手当としての性格をもった給付が導入されたのである。それに対応して、南部の救貧受給者にしめる一時支給の割合は増大し、年金受給における六〇歳未満の割合も拡大したのである。

別ないい方をすれば、上記アーシントンの分類では救貧対象に入らない家族持ちの失業者も、北部では、かなり以前から緊急避難的な一時金ないしは現物給付のかたちで、南部では、インフレ下で失業が深刻となった一八世紀末以降の賃金保障制度というかたちで、市場に由来する貧困へのセーフティネットも教区が提供していたのである。ただ、諺にいう「貧乏の峠」が含意しているように、また後のラウントリィ調査が明らかにしたように、失業ないしは不完全就業による貧困も家族周期と無関係ではない。核家族社会イングランドにおける家族再生産上のセーフティネット機構は、地域共同体が担っていたのである。

通常、この旧救貧法体制は一八三四年の新法制定によって終焉し、自由放任的な救貧行政に転換したと考えられている。マルサスや古典派経済学者の言説に強く影響されていた一八三四年改正のための委員会がスピーナムランド法にたいして行った最大の批判は、働く能力をもつ失業者への給付に向けられており、現代の新自由主義的批判の嚆矢ともいえる議論であった。けれども、サマンサ・ウィリアムスによる丁寧な実証によれば、南部バークシャーで始まったスピーナムランド法の下でなされた現実の救貧行政における最大の歳出項目は高齢者と女性への給付だったという[7]。それゆえ、一八三四年法の効果については強い異論が以前より出されていた。とくにデイヴィッド・トムソンは、南部の一地域のデータから、一九四〇年代前半でもかなりの数の高齢者が平均賃金の七〇パーセント以上という十分な額の手当を受取っていたと主張した[8]。もちろん、南北地域間の格差も考慮にいれなければならないし、「七〇パーセント以上」という給付レベルが一般化できるとも思えない[9]。しかし、新救貧法後もそれ以前からみられた南北間の対照を保ちながら、イングランドの教区が何らかの家族再生産上のセーフティネットを提供し続けたことは事実といってよい。

実際、大幅な給付水準の切下げが起こったのは一八七〇年代になってからであった。一八四〇年から一八七〇年にかけて人口増加を上回る救貧支出の増大があったため、被救恤貧民の絶対数を大幅に減らす努力が政府によってなされたからである[10]。他方、周知のとおり、最初の福祉国家的施策である老齢年金法が施行されたのは一九〇八年、次いで失業保険をも含んだ国民保険法の成立が一九一一年であった。こう考えれば、真に自由放任主義的な、いわゆるヴィクトリア朝の価値観が支配的であった時代は——仮にそのような時代が本当に存在していたとしても——数十年という、長い歴史のなかでの短い一齣にすぎなかったことがわかる。

いうまでもなく、イングランドの長い歴史のなかで救貧のセーフティネットを提供していたのは教区だけではなかった。相互扶助的アソシエーションを含む、さまざまな中間団体の役割を組込んだ多面的な歴史叙述の必要があろう。[11] ただ、右記の検討からだけでも福祉国家史家や近代化論者の歴史観が事実にそぐわないこと、他方、次章でみるように、サッチャー元首相のような新自由主義的スローガンも歴史的根拠を有しないことは明白であろう。

二　家族のセーフティネット機能と地域共同体

しかし、核家族困窮仮説をめぐる論議が含意しているのは、福祉の歴史におけるかつての筋書には見直しが必要ということだけではない。本章の主題からみれば、セーフティネットの提供者が一九世紀以前においても地域共同体であったという事実が、イングランドの核家族システムそのものに根ざした特質であったという論点こそ重要である。これがラスレットの第一の命題である。しかしそこから、第二の命題、より複雑な家族構造をもつ社会、たとえば南欧やさらには非ヨーロッパ社会では、セーフティネット提供者としての家族ないしは親族の重要性が高まり、他方で、国家や地域共同体が提供する公的セーフティネット機構の重要性が低下するという命題を導出してよいのであろうか。

家族・人口構造の観点からみたとき、ヨーロッパは東と西に分類されるのが一般的である。核家族と高い結婚年齢と低い出生率によって特徴づけられるのが西欧であるが、西欧をさらに二つ、ないしは三つに分割する試みもある。その際、とくに特徴的と考えられているのがアルプス以南の地中海世界である。女子の結婚年齢は低く、合同《ジョイント》家族（ないしは多核家族）の出現率が――ロシアと比べれば低率ではあるが――イングランドなどよりは明瞭に高かった地域だからである。とりわけ、イタリアに多かった分益小作制と合同家族形態と高出生力の関連は人口史・家族史家の注目を集めてきた(12)。ここでは、このような特徴をもつイタリアを、捨児というライフサイクル初期局面の問題にかんして日本と比較する。日本は、非ヨーロッパ世界のなかでも、合同家族ではなく直系《ステム》家族が支配的な地域として際立った存在である。家族周期を通してみれば、直系家族―拡大家族―核家族という形態を順次移行し、再び直系家族形態へ回帰するところに特質があり、それゆえ中国に代表される合同家族の社会と比べて、平均値でみた家族世帯の構成が相対的に単純となる傾向のあった社会である。いいかえれば、家族構造を単純から複雑へというスケール上に左から右へ並べるとすると、南欧はイングランドよりは明白に右に、日本は中国より左に位置するであろう(13)。そのような位置関係にある南欧と日本における捨児問題への対処方法は、セーフティネット提供者としての家族という観点からみたときに類似性が認められるのであろうか、それとも顕著な相違があったのであろうか。

イタリアの捨児養育制度

キリスト教世界では、新約聖書で「飢えているときに食べさせ、のどが渇いているときに飲ませ、旅をしているときに宿を貸し、裸のときに着せ、病気のときに見舞い、牢にいるときに訪ねる」ものは「父に祝福された人たち」であると記されているように、慈善を神に祝福された行為としてきた（「マタイによる福音書」二五：三四―四〇）。それゆえ、修道院が経営する施療院《ホスピタル》などがその救済のための機関として早くから設けられ、捨児養育施設もそのなかに含まれていたのである。

　捨児養育院は中世イタリアの諸都市に数多く設立された。それは、イタリア社会で婚外子が多かったという事実と無関係ではなかったろう。実際、中世から近世にかけて捨児養育院に収容された子どもはほとんど婚外子であったというのが通念であった。しかし、最近の実証研究はその通念に疑問を投げかけている[14]。たとえば、フィレンツェのインノチェンティ捨児養育院にかんする研究書をみると――正確な割合を算出することは難しいようであるが――一五世紀においても少なからぬ割合の子どもが嫡出子であったようである。一八世紀ともなると、その割合は七〇パーセントに達した。それだけではない。一五世紀の資料から高橋友子は、養育院に子どもを入れた後に再び母親が引取りに現われた例が存在しており、一時的に子どもを「預ける」といった感覚すらあったのではないかと推測している。さらに興味深いことに、その預けた家族のなかには相当数、分益小作人がいた。それは一五世紀の資料からも想定されるが[15]、一七〇〇年以降における周辺農村の家族復元を通じてカルロ・コルシーニが示唆していることでもある。すでにみたように、分益小作人はより複雑な家族構成を採る傾向があった。家族ないしは親族の規模が大きければ、それだけそのセーフティネット機能が大きくなるという想定にとって、この発見事実は整合的でない。このことから、パオロ・ヴィアッツォは、合同家族困窮（joint-family hardship）状況の存在すら考慮にいれなければならないのではないかといっている[16]。

このフィレンツェの事例は、捨児養育における都市国家政府の役割を明示的に示している点でも重要である。一五世紀以降になると、西欧の多くの都市で慈善団体の経営権が教会から自治都市へと移ってゆく。この変化がもっとも顕著であったのがイタリア諸都市である。フィレンツェのインノチェンティ捨児養育院も例外ではなかった。[17]この養育院の業務は、捨てられた幼子にミルクを与え（院内の乳母の場合も農村に里子に出す場合もあった）、養親を探し、徒弟奉公先を見つけ、女子の場合は結婚先を探すことであった。それらにかんする文書資料を分析して高橋友子は、現実の養親や奉公先の親方、あるいは当時の社会一般がどう考えたかは別として、養育院の目的は子どもたちを「自立」させることであったという。[18]これは、この種の養育院が〈公共的〉性格をもっていたことの証左である。

日本の救恤制度

日本の徳川時代でも捨児は社会問題であった。残念ながら、ヨーロッパと比べて研究の蓄積が少なく、その発生頻度がどの程度であったか、ヨーロッパと比較してどうであったかについて事実を確定することは難しい。しかし、一六八七（貞享四）年一月から次々に出された将軍綱吉の生類憐み令が第一義的には捨児対策であったといわれるように、また事実上の捨児である迷子件数が、不作・凶作そして穀物価格の高騰と密接な関連をもっていたという発見事実からもわかるように、都市では無視できない現象であったようだ。[19]

その生類憐み令では、捨児への対応を町あるいは村という地域行政に委ねていた。貞享四（一六八七）

年四月令の第一条は、「捨子有之候ハヽ、早速不及届、其の所之者いたハり置、直ニ養候か、又ハ望之者有之候ハヽ、可遣候」と述べ、町に自らの負担で介抱・養育するか、養子に遣すかを選択させていた。しかし、町が自らの負担で養育院を設ける方向へはゆかなかった。京都にかんする菅原憲二の論考によれば、京の町々ではこの幕令以前にすでに後者が選択されていたという。いいかえれば、養子制度による捨児問題への対応は徳川幕府の意向によって導入されたのではなく、現場での慣行が法令に反映した結果であった。その制度の下では、町用人がまず形式上の養親となる。次いで他所へ養子に出されるという仕組であったが、断片的な資料から判断すると養子のマーケットと職業的な斡旋人が存在しており、彼らを通して縁組が行われたと思われる。実際、明治初年の京都および東京における扶助行政を扱った論文は、この旧慣が幕府崩壊後も生きていたことを明らかにしている。(20)

この制度の特徴は、町当局の負担が最小限に抑えられることであろう。捨児発見から町内の養親決定までの期間が町の責任である。養子縁組成立時に「祝儀」を町入用《ちょういりよう》から出すことはあったようであるが、徳川時代を通じての養親決定までの期間は短縮化する傾向にあったという。全体として、乳母への手当から、医療サービスの提供、結婚に際しての婚資の給付まで、多様なケアを行っていたフィレンツェの捨児養育院と比較すると、公の関与は小さく、公費支出の水準は低位であったと思われる。第二の、より重要な特徴は、捨児養育を担ったのが結局は家族だったことである。フィレンツェでも養子は選択肢の一つであった。しかし、イタリアの制度では力点が子どもを育てあげ、自立させることにあったことを想起すれば、最終的には子どもを貰い受ける家族が養子によって自分の子どもとしてしまう点に、この日本の「捨子養子制度」が南欧の捨児養育と根本的に異なる特徴があった。すなわち、日本の場合、イエ制度そのものが捨児問題を解決した。都市の下層民においても、である。菅原や沢山がいうように、この「捨子養子制度を支えた社会的基盤は養子を必要とする近世における「家」のあり方」にあったのである。[21]

明治になると諸制度の西欧化とともに、公的扶助も正式に法制化されることとなった。しかし、制度が導入されても事情はそれほど変わらなかった。公的扶助は最小限に抑えるという方針が貫かれていたからである。[22]ここで、国に先がけて「防貧」制度を導入した「東洋のマンチェスター」大阪市の例をみてみよう。大阪は第一次世界大戦直後に導入した方面委員制度によって知られているが、その制度設計に当った小河滋次郎が一九一二年に刊行したパンフレットがある。『救恤十訓』と題された小冊子は、日本を訪問した英国のウェッブ夫妻の強い影響を受けて書かれたといわれる。実際、後に創設される方面委員（現在の民生委員）制度ではラウントリィの貧困線概念が採り入れられている。しかし、興味深いことに、そのパンフレットで小河が力説したことは家族の重要性、主婦の役割であった。「貧困は多くの場合に於て収入の問題に非ずして、寧ろ支出の問題」といい、「支出の問題を解決するものは即ち一家の主婦である」と断言する。現実の都市大阪における貧窮者の大部分は「破れた家庭」であったが、小河の考えから、最良の救貧策は彼らをして結婚ないしは再婚させること、すなわち「家族形成を少しでも推し進めていこう」という発想が出てくるのは自然のなりゆきであった。[23]明治以降の救貧・防貧政策にも、最終的には家族に解決させるという伝統的な発想が色濃く反映していたのである。

三　比較セーフティネット論の課題と展望

　ここでラスレットの仮説に戻ろう。彼の仮説のうち、核家族社会では内在する家族再生産上の諸問題に対処するために公共性が早くから確立したという命題は、イングランドにかんする研究成果に照らして首肯できるものである。問題はもう一つの命題、より複雑な家族構造をもつ伝統社会では家族ないしは親族がライフサイクル上の危機へ対処しえたので、公共的な性格をもつセーフティネット提供機構の発達がみられなかったという命題である。日本の救恤制度はこの後者の命題にたいして整合的とみえる事例を提供していたが、イタリアにおける捨児養育の事例は明白に非整合的であった。

　それゆえ、次の二点が結論となる。その第一は、家族構造の複雑さは伝統社会におけるセーフティネットのあり方を考えるうえで重要なポイントとなるという確認である。イングランドと日本の例は、それぞれ異なった意味においてではあったが、福祉の歴史における家族の通奏低音的な役割を示唆していた。第二に、イタリアの諸都市における公共空間のひろがりを家族構造の単純さに還元することができなかったことから明らかなように、家族に注目するだけでは十分でない。〈公共性の伝統〉は明らかに別個の歴史的淵源をもっていたのである。

　このような考察から若干の今後への研究課題を指摘できる。その最初は、ヴィアッツォのいう合同家族困窮仮説を検討することであろう。合同家族に生まれたひとのほうが、他の条件が同じならば核家族に生まれたひとよりも多くの同居血縁者をもつことは事実であるが、それは合同家族が家族再生産上の危機に遭遇することが少ないということを必ずしも意味しない。家の継続が重視されるゆえに、合同家族よりもはるかに周期性を検出しやすい直系家族の場合でも同様であろう。実際、徳川農村の家族周期にかんする若干の事例研究から計算される周期完結率は一四パーセントをこえることがなかった(24)。合同家族には合同家族特有の、直系家族には直系家族特有の家族再生産上の困難があったはずである。その分析が望まれるのである。

次に、家族《ファミリー》と親族《キンシップ》の機能を同一視できないことに注意したい。ラスレットもそうであったが、これまで家族史家は、単純な家族構造には狭い親族ネットワークが、複雑な家族構造には厚い親族関係が対応していたと仮定してきたように思われる。しかし、イングランドのような核家族社会でも親族ネットワークは無視できない重要性をもっていたこと、しかし、それは教区救貧行政のセーフティネットと並存していたことはしばしば指摘されている。家族と親族のあいだに一対一の対応関係を前提するのではなく、それぞれの社会において親族ネットワークがどの程度セーフティネットとして作用していたか、その公共的機構との関係がどの程度に競合的で、どの程度に補完的であったのかが、実証的に検討されねばならない。この点は、本章では取りあげることができなかったが、中国を比較史の対象にいれたときに重要となるであろう。

最後に、前節の日欧比較から、公共性を西欧に固有の歴史的伝統と解釈するのは短絡だということも指摘しておかねばならない。非ヨーロッパ社会には公共空間が成立していなかった、あるいは地域共同体がセーフティネットを提供する伝統が皆無であったと考えるのは適切ではないだろう。これは飢饉をテーマに節を改めて検討するのが適当なのであるが、紙幅の制約から、ここでは徳川日本を例に今後の課題のみを記しておきたい。

近世の飢饉対策をみると、徳川幕府・藩政府および村共同体が公共政策を実施していたことは明白である。それも、御救米・払米や津止の実施という緊急対策から始まって、救荒書の頒布、酒造禁止令、社倉等の備荒貯蓄制度およびそれへの下穀（備穀の提供）という予防的色彩の強い施策まで、幅広い。さらに重要なのは、徳川時代を通じて、慈恵・仁政観念に依拠した幕府・藩府の対応から地域社会の危機管理体制整備へという政策上の転換があったのではないか、という指摘である。慈恵・仁政の観念枠組自体は根強く残ったが、従来の藩府から村役人へという行政の流れとは異なる、在地が主体となったセーフティネットの整備努力が注目されている。この点は菊池勇夫が指摘していることであるが、官制改革は備荒貯蓄の面でも転換点だったようである[25]。近年の日本近世史が、経済面では地域経済の自立傾向、政治行政面では村々をこえた連合組織の形成と地域社会の生成を指摘してきていることを想起すれば、その意義を理解できよう。

また救恤面でも、斬新な構想が打出された事例のあることが知られている。沢山美果子によれば、天保年間、津山藩の町奉行が藩主の諮問に答えて「引出附の箪笥の如き箱」を備えた育子院構想を答申したという。夜中に密かに箱のなかへ捨て置かれた子を、乳母に出して養育するというものであった（西洋書でみた、ロシアの育児院におかれた回転箱がヒントであったようだ[26]）。実現はしなかったが、〈公共性の成長〉という観点から興味ある発見である。このような観点からの検討は、ヨーロッパとは異なった伝統の枠内で新たな公共空間の生成がどのようになされたのかを、またその日本的特質をも明らかにする、興味深い事例研究となるはずである。

本章では、福祉国家成立以前の社会におけるセーフティネット機構を比較史的に考察するための、家族構造と公共空間のあり方とを中心とする分析枠組を提示した。本来であれば、その枠組にもう一つ、市場経済との関連を付け加えなければならないが、それは稿を改めて論じなければならない問題である。

註

（1）その理論的・実証的な根拠については下記を参照。O. Saito, 'Labour supply behaviour of the poor in the English industrial revolution,' *Journal of European Economic History*, vol. 10（1981), pp. 633-52' および本書第十一章。

（2）P. Laslett, 'Family, kinship and collectivity as systems of support in pre-industrial Europe: a consideration of the 'nuclear-hardship' hypothesis,' *Continuity and Change*, vol. 3（1988), pp. 153-75.

（3）R・M・スミス、鬼頭宏訳「出生力・経済・家族形成」、斎藤修編『家族と人口の歴史社会学――ケンブリッジ・グループの成果』（原論文一九八一年、リブロポート、一九八八年）、一六〇頁。

（4）R.M. Smith, 'Ageing and well-being in early modern England: pension trends and gender preferences under the English old poor law c.1650-1800,' in P. Johnson and P. Thane, eds., *Old Age from Antiquity to Post-modernity*（London: Routledge, 1998), pp. 64-95.

（5）P・セイン、深澤和子・深澤敦監訳『イギリス福祉国家の社会史――経済・社会・政治・文化的背景』（原書一九九六年、ミネルヴァ書房、二〇〇〇年）、三九頁。

（6）S. King, *Poverty and Welfare in England 1700-1850*（Manchester: Manchester University Press, 2000), chs. 6-7.

(7) S. Williams, *Poverty, Gender and Life-cycle under the English Poor Law: 1760–1834* (Woodbridge: Boydell & Brewer, 2011).

(8) D. Thomson, 'The decline of social welfare: falling state support for the elderly since early Victorian times', *Ageing and Society*, vol. 4 (1984), pp. 451-82.

(9) E.H. Hunt, 'Paupers and pensioners, past and present', *Ageing and Society*, vol. 9 (1989), pp. 407–30.

(10) セイン、前掲書、四二―三頁。この給付水準の低下はトムソン推計にも現われている。

(11) セイン、前掲書を参照。

(12) Laslett, op. cit.; R.M. Smith, 'The people of Tuscany and their families in the fifteenth century: medieval or Mediterranean?', *Journal of Family History*, vol. 6 (1981), pp. 107–28.

(13) ここでは便宜上「家族構造の複雑さ」が一つのスケール上で測れると仮定しているが、家族システムをその上に並べることができると考えるのは必ずしも適切ではない。家族システムは核家族、合同家族、直系家族の三つに分類され、それぞれが構造的に独自だからである（直系家族が、核家族とも、また合同家族とも異なる第三の類型であることについては筆者の次の論文を参照。O. Saito, 'Two kinds of stem family system? Traditional Japan and Europe compared', *Continuity and Change*, vol. 13, 1998, pp. 167-86）。なお、横に拡大する契機を有する合同家族のほうが縦のつながりを中心とした直系家族よりも家族構造は複雑となるが、世帯あたりの血縁者密度という意味での家族規模は死亡率水準等の人口学変数に依存して決まるので、その大小関係が一義的に定まることはない。

(14) P.P. Viazzo, 'Family structures and the early phase in the individual life cycle. A Southern European perspective', in J. Henderson and R. Wall, eds., *Poor Women and Children in the European Past*, (London: Routledge, 1994), pp. 31–50.

(15) C.A. Corsini, 'Self-regulating mechanisms of traditional populations before the demographic revolution: European civilizations', in International Union for the Scientific Study of Population, *Proceedings of the International Population Conference*, Mexico 1977, vol. 3 (Liège: Ordina, 1978), pp. 5–22. 高橋友子『捨児たちのルネッサンス――一五世紀イタリアの捨児養育院と都市・農村』（名古屋大学出版会、二〇〇〇年）、一〇三―一二五頁をも参照。

(16) Viazzo, op. cit., p. 42.

(17) 河原温「都市の貧困と福祉」、朝治啓三・河原温・服部良久編『西欧中世史』下(ミネルヴァ書房、一九九五年)、および高橋、前掲書、四頁。

(18) 高橋、同書、二三八―六五頁。

(19) 塚本学『生類をめぐる政治――元禄のフォークロア』(平凡社、一九八三年)、鬼頭宏「迷子と行方不明――一八世紀京都の人口現象」『人口学研究』第九号(一九八六年)、四九―五七頁。

(20) 菅原憲二「近世京都の町と捨子」『歴史評論』第四二二号(一九八五年)、三四―六〇頁、沢山美果子『性と生殖の近世』(勁草書房、二〇〇五年)、第四―五章、同『江戸の捨て子たち――その肖像』(吉川弘文館、二〇〇八年)、大杉由香「都市における公的扶助と私的救済――明治前期の京都を中心に」『社会経済史学』第六一巻四号(一九九五年)、四五五―八五頁、平井雄一郎「「区内預り」から「養育院」へ――「棄児救育」合理化の一局面」『社会経済史学』第六一巻六号(一九九六年)、七九二―八一九頁。

(21) 菅原、前掲論文、五六頁、沢山『江戸の捨て子たち』(前掲)、三六―三七頁。

(22) 橋本寿朗・大杉由香『近代日本経済史』(岩波書店、二〇〇〇年)、九七―一〇〇頁。

(23) 以上、玉井金五「日本における防貧論の展開――小河滋次郎と方面委員制度」、同著『防貧の創造――近代社会政策論研究』(啓文社、一九九二年)所収、を参照。

(24) 会津地方の事例研究によれば、直系家族―拡大家族―単婚家族と形態上の移行をし、再び直系家族形態へと回帰した割合は、条件に恵まれた上層の家族でも一四パーセント、全世帯計では一一パーセントであった。岡田あおい『近世村落社会の家と世帯継承――家族類型の変動と回帰』(知泉書館、二〇〇六年)、一二二頁による。

(25) 菊池勇夫「徳川日本の飢饉対策」、社会経済史学会編『社会経済史学の課題と展望――社会経済史学会創立七〇周年記念』(有斐閣、二〇〇二年)、三七五―八五頁。ただし、菊池も指摘するように、幕府や藩府の御救主義放棄の思惑と民間における制度構築の遅れの狭間では、凶作が飢饉へと発展してしまうことが生じ得た。凶作の頻度が低下傾向にあり、グローバルな寒冷化が底を打ったなかで天明と天保の大飢饉が起きた理由も、このような観点から再検討されるべきであろう。この点、O. Saito, 'Climate, famine, and population in Japan: a long-term perspective,' in B. L. Batten and P. M. Brown, eds., *Environment and Society in the Japanese Islands: From prehistory to the present* (Corvallis, OR: Oregon

State University Press, 2015）を参照。
(26) 沢山『江戸の捨て子たち』（前掲）、一四三―四九頁。

十一　マルサスの処方箋

はじめに

一九七九年から一九九〇年まで英国保守党をひきいて首相の座にあったマーガレット・サッチャーは、二〇世紀における最長不倒距離を更新した。一九八〇年代は世界的にケインズ主義から古典的なレセフェール経済政策への回帰がみられた時代で、とりわけサッチャー政権の小さな政府路線とそのための処方箋は成功を収めたケースといわれている。この積極財政主義から均衡財政主義へという動きのなかには、主義主張上の問題と経済官僚レベルにおけるプラグマティズムとが混在しており、その混合割合は国によって異なる。前者の側面における変化をイデオロギー革命と呼ぶとすれば、サッチャー政権の登場には、他の諸国の場合と比較して、このイデオロギー革命の面がとりわけ色濃くでていたことは否定しえない事実であろう。

彼女の「成功」とは、いうまでもなく経済成長率の回復によって計られたものである。しかしその反面――これもまたよく知られているように――教育・労働・福祉などの分野に大幅な予算削減をもたらし、国民の間に少なからぬ不満と（ときには）怨念を残した。サッチャー政権下の例では国民医療保健制度

（National Health Service, NHS）にたいする政権側からの攻撃がその典型である。一九八八年に病院看護婦組合のストというかたちをとって吹出たそれへの不満は、たまたま私が英国滞在中であったこともあり、かなり根強く、また幅広い支持をうけているということが感じられた。新聞が世論調査の結果として、保守党支持者の間にも無料診療というNHSの基本堅持に賛成のひとが多いと報じていたのは、その反映であろう。私が住んでいたシェフィールドという市は伝統的に労働党の強い地域であったこともあろうが、出勤時間にピケをはる制服姿の看護婦さんたちが“*Toot if you support NHS*”と書かれたプラカードをもって立っていると、病院前をゆく車のずいぶん多くがプップーと鳴らしてそれに応えていたものであった。

このような紛争をめぐるやりとりをみていると、福祉にたいするサッチャー首相の姿勢がよくわかる。そこには、たんに財政担当者のプラグマティックな要求から出てきた予算削減などというもの以上の何かがある。すなわち、国民医療や失業保険の問題にかんして彼女が国民に求めているのは、自助努力であり、国に頼るな、必要なサービスは市場を通して購入するように、ということなのである。後者が公共サービスの民営化という処方箋となり、前者は「ヴィクトリア朝の価値観（Victorian values）に戻れ」というスローガンとなる。

ヴィクトリア朝の価値観とは、いうまでもなく、国民自らの努力と才覚とであの繁栄を築きあげたエンタープライジングな態度と、労働者階級にもみられた自助精神のことを指している。そして自助というとき、〈自〉とは――文字どおりの個人だけではなく――家族のことが考えられている。サッチャー夫人がある談話のなかでいったといわれる、「社会《ソサエティ》などというものは存在しない。実在するのは、ただ男女個々人と彼らの家族だけである」(There is no such thing as Society. There are individual men and women, and their families.) という、いかにも断定的な命題は、その思想の端的な現われである。(1) 彼女の頭のなかにあった社会とは、国家と個人の間には家族とマーケットしかないような集合体のイメージなのであろう。中間団体など存在しないか、存在したとしても機能していないような、国家と個人(家族)とが直接向い合っている社会というイメージなのであろう。互いに競争しあう個人が頼れるのはただ家族だけ、というわけである。

これは、ホッブスの「万人の万人にたいする闘争」という発想法に近い。「闘争」(war)という言葉を「競争」(competition)に置換えれば、まったく変わらないとさえいえる。実際、産業革命直後の『イギリスにおける労働者階級の状態』を描きだした文章のなかで、エンゲルスが「競争とは、近代市民社会で支配している万人対万人の戦争の、もっとも完全な表現である」といったとき、このホッブスの命題が念頭にあったはずである。しかし、もっと具体的な、現実の社会経済問題にたいする政策哲学のレベルでいうと、ホッブスよりはマルサスの名をあげるのが適当かもしれない。マルサスはホッブス的リアリストだったわけであり、(2) かつまたヴィクトリア朝的社会政策・福祉政策の構築に思想的なバックボーンを与えた人物だからである。事実、「ヴィクトリア朝の価値観に戻れ」という代わりに、「一八三四年原則に戻れ」ともいわれる。一八三四年原則とは、レセフェール時代の福祉政策の出発点となった、一八三四年における旧救貧法改定と新救貧法制定の背景にある思想のことをいい、それにはマルサスの人口論と古典派の経済理論とが決定的な影響力をもったのであった。マルサス個人が本当はどういう思想家であったかは別として、彼がそのように思われていることは疑いない。それゆえサッチャー夫人のいっていたことは、ベヴァリッジ以来の福祉国家の政策思想を捨て、マルサスの処方箋に戻ろう、というに等しい。彼女の哲学的バックボーンが新自由主義といわれるゆえんである。

けれども、彼女の抱いていたヴィクトリア朝社会のイメージは正しいのであろうか。それは、一九世紀英国社会のリアルな像に本当になっているのであろうか。また、マルサスの処方箋が拠ってたっている理論は、産業革命の時代における労働者階級の人びとの行動様式をリアルに描きだすのに成功したといえるのであろうか。ヴィクトリア朝社会の実態とか産業革命の時代における労働者階級の人びとの行動様式とかいうことは、純粋にアカデミックな歴史学の問題である。しかし、右の疑問への答しだいでは、サッチャー政権とその後継者のやっていることは——少なくともその一部は——歴史的根拠を失う。その意味で、それらは現代的な意味をもつ問題でもある。

一　一八三四年原則

それでは、一八三四年原則とは具体的に何を意味していたのであろうか。新救貧法と旧救貧法との違いはどこにあったのであろうか。[3]

英国における救貧法（Poor Law）の歴史は一六世紀、エリザベス朝にまで遡る。しかしいま問題となる旧法とは、スピーナムランド制度（Speenhamland system）と呼ばれる、産業革命がスタートしたばかりの一七九五年に登場した独特の救貧行政のことをいう。それは地方のイニシアティヴで始まったもので、その年の五月六日に農業州であるバークシャーのスピーナムランドというところのペリカン・インに集まった治安判事によって決定されたことから、そのように呼ばれている。その背景には、世紀の中葉から始まった人口増加とイングランド北部を中心に拡大しつつあった産業革命と、その波とのあおりを受けて進行していた物価上昇が、農業地帯の労働者の間に多くの貧困者を生ぜしめていたという事情があった。そのためそれは、またたく間に同じ問題をかかえる他の多くの地方に波及し、翌年には議会の追認を受けて全国的な制度となった。

このスピーナムランド制度の特徴は、次の二点にある。第一は、貧困者を、従来のように、救貧院とも労役場とも訳されるワークハウスに収容せずに救済をするという点である。貧民はワークハウスに収容して救済するというのがエリザベス朝に救貧法が成立した当初の原則であったが、その後、地方レベルでは施設に収容せずに在宅のまま救貧をする傾向が強まってきていた。スピーナムランド制度はその傾向の延長上にある。すなわち、働く意思と能力があり（able-bodied、図11－1のなかの表現によれば the Industrious Poor）、家族も揃っている、低収入の労働者に賃金補助の給付金をわたすという、施設外救済（outdoor relief）を全面に打ちだしたのである。

第二は——ここにスピーナムランド制度の真の新しさがあるのであるが——最低生存水準の考え方を導入し、それを具体的な数字で表わしたところにある。すなわち、家族の人数とパンの価格から種々の場合の最低生存水準を計算して示したのである。図11－1がその早見表で、そこからいくらの賃金補助を与えればよいかが決定された。たとえば一七九四年から九五年にかけての物価（一ローフのパンが一シリング

図11-1　最低生存費早見表——スピーナムランド・スケール，1795年

SECOND CALCULATION, which was adopted.

This shews, at one view, what should be the weekly Income of the Industrious Poor, as settled by the Magistrates for the county of Berks, at a meeting held at Speenhamland, May the 6th, 1795.		Income should be for a Man.		For a single Woman.		For a Man and his Wife.		With one Child.		With two Children.		With three Children.		With four Children.		With five Children.		With six Children.		With seven Children.	
When the gallon loaf is	s. d.	s.	d.	s.	d.	s.	d.	s.	d.	s.	d.	s.	d.	s.	d.	s.	d.	s.	d.	s.	d.
	1 0	3	0	2	0	4	6	6	0	7	6	9	0	10	6	12	0	13	6	15	0
when -	1 1	3	3	2	1	4	10	6	5	8	0	9	7	11	2	12	9	14	4	15	11
when -	1 2	3	6	2	2	5	2	6	10	8	6	10	2	11	10	13	6	15	2	16	10
when -	1 3	3	9	2	3	5	6	7	3	9	0	10	9	12	6	14	3	16	0	17	9
when -	1 4	4	0	2	4	5	10	7	8	9	6	11	4	13	2	15	0	16	10	18	8
when -	1 5	4	0	2	5	5	11	7	10	9	9	11	8	13	7	15	6	17	5	19	4
when -	1 6	4	3	2	6	6	3	8	3	10	3	12	3	14	3	16	3	18	3	20	3
when -	1 7	4	3	2	7	6	4	8	5	11	6	12	7	14	8	16	9	18	10	20	11
when -	1 8	4	6	2	8	6	8	8	10	11	0	13	2	15	4	17	6	19	8	21	10
when -	1 9	4	6	2	9	6	9	9	0	11	3	13	6	15	9	18	0	20	3	22	6
when -	1 10	4	9	2	10	7	1	9	5	11	9	14	1	16	5	18	9	21	1	23	5
when -	1 11	4	9	2	11	7	2	9	7	12	0	14	5	16	10	19	3	21	8	24	1
when -	2 0	5	0	3	0	7	6	10	0	12	6	15	0	17	6	20	0	22	6	25	0

右上には，'This shows, at one view, what should be the weekly Income of the Industrious Poor, as settled by the Magistrates for the county of Berks, at a meeting held at Speenhamland, May the 6th, 1795' と書かれている．表頭に家族構成，表側に1斤（ガロン・ローフ）のパンの価格が示されており，それぞれに対応する週賃金収入が一目でわかるようになっている．子供2人の場合をみると，パンが1シリングのとき7シリング6ペンス，1シリング6ペンスのとき10シリング3ペンス，2シリングのとき12シリング6ペンスであることがわかる．すなわち，最低生存費は物価スライドであるが，完全には比例しておらず，物価が上がるにつれて逓減するように作成されている．なお，'SECOND CALCULATION, which was adopted' とあるのは，これが可決する前にその逓減率がもう少しゆるやかな原案があったが，それは否定されたからである．

資料）Sir Frederic Morton Eden, *The State of the Poor* (London, 1797), vol. 1, p. 577 より転載．

四ペンス）のもとで夫婦と子供二人の世帯の最低生存費（what should be the weekly Income）は週あたり九シリング六ペンスと計算されるから、九シリングの賃金収入しかないものは六ペンスの補助がもらえることになったのである。しかも、その後に物価騰貴があり、パン価格が五〇パーセント上がって生存費が一二シリング六ペンスになったとしよう。それにもかかわらず賃金は増えなかったとすれば、給付金は三シリング六ペンスに大幅増額されるであろう。これがこのスピーナムランド表の意味していたことであった。これはまさに物価にスライドされた移転所得（transfer income）である。ローカル・レベルにおける福祉国家といっても過言ではないであろう。

これは、それゆえに画期的なことであった。しかし同時に、それは納税者に多くの負担を強いる制度でもあった。救貧費は教区ごとに集められた救貧税《レート》から支払われたから、貧困者や失業者の多いところほど地主や農場経営者の救貧税負担も重くなる傾向があった。そのような実際上の不満と当時の古典派経済学およびレセフェール思想の影響とを背景として、一九世紀にはいると議会において激しい論争が繰り返されるようになった。その結果、ナッソウ・シーニァやエドウィン・チャドウィックという、マルサスの次の世代の識者を中心として救貧法委員会が設置され、その活発な調査と膨大な報告書の公表をへて、一八三四年の救貧法改正法は議会で成立した。

この新救貧法と呼ばれる改正法のポイントは、第一に徹底的な救貧抑制と救貧費削減、第二にそのための自助努力要請、にある。第一の点は救貧資格の厳格な審査と施設内救済の原則への復帰という形態をとった。また第二点は、働く意思と能力をもつものへの救済拒否に等しいわけであるから、全体としてみれば、スピーナムランド制度が確立した生存権の発想は否認されることとなった。この改正の結果、救貧費の支出は減少し、その支出構成も――貧困者救済ではなく――老齢者への年金給付が最大の項目になった。もっとも老齢年金とはいっても、現代の福祉国家のもとにおける場合と異なり、すべてのひとが給付を受ける権利を得たわけではまったくなく、年齢や所得に始まり生活態度にいたるまで、多くの点でチェックをされてはじめて受給できるものだったといわれている。

カール・ポラニーはこの救貧行政の転換を、競争的市場経済成立の歴史における象徴的な出来事の一つとして重視し、一九四四年に出版した『大転換』のなかで「スピーナムランド法、一七九五年」に一章を割いている。スピーナムランド制度は「生存権」(right to live)の導入を意味していたが、「一八三四年の救貧法修正は、[自由競争的な]労働市場に対するこうした障害を取り払った。つまり、「生存権」が廃止されたのである」と、彼は断定する。(4) その後の実証研究に照らしてみると、一七九五年にはじめて移転所得が制度化された、あるいは福祉国家的な発想がでてきたと考えるのは正しくない。すなわち、そのような社会制度は事実上数世紀にわたって英国の社会のなかにすでにビルトインされていたという面があるのであるが、一八三四年の改革にかんしては――その根底にある発想と実現したフォーマルな制度とをみるかぎり――右に引用した言葉も決して的はずれとはいえない。ポラニーは苦々しい気持ちでこれを書いたのであろうが、それを反対の側からみれば、自由主義思想の輝かしい勝利となる。いや、それはたんに一つの思弁の勝利ということにとどまらない。そのような立場に立つ人びとは、福祉国家的な諸施策、とくに所得補助は貧困者や失業者の働く意欲を失わせることによって(そしてまた、おそらくは人口増加を促すことによって）、長い目でみれば結局のところ労働者階級のためにならないのだというであろう。現実《リアリティ》を直視する社会観の勝利というであろう。サッチャー夫人と彼女の支持者たちが「一八三四年原則に戻れ」といったとき、念頭にあったのは、そのようなマルサス的リアリズムの社会観なのである。

しかし、マルサスと、彼の理論によって育ったヴィクトリア朝の知識人が抱いていた理論は本当にリアルといえるであろうか。それは理論的整合性の問題ではなく、その理論がどこまでヴィクトリア朝社会の現実《リアリティ》に合っているかの問題である。だがその検討にはいる前に、一八三四年の新救貧法が町村レベルの救貧行政に建前どおりのドラスティックな変革をもたらしたのかどうか、老齢年金についてみてみよう。

二　年金給付

新救貧法が貧困者の救済を切り捨てたことにより、救貧行政が老齢年金的な色彩をおびるようになってしまったことをみた。しかしその老齢年金給付にあたっても、一八三四年原則によって厳しい資格審査がなされたということもみた。このように聞くと私たちは、その制度のもとにおいて、老齢者が受けることのできた年金額はすずめの涙であったに違いないと思う。「冷酷」（harsh）な新救貧法というイメージからすれば、それも当然のことであろう。

しかし、実際のところ彼らが受けとった額はどのくらいだったのであろうか。当時の労働者の所得あるいは賃金の水準からみても「すずめの涙」程度といえるのであろうか。これは素朴な疑問である。けっし

図11-2　英国における経済成長・所得不平等・老齢年金
——2世紀間の軌跡

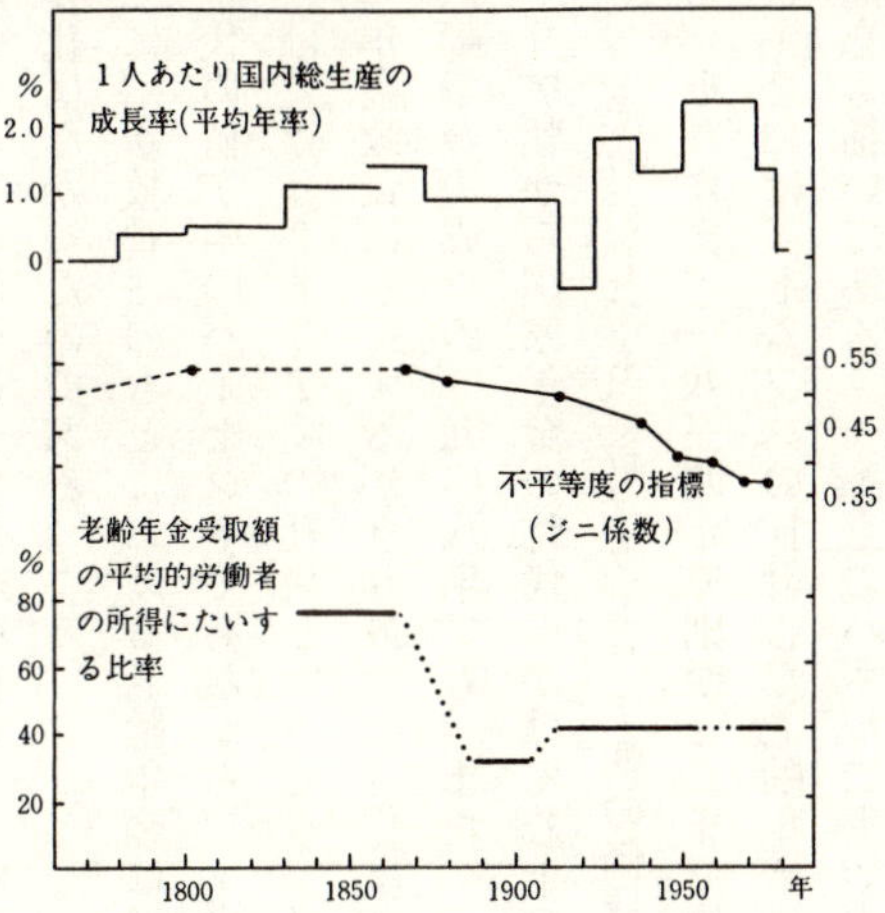

資料)　次の文献より計算. C. H. Lee, *The British Economy since 1700: A macro-enonomic perspective* (Cambridge: Cambridge U. P., 1986), pp.5, 29, 147; D. Thomson, 'The decline of social welfare: falling state support for the elderly since early Victorian times', *Ageing and Society*, vol. 4 (1984), pp. 477-78.

て複雑な問題とは思えないが、どういうわけか、救貧法の歴史にかんする長い研究史のなかでもその疑問に答えようとする試みはめったになされてこなかった。けれども幸い、一九八〇年代初めにケンブリッジ・グループでデイヴィッド・トムソンが行った研究によって新救貧法の時代から現代にいたるまでの長期的な変化の一端が明らかになった(5)。

彼は、老齢年金受取額の平均的労働者の所得(税込み)にたいする比率を推計し、新救貧法の時代、後期ヴィクトリア朝時代、老齢年金法成立(一九〇八)以降の時代、福祉国家の時代、の四つの時期にわけて比較考察を行う。一九三六年以前にかんしては全国データがないので地域的なデータ、場合によっては断片的な資料からの推計とならざるをえないのであるが、図11-2の下のパネルが示すとおり、その歴史的趨勢は明瞭である。そして、それは驚くべき事実といわなければならない。

第一に、その趨勢は――読者が想像されたであろうように――上昇カーヴを示していない。それどころか、年金受取額の比率は一九世紀の後半に大幅に低下し、その後は福祉国家の今日にいたるまで水準に大きな変化はなかったのである。

第二に、新救貧法のもとにおける老齢年金は、平均的な労働者の賃金収入の七八パーセントに達していた。現代の値が四〇パーセントであるから、すずめの涙どころか驚くほどの額であったとさえいえる。

第三は、ヴィクトリア朝の社会といっても、必ずしも一つの時代としてはとらえられないということである。年金政策にかんするかぎり最大の変化は一八七〇—八〇年代に起こったのであって、一八三四年でも、老齢年金法成立の一九〇八年でも、またベヴァリッジ報告の一九四二年でもなかった（もっとも、ヴィクトリア朝から国家年金の時代にかけて若干の比率上昇があったことは付記しておかなければならないだろう）。それにしても、ヴィクトリア朝の価値観といっても実態は前期と後期でまったく違っていたのである。それゆえ、一八三四年原則がどこまで福祉政策の実際を変えたのか、疑問になってくる。

図11-2には、トムソンの推計した老齢年金受取額比率とあわせて、国民の生活水準と所得分配の長期的動向をも描いてある。一番上のパネルに生活水準のマクロ的表現としての一人あたりGDP（国内総生産）の成長率が、その下に所得の不平等度を表わす指標であるジニ係数の値が示されている。これら三つのカーヴをみくらべることによって、新救貧法下の福祉行政のもっていた意味を考えてみよう。

一人あたりGDPの成長率は、一九世紀はじめまでの産業革命期においては低く、その世紀の第2四半期から年率一パーセント台に上昇、波乱にみちた両大戦間期（一九一四年から四五年まで）をへて、一九五〇年から石油危機までの高成長の時代へという、パターンを描いている。一人あたりGDPは一人あたり消費支出と同じではないから、国民の生活水準の指標としてはあらっぽいものである。ただ、成長率が上った産業革命の時期には国民所得にしめる投資の割合が上昇するので、一人あたり消費支出の成長率を計ることができれば、産業革命期に低く、ヴィクトリア朝期に高いという、生活水準上昇率にみられる対照はむしろ強まるはずである。

次に、所得分配面に目を向けよう。所得不平等の指標は産業革命とともに上昇、その後ヴィクトリア朝盛期の一八六〇年代まで高どまり、世紀の第4四半期から、最初はゆっくりと、第一次世界大戦のころからはテンポをはやめて低下していったことがわかる。ちなみに不平等度〇・五五というのは相当に高い値で現在の第三世界諸国なみの水準である。これが産業革命の時代に上昇した結果なのかどうかは——第七章でも触れたように——議論のあるところであるが、長期的には、生活向上と平等化との両方が実現したことがわかる(6)。

この二つが福祉国家的処方箋の効果の現われなのか、経済成長そのものの産物なのか、あるいは両者の微妙なバランスの結果なのか、簡単に答えのでる問題ではないのでいまは論ずることを控える。ここでの問題は、一八三四年原則と実際との関係、およびそれと経済の実態との関連である。

ヴィクトリア朝盛期の一八六〇年代まで救貧行政の原則と実際とがかけ離れていたということは、すでにみた。とくに町村の教区レベルでの実態が一八三四年以前とどこまで違っていたのか、疑問である。ケンブリッジ・グループが教区レベルの資料収集とその整理とを通じてこれまでに明らかにしてきたことは、旧救貧法の時代においても、またもっと以前の時代においても、老齢者の扶養はけっして家族によってなされていたのではなく、むしろ地域共同体としての教区の義務であり、その費用捻出と運用のための制度が救貧法であったということであった。たとえば、スピーナムランド制度施行前の一七九〇年に作られたイングランド南部ドーセットシャーのコーフカースル教区の住民書上記録をみると（図11－3）、六〇歳以上の教区住民の五人に四人は'on parish pay'、すなわち、救貧費の支給をうけていたことがわかる。福祉の問題を家族に背負いこませるのではなく、コミュニティーが救貧法の運用をとおして行うのが、そしてそのために教区内の持てるものから持たざるものへと所得の移転がなされるというのが、数世紀にわたる英国社会の伝統であった。老齢者への年金にかんするかぎり、各町村の住民は一八三四年以降も、二、三十年にわたってその伝統に従いつづけたのであろう。

実際、これは合理的な選択ではなかったか。図11－2をみるかぎり、そのように思われる。図11－2が示していることは、一人あたり所得水準の改善がはかばかしくなく、持てるものと持たざるものとの間の格差が拡大しているときに、平均賃金の八〇パーセント近い額の年金が夫婦二人で、あるいは一人で暮す老齢者に支払われつづけたということだからである。もっとも、この八〇パーセントという地域データにもとづく推計値がどこまで代表的かについては議論の余地がある。しかし、一八三四年から一八七〇年までの時期とそれ以降の時期とでは院外救済支出の水準に相当な違いがあったということは認められている事実なので、たしかに、デイヴィド・トムソンが他の論文でいっているように、「一八三四年以前の旧救(7)

図11-3　18世紀における町村レベルの社会調査
——ドーセットシャー・コーフカースル教区の例

Housekeepers.								Residence.	Children and Grandchildren resident with their Parents.					
Males.				Females.					Males.			Females.		
Name.	Age	Condition.	Occupation.	Name.	Age	Condition.	Occupation.		Name.	Age	Occupation.	Name.	Age	Occupation.
—		—	—	Sarah Jenkins	66	Widow	Knits	Markt.-pl.	—		—	—		—
—		—	—	Ann Rolles	38	Spinster	Baker	Ditto	—		—	—		—
Wm. Langtree	38	Married	Butcher	Martha Langtree	38	Married	—	Ditto	Wm. Langtree	13	Breechesmaker	Mary Langtree	9	—
									Tho. Langtree	12	—	Eliz. Langtree	4	—
									Mary Langtree	1	—	—		—
Robert Whitcher	25	Bachelor	Claycutter	—		—	—	—	—		—	—		—
William Smith	32	Married	Fisherman	Susanna Smith	29	Married	—	High-str.	William Smith	5	—	Susanna Smith	4	—
									John Smith	2	—	—		—
—		—	—	Miriam House	45	Widow	Schoolmistress	Ditto	—		—	Elizabeth House	24	Plain work, &c
												Miriam House	22	Plain work, &c
												Susannah House	18	Plain work, &c
James Chaffey	36	Married	Baker	Frances Chaffey	32	Married	—	Ditto	James Chaffey	7	—	Sarah Chaffey	9	—
									William Chaffey	4	—	—		—
									John Chaffey	1½	—	—		—
									Henry Chaffey	½	—	—		—
—		—	—	—		—		—	—		—	—		—
Rev. John Gent	49	Married	Curate	Mary Gent	29	Married	—	Ditto	John Gent	3	—	Elizabeth Gent	9	—
												Mary Gent	7	—
												Jane Gent	1	—
—		—	—	Elizabeth Damon	60	Spinster	Knits	Ditto	—		—	—		—
Robert Jenkins	38	Married	Shoemaker	Ann Jenkins	28	Married	—	Ditto	Joseph Jenkins	1	—	Mary Jenkins	2	—
William Butler	60	Married	Blacksmith	Elizabeth Butler	54	Married	—	Ditto	—		—	—		—
—	—	—	—	Julian Webber	67	Widow	Knits, &c.	Ditto	—		—	—		—
John Chipp	39	Married	Blacksmith	Honor Chipp	31	Married	—	Ditto	—		—	Mary Chipp, his bastd daughter	13	Knits
—		—	—	Mary Dennis	70	Widow	Midwife	Ditto	—		—	—		—

資料）これは1790年住民調査結果の一部である．表頭の項目はさらに右へ続き，'Lodgers and Inmates'，'Servants and Apprentices'，'Total per House'，'Probable Weekly Earnings'，'Remarks' がくる．たとえば第一番目のSarah Jenkinsは寡婦で66歳，一人住いである．編物をして週1シリングを稼いでいるが，それではとても足りないのであろう，on parish payと註記されている．

この調査は，当時首相であった小ピットの甥にあたるウィリアム・モートン・ピットが行ったものといわれている．彼はドーセットシャーの地主で，コーフカースルは彼のホームタウンであった．調査のオリジナルは残っていないが，結果がJ. Hutchins, *The history and antiquities of the county of Dorset* という本の第2版（調査の6年後に公刊された）に載せられてひとの知るところとなった．上図はその第2版のvol. I，p. 290より．（なおこの教区については，筆者の 'Who worked when: life-time profiles of labour force participation in Cardington and Corfe Castle in the late eighteenth and mid-nineteenth centuries'，*Local Population Studies*, no.22, 1979, pp.14-29 を参照．）

貧法は、いや一八三〇年代の改革の結果生まれた、あの悪口雑言をいわれてきた新救貧法でさえも、所得再配分のメカニズムとして驚くほど有効に機能していた」と考えても、あながち過大評価ではないかもしれない。(8)

三　労働市場

しかし、以上はもっぱら老齢者の扶養をめぐっての話であった。一七九五年のスピーナムランド制度も、またそれを覆した一八三四年の改革も、その中心的な課題は働く能力と意思のあるものの貧困と失業にどう対処するかにあったのであるから、スピーナムランドに集まった治安判事たちの判断と、マルサスの処方箋、あるいはそれに則って下された一八三四年救貧法委員会メンバーたちの判断の、どちらが現実妥当性をもっていたのかということこそ問われなければならない。すなわち、一八三四年救貧法委員会の報書がいうように、貧民への賃金補助は彼らの働く意欲を失わせたのであろうか。The Industrious Poor の貧困はマーケット（労働市場）に任せればすむような問題だったのであろうか。

これは、当時の労働者と彼の家族の実際の行動様式がどのようなものであったかを問うことに等しい。問題は、（経済理論の教科書の、ではなく）現実の賃金生活者の労働供給行動を、（文字どおりの個人として、ではなく）彼らが暮らしている世帯の中で分析することである。具体的には、

I　世帯主、主婦、子供といった世帯内での地位・属性に応じて彼らの就業行動が相互にどのように関

連しあっていたか、とりわけ、世帯主の賃金収入の増減が妻や子供の就業行動にたいしてどのような効果をもったか、

Ⅱ　そのような就業行動は、生存水準をきった生活をしている低所得者の場合と、わずかではあれその水準をこえたところで生活をしている労働者の場合とでは、異なっていたのであろうか、

をデータに即して分析することである。

だが、そのような課題に答えられる史料は存在するのであろうか。既製品はもちろんない。しかし、何を知りたいかがはっきりしていれば探すことはできる。実際、筆者は、すでに言及したコーフカースル住民書上記録と、イーデン卿の収集した各地の家計データとがそのような分析を可能としてくれることを発見、両者をプールすることによって統計的分析を行ったことがある。その詳細はあまりに技術的となるのでここでは割愛し、その結果だけをみることにしよう(9)。

分析の対象は一七九〇年頃の五五世帯、いずれも妻と一〇―一四歳の子供が少なくとも一人はいる労働者家族である。これら五五世帯の世帯主は全員働いている。ということは、これら世帯の労働供給が変化するのはもっぱら妻と子供の就業・不就業による、ということである。そこで、妻と一〇―一四歳の子供のうち何人が働いていたかを就業率として、パーセンテージで表わすこととする。

図11-4が、右の課題Ⅰにかんする分析結果を要約する。これら五五世帯全体でみると妻と子供の就業率は六七パーセントである。すなわち、一〇歳以上の子供が二人いるとすると、彼ら二人が働いて母親が家にいるか、母親と子供一人が働くか、どちらの形態をとるにせよ、三人のうち二人働くというのが平均

図11-4　労働者の家族が働くとき（I）
——18世紀末英国の労働者世帯サンプルから

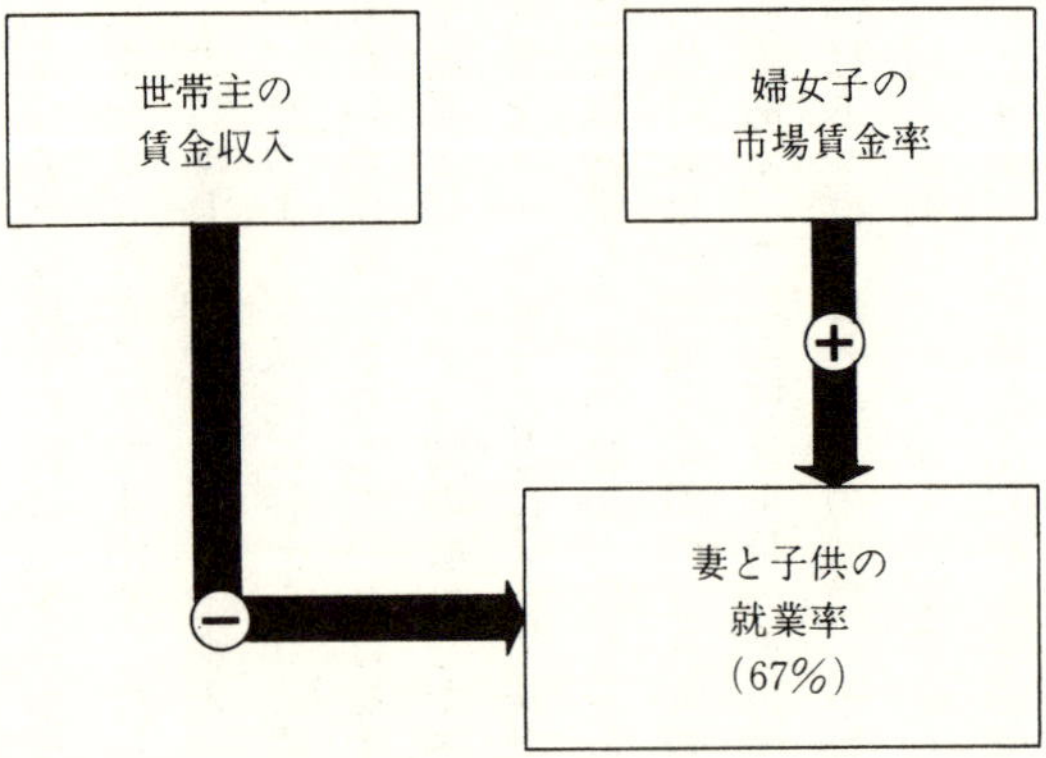

資料）　O. Saito, 'Labour supply behaviour of the poor in the English industrial revolution', *Journal of European Economic History*, vol. 10 (1981), p. 643の表2より作成.

図11-5　労働者の家族が働くとき（II）
——18世紀末英国の労働者世帯サンプルから

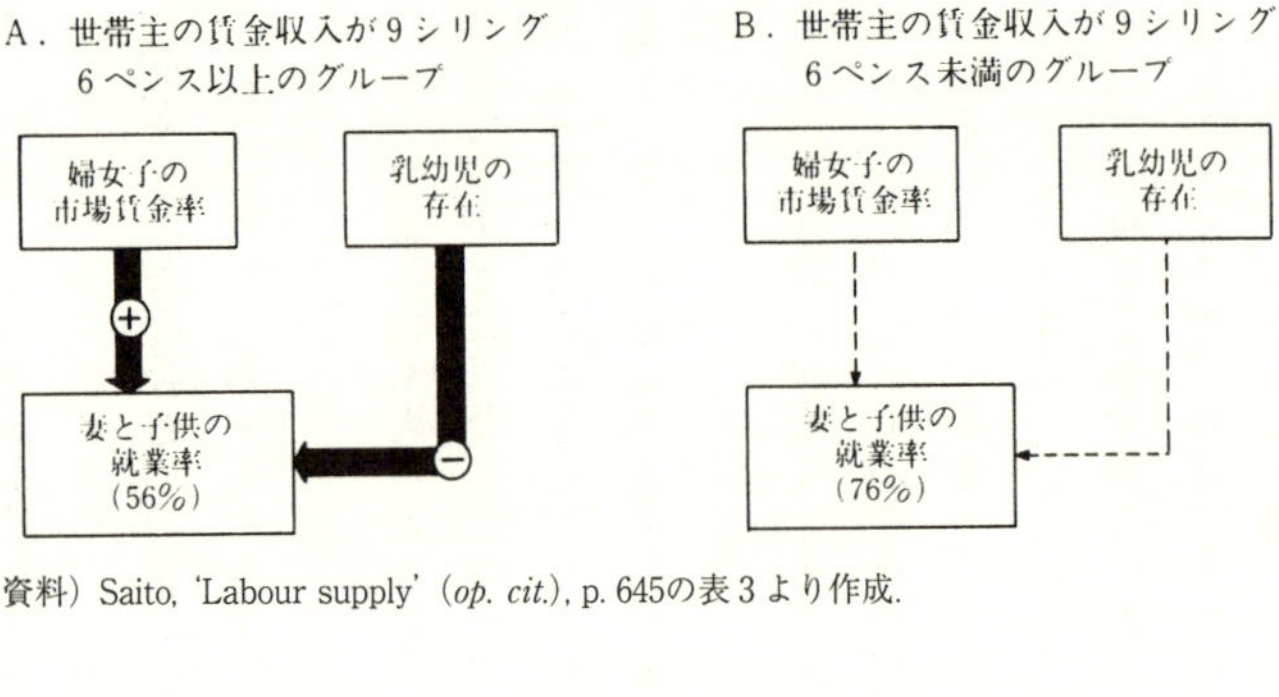

資料）Saito, 'Labour supply' (*op. cit.*), p. 645の表3より作成.

であった。しかし、その値は、世帯主の賃金収入の大きさと妻や子供がマーケットで稼げるであろう賃金率とによって変化する。その際、婦女子の市場賃金率が上がれば彼らの就業率は高まるが、世帯主の賃金が上がったときには逆に低下する（逆は逆）――というのが本図の示していることである。これら二つの要因のうちどちらがより強く効いていたかを（経済学者が弾力性と呼ぶ係数を計測することによって）比較すると、世帯主収入のマイナス効果のほうが婦女子の市場賃金率のプラス効果よりも大きかったことがわかる。いいかえれば、世帯主の賃金収入が下がったり、あるいは貨幣賃金は変わらなくても物価上昇があって実質で目減りしたとき、労働者の家族はそれまで以上に労働を供給しようという傾向をもっていたのである。

次に課題Ⅱについてみるために、図11-1のスピーナムランド・スケールによるところの、夫婦と子供二人世帯の最低生存費水準九シリング六ペンスの週あたり賃金収入でもって、サンプル全体を二つのグループにわけよう。その臨界値以上が二五世帯、以下が三〇世帯で、後者のほうが多い。当時、働く能力と意思をもった家族持ち労働者の貧困がいかに深刻であったかがわかる。

これら二つのグループにかんして、図11-4の場合と類似の分析をした結果が図11-5のAとBである。ただ、すでに世帯主の賃金収入でもって分類をしてあるので、その変数は落とし、代わりに妻の就業に影響を与える家庭内の要因として五歳未満の子供の数を入れてある。Aのグループは収入が九シリング六ペンス以上の世帯であるが、就業率の水準は五六パーセントと平均より低く、また婦女子の市場賃金率がプラスに、乳幼児の存在がマイナスにと、現代の私たちからみても理解できる結果となっている。これにたいして低収入層Bをみると、就業率が七六パーセントと平均を大きく上回り、かつまた二つの要因はいずれもまったく効いていないのである（太い矢印ではなく点線が描かれているのは、それぞれの効果が有意に計測されなかったことを示す）。

これは興味深い結果である。Aのような状態にある労働者の家族にとっては、就業するかしないかは一つの選択であった。市場賃金率がプラスの効果をもっていたということは、たとえ育児の必要がなかったとしても、もし賃金率があまりに低すぎれば働きにでない妻もいたということを意味するからである。それゆえ、その効果がBでは観察されなかったということは、生存水準を割った状態にある家族の場合、そのような選択の余地はなかったのだということになろう。

もっとも、両グループの就業率の差はそのわりには小さい、Bグループの値は一〇〇パーセント近くなってもよいはずだ、と思う読者もいるであろう。しかし、第一に、五六パーセントと七六パーセントの差は想像以上に大きかったかもしれない。いまかりに妻と一三、四歳の子供が一人いる世帯が五〇戸あったとし、そして働きにでる順番はどの世帯においても子供・妻の順であったと考えよう（これは、児童労働にかんする次章の考察から明らかになるように、イングランドにかんしてはけっして非現実的な仮定ではない）。この場合、就業率五六パーセントとは、子供だけが働いている世帯が四四戸、妻も子供もともに働いている世帯は六戸だけということである。これにたいして、七六パーセントの場合はそれぞれ二四戸と二六戸となり、妻の就業率には相当の違いがあったことがわかる。第二に、ここで観察しているのは実際に就業しているかいないかである。不就業者の中には働きたくてもその村には職がないため、資料の上では「無職」と記入された妻も少なからずいたはずである。彼女たちは子供とは違って移動して職を探すことはできないから、村内に糸取りとか手袋編みといった内職的な働き口がなければ、不就業者になってしまうのである。

以上の観察結果をまとめると、スピーナムランド制度はたしかに現実に合った、合理的な面をもっていたことがわかる。

第一に、世帯主の実質賃金収入が減少したとき労働者の家族がそれまで以上に労働を供給しようという傾向をもっていたことは、賃金が下がっているときにかえって供給過剰がおこる可能性があったこと、それゆえそれを阻止するためには市場への制度的介入が必要であったことを意味する。すなわち、当時の労働市場には貧困が貧困をよぶ傾向が内在していたのであり、その悪循環を断ち切るための制度的介入は社会的にみて望ましいことであったはずである。

第二に、所得補助は労働者の労働意欲を失わせるという、マルサスや救貧法委員会メンバーの心配は、文字どおりの低所得層にかんするかぎり杞憂にすぎなかったといえる。所得がある臨界点をこえて低下すると労働者とその家族には、賃金率をみて労働と余暇ないしは安逸との選択をするなどという余地がなくなってしまう、ということを図11－5Bは示していたからである。

そして第三に、その臨界点を計算するためにバークシャーの治安判事たちが作った最低賃金表には、当時より、寛大すぎる、'too great'だという強い批判があったのであるが、実際はなかなか正確であったように思える。右の分析はその表によってグループわけした結果であるが、その臨界点を少し動かして結果がどう変わるかをみてみると、九シリング六ペンスというのはけっして当たらずといえども遠からずの水準であったことが確かめられる。当時、救貧行政の実際に携わっていた人たちはどのあたりが臨界的な所得水準かを感覚的につかんでいたのであろうが、その感じを簡明な数式によって示したところに、スピーナムランド表がまたたく間に各地へ広まった理由もあるのであろう。

四　含意と教訓

歴史研究は現代への含意をもつとしばしばいわれる。それを突き詰めると、歴史研究には現代的視点がないと意味がないという主張になるが、正しい態度とは思えない。むしろ、現代に生きている私たちが社会政治的な問題にたいして何らかの判断を下そうとするとき、その判断材料にしばしば歴史をもちだす、つまり歴史的判断が現代の問題への態度決定に影響を及ぼすことがある、という事実を認識することのほうが重要であろう。

サッチャー夫人やサッチャリズムの信奉者が掲げた「一八三四年原則に戻れ」というスローガンは、その典型的な例であった。本章の第二、第三節の内容は、純粋にアカデミックな歴史分析であって、何か価値判断を含んだものではけっしてなかった。しかし、その含意は明らかである。それは、サッチャー夫人の抱く、国家と個人（家族）との間にはマーケットしかないという社会モデルの現実妥当性に大きな疑問符を付すと同時に、彼女が示したマルサス的な処方箋には歴史的根拠が欠けていることを、強く示唆している。過去の事実への誤解と、過去の社会がどうワークしていたかについての誤解とが、その思想の根底にある。

本章でみてきたことは英国に固有の問題であった。しかし、この〈マルサスの処方箋〉をめぐる過去と現在には、私たち歴史家にたいする一般的な教訓も含まれているといえないであろうか。

註

(1) ブルームズベリー版の引用句辞典によれば、出典は『女性自身』(*Woman's Own*) 一九八七年一〇月三一日号となっている。

(2) 本章第二章を参照。

(3) 以下の記述は、S. G. and E. O. A. Checkland, 'Introduction' to *The Poor Law Report of 1834* (Harmondsworth: Penguin, 1973) などによる。

(4) K・ポラニー、野口建彦・栖原学訳『大転換——市場社会の形成と崩壊』新訳(原著一九五七年、東洋経済新報社、二〇〇九年)、一四二頁。

(5) D. Thomson, 'Workhouse to nursing home: residential care of elderly people in England since 1840', *Ageing and Society*, vol.3 (1983), pp. 43-69; and 'The decline of social welfare: falling state support for the elderly since early Victorian times', *ibid.*, vol. 4 (1984), pp. 451-482.

(6) 本章の原論文脱稿後に、R. Floud, K. Wachter and A. Gregory, *Height, Health and History: Nutritional status in the United Kingdom 1750-1980* (Cambridge: Cambridge U. P., 1990) を読んだ。産業革命と階層間不平等の問題については、本章図11-2にかんして述べたような単純な議論はミスリーディングで、富、所得、消費、健康などそれぞれの側面できめ細かな検討が必要であることを痛感させられた。斎藤修「体位と経済発展」『経済セミナー』第六六七号(二〇一二年)を参照。

（7） たとえば次の文献をみよ。M. MacKinnon, 'Living standards, 1870–1914', in R. Floud and D. McCloskey, eds., *The Economic History of Britain since 1700*, vol. 2, 2nd edn (Cambridge: Cambridge U. P., 1994), p. 288.

（8） D. Thomson, 'Welfare and the historians', in L. Bonfield et al., eds., *The World We Have Gained: Histories of population and social structure. Essays presented to Peter Laslett on his seventieth birthday* (Oxford: Blackwell, 1986), p. 370. なお、斎藤修「家族と人口の歴史社会学―序論」、同編『家族と人口の歴史社会学――ケンブリッジ・グループの成果』（リブロポート、一九八八年）所収、一七―一八頁をも参照。その後のラスレットの考え方については、P. Laslett, *A Fresh Map of Life: The emergence of the third age* (London: Weidenfeld & Nicolson, 1989)、とくに pp. 126–31 をみよ。

（9） O. Saito, 'Labour supply behaviour of the poor in the English industrial revolution', *Journal of European Economic History*, vol. 10 (1981), pp. 633–52. 現代の計量技法からみると、この三〇年以上前にやった分析には若干の問題があった。新しい実証研究の紹介も含めて、本書第九章2節を参照していただきたい。

診断と処方箋 3

十二　歴史のなかの児童労働

――ヨーロッパ・日本・コロンビア

はじめに

いまでも世界のなかの少なからぬ国で、小さな子供が労働に従事している。それもしばしば健康によくない、劣悪な条件のもとで雇用されている。タンザニアのコーヒー・プランテーションで殺虫剤を吸いこみながら働く子供、コロンビアの煉瓦工場で煉瓦を運ぶ男の子から、インドの絨毯工場やバングラデシュの工場でアメリカ向けジーンズを縫製加工する女の子まで、実例にはこと欠かない。実際、数ある国際機関NGOのリストをみても、ユニセフ(国連児童基金)、セーヴ・ザ・チルドレンというようなもともと子供の権利と福祉を目的とした機関のほかに、ＩＬＯやＷＨＯなども児童のための援助プログラムに多くの時間と資金を割いているのである。

一九九六年一一月のことであるが、バングラデシュの衣服産業では一四歳未満の子供の雇用を禁止することに同意したと、新聞報道は伝えている。これまで縫製工場で働いていた一万人余の子供たち(大部分は女児である)は、学校にやられて一年間の教育をうけるのだという。[1] この決定の効果については、ある程度の時間がたってみないと何もいえないであろうが、それがＩＬＯとアメリカ政府の圧力の結果であったことは注意されてよい。きっかけは、一九九二年、アメリカのトム・ハーキン上院議員が児童労働抑止法案を議会に提出、翌年、NBCが、人気ブランドのTシャツが小さな子供たちの働くバングラデシュの工場で製造されている様子を大々的に放映したことにあった。その後の長い交渉を経てようやく妥結した、この措置を実行するに要する資金は、ILO、アメリカ政府のほか、ユニセフとバングラデシュ衣料品製造輸出業者組合とが負担するという(2)。

この国で本当に児童労働がなくなるのかどうかはまだわからないが、その報道から少したったころILOが報告書を発表した。それによれば、世界中の一四歳未満の子供のうち一億二千万人がフルタイムで、一億三千万人がパートタイムで働いているという。従来考えられてきた数の倍近い推計値である(3)。これは、現代第三世界における児童労働の根絶がいかに困難であるかを物語っている。

とすれば、同じ問題についての先進国の歴史的経験から何か学ぶことはできないかと、私たちは考える。英国の産業革命期には、まさに同じ問題が生じていたからである。たとえば、「一九世紀のロンドンとマンチェスター」という副題をもつエンゲルスの『イギリスにおける労働者階級の状態』には、当時の議会報告書や新聞から取られた児童労働にかんする多くの記述が含まれている。

工場主は子供をまれには五歳から、しばしば六歳から、たいていは八歳ないし九歳から雇いはじめる。労働時間はしばしば毎日一四～一六時間（食事のための休み時間をのぞく）にもおよぶ。工場主は監督が子供を殴ったり、虐待したりすることを許し、さらにはしばしば自分でも危害を加えているというのは当時の報告書からの引用で、紡績業の実態である。しかし、児童労働の悲惨さは「虐待」だけではない。長時間、不衛生なところで働くこと自体が「発育不全」を引き起こした。北部の工業都市リーズの一医師は

リーズに来る前は、大腿骨の下端が独特の曲がりかたをしているのを、わたしはまったく見たことがなかった。最初わたしはくる病だと思った。だが病院に来る患者の多さ、子供がふつうはすでにくる病にかからない年齢（八～一四歳）で病気が発生していること、くわえて、子供が工場で働き出してから発病しはじめたという事情、これらのことがわたしに考えをかえさせた(4)

と証言したという。状況は、現代の第三世界における児童労働のそれとあまり違ったものではなかったのである。

そして、まさしくその理由で、ユニセフは児童労働の歴史プロジェクトを企画し、一九九五年三月にフィレンツェにあるその研究センターで、ベルギー、英国、カタロニア、日本、コロンビアの比較史研究会議をもったのであった。私も参加を依頼され、日本の歴史的経験にかんする報告をし、そこでの討議をふまえて報告論文を作成した(5)。そこで以下では、このプロジェクトの成果を中心に、歴史における児童労働の問題を考えてみたい。

一　問題

フィレンツェ会議は歴史のワークショップではあったが、問題の核心にはきわめて現代的な要請があった。どうすれば児童労働をなくすことができるか、である。

子供が働かなくてもよいようにするためにもっとも単純明快な方法は、国連の〈子どもの権利条約〉第三二条が求めるような保護法を制定し、厳格に運用することであろう。英国産業革命は、歴史上、児童労働が社会問題となった最初のケースといってよいが、それへの対応として制定された工場法はこのようなアプローチの古典的な例である。一九一一年に議会を通った日本の工場法も就業に年齢制限をもうけるなどして、児童保護規定を盛込んでいた。けれども、法的規制がすべての場合に効果的とはいえなかったことは、その後の歴史家の研究が示していることである。また現代においても、子供の労働が国際的な非難の的となっているインドやバングラデシュのような国でも〈子どもの権利条約〉は批准されているし、国内的にも一応の立法措置は行われているにもかかわらず、児童労働は存続し続けているからである。

保護法アプローチと対照的なのが新自由主義の立場である。たとえば、一九九五年六月、ロンドン『エコノミスト』誌は社説で第三世界における児童労働を取りあげ、「長期的には、生活水準の向上のみが児童労働を終わらせることができる」と述べた(6)。人為的な介入は逆効果だという主張自体は、国際機関の現地担当者や人道団体の活動家のあいだでも聞かれる。単純な禁止規定と取締では、子供たちをいっそう危険な職業や売春などのアングラ・セクターへと追いやるだけだからである。しかし新自由主義者は、それにとどまらず、すべてを市場経済に委ねればよいと主張する。その結果として人びとの生活水準が上がれば、子供を働かせなくともよくなるだろうという、この議論は、冷戦後において時事問題への批評から政府の政策体系にまで、広くみられるようになった哲学である。そしていまや、歴史解釈の分野でも修正派として力を得つつある。たとえば、クラーク・ナーディネリというアメリカの経済史家は英国産業革命と児童労働にかんする著書のなかで、小さい子供の就業はかなり早くから減少し始めていたのであり、それは労働立法の成果というよりも、労働者家族の生活水準が徐々に上昇していったことの反映だったと論じている。彼の議論は『エコノミスト』誌の社説のように単純ではないのだが、研究史の流れのなかでは修正派に属するとみてよい(7)。

右の『エコノミスト』誌の社説にはただちに反論があった。そのなかで第三の立場をもっとも鮮明に示していたのが、国家の義務教育における役割を重視する論者からの批判であった。いわく、歴史的にみて、子供を労働の場から引上げさせるうえでもっとも有効であったのは普遍的な義務教育である。たとえば、二〇世紀の初め、日本は所得水準の点からいえばまだ貧しかったにもかかわらず児童労働を深刻化させなかった。それは、児童をほぼ完全に小学校へ就学させることに成功したからである、と(8)。この投書者はマイクル・ウィーナーといい、インドにおける児童労働と教育にかんする本の著者である。その著作ではインドの実態が他の国の歴史的経験との比較において検討され(9)、「初等教育の義務化こそ、国家が労働力から児童を取り除くうえで効果的な政策手段である」と結論する。

以上の簡単な紹介からもわかるように、現代第三世界における児童労働へのアプローチは、いずれも歴史をどう解釈するかと密接に関わっている。それゆえ、当然のことながら、各国の参加者から研究会議に提出された報告もこれらの論点を意識したものとなっていた。興味深い事実や論点をいくつか拾ってみよう。

二　古典的な事例

第一に、これは会議での論点というよりは一九九〇年以降の研究成果というべきであるが、英国における一八世紀から一九世紀初めにかけての産業革命が多くの児童を雇用したというのは事実のようである。一九世紀初めの状態を、政府の報告書や刊行物から統計的に描きだすことは容易でない。最初の網羅的な就業統計は一八五一年の国勢調査まで得られないし、それですら、子供の、とくに女児の就業には相当数の脱漏があるといわれる。また、ヒュー・カニンガムが主張するように、子供は働かせておくべきだという観念がむしろ支配的であったとすると、[10]かりに就業していない児童がいたとしても、それは失業していたのであって、不就業を選択しえた結果ではなかったかもしれない。他方で、エンゲルスが利用したような、一八三〇年代に児童労働問題が議会の内外で論じられたときに収集されたデータの場合は、代表性に問題があるとされる。しかし最近、当時の家計データを丹念に集め、そのデータベースから児童の就業率を計算した研究が発表された。家計の記録ならば、たとえ一ペニーしか稼げなくとも働いているものはすべて就業者として捉えることができるので、サンプル数が小さくなるという欠点はあるものの、より正確な就業率が算出できるのである。そのサンプルから（主として工業都市に住む）工場労働者世帯を抽出してみると、一七八七年から一八一六年までは五―九歳の男女児童の六パーセントが、一〇―一四歳の九五パーセントが働いていたのであるが、一八一七年から一八三九年をとると、それぞれ二一パーセント、一〇〇パーセントとなる。それどころか驚くべきことに、二例ではあるが、五歳未満にも就業者が存在するようになる。産業革命の進行とともに、一〇歳未満で働いている児童の割合は、一〇人に一人より少ないレベルから五人に一人が働く水準にまで高まったのである(11)。

彼らが働いたのは新しく登場した工場においてだけではない。それ以前から、家内工場や農業においては子供が労働に参加していた。たとえば家内工業部門の場合、同じ研究のデータから、一八一六年以前では五―九歳児の一一パーセント、一八一七年以後では一〇パーセントが働いていたことがわかる。彼らの少なからぬ部分はいわゆる苦汗労働に従事していたのである。ただ、この最新の研究からはっきりした点の一つは、それにもかかわらず主導産業たる紡績業などの工場制工業も児童労働を雇用した、それゆえ工場都市の工場労働者世帯における児童の就業率が上昇したということであろう。エンゲルスの古典的な記述にあるような悲惨な児童労働のイメージは、必ずしも誤りではなかったようである。

その悲惨さは、エンゲルスもいうとおり、子供たちの発育に現われた。フィレンツェ会議報告書におけるベルギーの章は、児童労働が一〇歳から一五歳の子供の体位に与えた影響を測っている。一八四三年におけるゲントの木綿工場で働いていた児童は、同年齢のふつうの子供に比べて、男子の場合、身長で五パーセント、体重では九パーセント、女子の場合、それぞれ四パーセントと九パーセント劣っていたという。体重にかんしてはとくに、男女とも一二歳を過ぎて伸び盛りの時期になると、労働に従事していない子供との差がいっそう拡大する傾向がみられた。たとえば、標準的な一五歳の男子では身長が一五五センチ、体重四四キロであったのにたいし、労働する子供は一四八センチと三八キロしかなく、同じ年齢の女子の場合は一五〇センチと四〇キロが標準なのにたいし、工場労働の結果、一四二センチと三五キロと明瞭な差がついていた(12)。

三　比較の論点

英国とベルギー

しかし、西欧の歴史的経験も一様ではなかった。明らかに、英国は最悪のケースではなかった。たとえば、ベルギーでは英国よりもはるか後まで児童労働がなくならなかった。国家の干渉という点でも、ベルギーのほうが英国よりずっと少なかったのである。一九世紀のベルギーは西欧諸国でも工業化が進んだところの一つだったが、国民国家形成が遅れたということと関係あったのであろうか、児童労働にかんする立法を導入したという点では一番最後の国であった。独立国として体制を整えたのが一八三〇年になってからであり、それ以降も政府と産業界の力関係では、後者がつねに優位にあったのである。この問題にかんするかぎり、レセフェール経済学の本家よりもベルギーのほうがよほどレセフェール的であった。

実際、英国の場合、少なからぬ数の工場立法のうちでも、とくに、九歳以下の労働を禁止（絹工場は例外）、九歳から一三歳の労働時間を週四八時間ないし一日最高九時間に制限し、そして一四歳以下の子供には毎日二時間の就学義務を課した一八三三年法は、監督官が任命されたこともあって誰の眼にも明らかな効果を発揮したといわれる。エンゲルスもいっている。その結果、「いくつかのきわだった弊害はほぼ完全に消滅した。体の奇形は体質がひじょうに虚弱な場合にしか見られなくなった」と。(13)

それは、その実施でもって、児童労働自体に終止符をうつことができたか否かという意味では不完全な措置であったが、事態を大きく前進させる役割を果したという点では無視することのできない意義をもった立法であった。

後発国

しかし、工業化の進展、あるいは産業主義《インダストリアリズム》の登場が児童の雇用を必然的に伴ったわけでもない。後発国日本は、児童労働が深刻化しなかった事例の一つであろう。

明治から後、児童労働現象は皆無ではなかった。種々の近代産業が勃興したころにおける労働事情を調査した『職工事情』をみても、学齢期の児童はたしかに存在した。また、一八九七年の農商務省の報告書では、当時の「通弊」のひとつとして「紡績工場ニテ工女ヲ募集スルニ年齢ヲ十二歳又ハ十三歳以上ニ限レルハ表面ノミニシテ実際ハ職工ノ不足ナルヨリ七八歳ノ子女ヲ使役スルヲ常トス」と書かれてもいる。(14)

けれども、そのような「通弊」がどこまで一般的であったかは別問題である。実際、ジャーナリスト横山源之助の優れたルポルタージュ『日本の下層社会』は、「日本全国紡績工場に［一一歳未満の］幼年職工を見ること最も多きは大阪府下にして、顧みて東京府下を見れば十一、二年の初年者は案外に少なく、都会を離れて地方に赴けば更に少なきが如し」との観察を残している。さらに、「日本の各種工業のうち、幼年職工を使役すること多きは燐寸工場と段通《だんつう》工場の二者か」ともいい、結論として

紡績工場にては女子の労働および労働時間、労働と衛生等の関係を見るを得べく、燐寸工場にては児童の労働を見るに最も恰好の材料を得る

という産業比較を述べていた。[15] そして、これらの観察は当時の統計類を丹念に分析すれば、いずれも確認できる事実なのである。[16]

エンゲルスからの引用でもわかるとおり、英国では主導部門の紡績業で児童が雇用された。それにたいして、日本の紡績や製糸工場では一二、三歳から上のティーンエイジャーは大量に雇用しても、それ以下の子供はあまり雇わなかった。その結果、児童労働は、燐寸や緞通といった阪神地域の零細工場ないしは家内工業、つまり英国でいう苦汗産業に局所的にみられる現象にとどまったのである。このような日英の対比は、平均就業年齢が計算できるデータからも確かめることができる（表12‐1）。小さいころから働き始める子供が多ければ平均年齢が下がり、逆に、かりにそのような年少労働の例が若干みられたとして

も、大多数の子供が就業をする年齢が一三、四歳であれば平均値は低くならないからである。

もちろん、日本の経験は後発国一般についていえることではない。コロンビアは対極的な例である。そこでは農場においても砕石場でも、また都市の小工場でも、子供は昔から労働に従事してきた。第二次世界大戦後になっても簡単にはなくならなかった。一二歳から一四歳の子供が有業人口にしめる割合は、一九五一年において男子三・二パーセント、女子二・六パーセントである。これらの数字はあまり高いようにはみえないかもしれないが、その水準は一九七三年にかけて上昇しさえした。それぞれ五・七パーセントと六・二パーセントになったのである。[17]

教育の役割

教育の役割は間違いなく大きかった。英国の一八三三年法がそれなりの効果をもったのも、たんに年齢制限や労働時間規制を打ちだしたからではない。一日二時間の就学義務を条文に盛り込んだからであり、それをバックアップする工場監督官が任命されたからであった。[18]仕事に通学を組合わせるこのアイディアは、一八四〇年代から拡まる半日《ハーフタイム》制というかたちで引継がれたし、現在の第三世界の国々についてもこの方式が現実的だと主張するひとが国際機関の現地担当者のあいだにみられる。

ただ児童労働をなくすという観点からすれば、当然、全日制の学校教育のほうが効果は大きかったはずである。ウィーナーがいうとおり、この点で日本の経験は〈模範的〉といえるかもしれない。一九一一年にようやく工場法案が議会を通過するまえに、小学校就学率、すなわち小学校に入学した児童の学齢人口

表12-1　平均就業開始年齢の日英比較

（男女計，歳）

	平均年齢			
日本				
山梨県，1879年		13.4		
救貧院児童，1902年		10.8		
英国	農業	工場労働	家内工業	商業
1787-1816年	12.6	9.9	11.4	12.5
1817-1839年	10.6	8.3	10.4	12.0

註1）英国の農業における平均年齢は，高賃金・低賃金地域の単純平均．
2）平均就業年齢の計算はSMAM法による．その方法については，本章註11の文献を参照．

資料）本章註11をみよ．

にたいする割合は一〇〇パーセント近い水準に達していたからである。対照的に、コロンビアが抱える問題は、五年の初等教育義務化が実現したのが、ようやく一九六三年になってからということと無関係ではない(19)。

もっとも教育の役割大といっても、公教育の制度を作りあげさえすれば問題解決とはならない。それよりは、両親が子供の教育にどの程度の価値をおいていたかのほうがはるかに重要であったようだ。イングランドは、一九世紀のあいだ正式な学校教育がなかなか普及しなかった事例なのであるが、それでも初期の国勢調査にある「スカラー」というカテゴリィにある児童の数は、学校に登録した数をはるかに上回っていた。たとえば一八六一年において、五歳から一四歳の子供のうち約六〇パーセントが何らかのかたちで教育をうけていたが、そのうち全日制の学校に通っていたのは三分の一程度でしかなかったのである(20)。この「スカラー」という概念で具体的に何を意味していたかははっきりしないけれども、その比重の高さは公教育の外にある教育の場の重要性を示唆している。

また日本の場合ですら、必ずしも公教育の役割のみを強調することは危険である。それは一方では、学校に入学したからといって修了したとはかぎらないからであり、他方では、それにもかかわらず、子供ないしは家庭における教育意欲は低くなかったと考えられるからである。(21)

家族経済――日本とカタロニア

それは、家族の価値観が大きな影響を与えたということでもある。すでに本書の他の章でみてきたように、世帯主の稼ぐ賃金収入ないしは世帯の核となる所得が低ければ低いほど、他の家族が就業する確率は高くなる傾向にあった。ダグラス＝有沢の法則である。それは、イングランドの労働者世帯についても日本の小作農民についても、同様に観察される〈経験法則〉であった。けれども、その働きにでなければならない家族とは妻なのか子供なのかは、文化の問題である。文化によって異なる家族の価値観に依存している。

この点をさらに検討するために、まず明治日本の具体的な事例をみてみたい。『職工事情』の燐寸工業の章をみると、個別世帯の実態例が掲げられている。全部で二二例あり、すべて阪神地方の貧民窟ないしはそれに類した地区の居住者、何らかのかたちで燐寸工業とかかわりのある人びとである。いまここでの問題は、父親の収入が不十分のとき、まず就業するのは母親なのか子供なのかということであるから、その二二例より、両親健在で五歳以上一二歳未満の子供が少なくとも一人はいる家族のみを選んで、彼らの就業状況を検討すべきであろう。そのような条件にあう事例は九家族あり、表12－2はそれらを整理した

表12-2　細民家族の就業パターン：1902年の阪神地域

家族番号	父親の賃金収入（銭／日）	就業状態			
		母親	子供		
			12歳以上	10-11歳	5-9歳
1	50-60	不就業	-	-	不就業1
2	35	就業	子守1	不就業1	不就業1
3	30	不就業	就業1	-	不就業1
4	30	［病］	-	-	不就業1
5	28	［病］	就業2	不就業1	-
6	25	就業	-	不就業1	不就業1
7	25［病］	就業	就業2	就業1	不就業2
8	23［病］	就業	-	就業1	不就業1
9	不定	［病］	就業1，？1	-	不就業1

註1）父親の賃金収入が多い順にならべてある.
2）［病］は病気または病気がちであることを示す. ‘-’は当該年齢階層の子供がいないことを，数字は人数を表わす. したがって，‘就業2’はその年齢階層に就業者が2名いることを，‘不就業1’は不就業者が1名いることを意味する.
資料）農商務省『職工事情』1903年刊，大河内一男編，生活古典叢書（光生館，1971年）所収，319-27頁.

結果である。

このうち第一番目の男は浜の稼人に味噌汁を売る商売をしており、格段に高い収入を得ているので、妻も子供も働いていない。八歳の長男は「来四月ニ入学ノ積」とある。第三の家族は、一日の平均稼高が三〇銭なので、一四歳の長女が燐寸工場に行き「一日六七銭儲ケル」が、妻は内職をせず六歳の次女も働いていない例である。ただ、第二例のように、一日の稼高が三五銭になっても「稼日数一ヶ月二十五日」なので、妻が燐寸会社で働き、代わりに一三歳の長女が一〇歳、六歳、三歳の「子守」をする場合もある。

これにたいし、第七例のように、日給二五銭で、しかも「病身ニシテ一ヶ月十五日位」しか仕事ができないと、妻は内職をし、一七歳の長女、一四歳の長男、一一歳の次男がいずれも燐寸工場で働いている。それでも七歳と五歳の子供は働いてはいおらず、また「十四歳十一歳ハ会社ノ夜学ニ行ク」「一ヶ月筆墨紙等ノ費用一人四銭」というように、教育への投資がささやかなりともされている。第八番目の家族の場合は、日給二三銭で「目下眼病ニテ困難」「一週間ニ壱円ノ薬」が必要なケースで、妻は内職、一一歳の長男は燐寸工場である。この子については、「九歳ノトキ学校ニ一ヶ年計リ通学セシカ生計上ノ都合ニテ退学」と書かれている。乏しい夫の日給を妻が働いて補い、子供を小学校へやっていたのが、夫の眼病が悪化して薬代がかさむようになったため、その子は退学、燐寸工場へ働きにでるようになったものと思われる。

この九例からわかることは、第一に、父親の収入が少なかったり不安定のときに働きにでるのはティーンエイジャーの子供か母親であること、第二に、それでも不足するときに一二歳未満の子供が働き始めるということであろう。しかし、第三に、相当に不安定な家計状態でも両親健在のこれら九例では、一〇歳未満の子供で何らかの仕事をしているケースは一つもない。すなわち、日本の家族では子供よりは母親が働くという通念があったらしいのである。しかも、事例七が示していたように、スラム居住者のあいだにも子供の教育を大事に思う気持が少なからずあったということが注意をひく。

以上、日本における家族経済のあり方の一端をみた。かぎられた事例からではあったが、これまでにみた観察結果――農村副業が盛んであった山梨県一円の女性の場合、二〇歳から五〇歳まで全員就業に近かったこと（本書第四章Ⅱ）、他方で、同じ山梨データから計算される子供の平均就業開始年齢が一三・四歳と相当に高かったことを想い起こせば（表12-1）、可能なかぎり母親が働いて学齢期の子供はなるべく就業させないという、『職工事情』の小サンプルから明らかとなったパターンもけっして特殊ではなかったと思われる。

この点で、カタロニアの場合は日本と対照的であった。スペインでもバルセロナ地域は一九世紀中に急速な工業化をとげる。そして、工場制工業の成立とともに家族は母親を労働市場から引きあげ、逆に子供の労働供給を増やしたらしいのである。

これはフィレンツェ会議報告書におけるカタロニアの章の結論である。その実証は、サバデルというバルセロナ北西の繊維工業町のデータを使って、家族のライフサイクル段階により母親と子供の就業状態がどう変化するかをみるという方法でなされている。それによれば、労働者の妻の有業率は若いときがもっとも高く、それ以降は低下の一途をたどる。夫が二〇歳台のときは八二パーセント、三〇歳台のとき三五パーセント、四〇―五〇歳台で六パーセントである。(22)このパターンは西欧や北米で一般に観察されるもので、英国の国勢調査から得られる一九世紀中葉の女性の年齢別有業率プロファイルも類似の形状を示す。すなわち、小農社会独特の男性タイプのそれでもなく、現代の女性についてみられる、いわゆるM字型でもない。(23)これは明らかに、子供が働けるようになり、彼らの賃金収入が増えると、母親は労働市場から撤退したことを意味する。実際、サバデルのデータからはそれぞれの稼得額の家計総収入にしめる割合が計算でき、それによれば子供の寄与率が五パーセントのときには母親のそれは二五パーセントであるが、前者が三〇パーセントの水準に近づくと後者は二パーセント程度に、前者が四〇パーセントを超えると後者は一パーセント未満となってしまうのである。(24)

もっともこのカタロニアの事例では、時間の変化とともに母親の就業者数が減少したり、児童労働が増加したりする様子を示すことはできていない。ただ、一九世紀後半英国の国勢調査データをみると、一〇歳から一四歳の児童で就業しているものの割合は、一八五一年から六一年にかけてと一八八一年から九一年にかけて若干上昇したのにたいして、女性の有業率は——統計資料に難点があるため、はっきりとはいえないのだが——産業革命期に比べると一九世紀後半には少し低くなっていたようだ(25)。全体として、日本の家族と異なり、西欧の家族経済は母親よりも子供を働かせる志向をもっていたといってもよいであろう。それは善悪や優劣の問題ではなく、家族の価値観の違いを前提とすれば、どちらのストラテジーも〈合理的〉であったということかもしれない。

四　技術変化のなかで

最後に、近代工業における技術変化の役割について一瞥しておかなければならない。

カタロニアにかんする論文では、今世紀に入ってからの工場制工業化のさらなる進展は、逆に児童の就業開始年齢を高める傾向をもったということも示唆されている。この点は、日本ではいっそう明瞭であったようだ。すでに述べたように、明治大正の紡績・製糸会社では一二、三歳から上の女工を大量に雇用し、しかも学業成績をより重視する傾向、したがって年齢は若干上昇する傾向がみられた。郡是や片倉などの元教婦からの聞取りによれば、小学校を出てからも「一一二年子守などをしながら待機した後、雇用される」ということもあったようである(26)。

このような傾向は他の諸国でもみられたであろう。機械制工業は熟練を解体し、不熟練労働で置き換えるという命題は必ずしも正しくなく、機械の採用は、従来とは別のかたちの熟練を要求することが多かったからである。それゆえ、その含意は、第一に、産業主義とともに児童酷使が到来したのだとしても、その高度化は中核部門から児童労働をなくす方向に作用したということであろう。

しかし第二に、その結果として、児童労働はますます目にみえにくいところ、苦汗産業を含むインフォーマル・セクターへ流れる傾向をもったに違いない。

ただ、国民経済におけるこのセクターの比重は、国によっても時代によっても大きく異なった。英国の場合でも、工場法は主要産業における児童労働を削減する点では効果を発揮したかもしれないが、苦汗産業の問題を解決するうえでは無力に近かった。後者は、数のうえではむしろ増加したともいわれている(27)。より根本的な解決は、労働者階級全体の所得水準上昇と出生力の低下が実現した段階を俟たねばならなかった(28)。後発国の経験もまた多様であった。本書に収められた事例でいえば、日本とコロンビアが後発国のなかの両極端を代表していたのである。

おわりに

フィレンツェ会議全体を総括すれば、すべてを市場に任せ、労働者の所得水準が向上するのを待てばよいという、新自由主義の主張に親近感を示すひとは誰もいなかった。歴史的にみて、国家には児童労働をなくすためにやれることがあった、とくにその最初の段階では国家の役割は小さくなかったというのは、出席者ほとんどの共通の認識であった。ただ、国の法律制定や教育制度の効果に全面的な信頼をおくひともほとんどいなかった。伝統家族のストラテジーについてみたように、国々の文化・歴史に合った政策的介入のみが効果的であったというのが、コンセンサスのもっとも正確な要約であろう。

たとえば、日本の場合、国民の大多数のあいだで家の永続を願う志向が強く、かつ家族内の紐帯も強固であったということを前提として、はじめて明治政府の教育政策も効果をもちえたと考えられる。逆に、スラムのなかでは不完全な家族、家族を形成しえぬ所帯が圧倒的であった。それゆえ、規模では大きくなかったが、根強く存続した児童労働と貧民窟の結びつきを打破するためには、政策立案上、異なったアプローチが必要だったのである。

他方、英国のように、近世以来、核家族型のライフサイクルが支配的で、かつ労働における市場の役割が絶大であった社会では、前章でみた貧困者救済問題の場合と同じく、一八三三年の工場法にみられるような、就業規制と半日制の就学義務を組合わせたかたちでの国家の介入が意味をもちえたのである。

ユニセフ・プロジェクトで取りあげられなかったところでは、インドのように、女性の地位が伝統的に低い社会での児童労働にも特別の配慮が必要であろう。貧しさは、間違いなく最大の障害である。たんなる就業禁止令や教育の義務化、あるいは外国からの制裁だけでは問題が解決しないのは、その絶対的な貧困の根深さに原因があることは明らかである。けれども、バングラデシュの縫製工場で働いていた子供の大部分は女児であった。インドの場合も女子が多い。それは、伝統的に家のなかにおける女性の地位が低いということと無関係ではないのではないか。その表現である女児の堕胎がふえているという事実とつながっている問題ではないか。もしこの推測が正しければ、そのような社会における児童労働を根絶させるためには、教育政策が、社会全体における女性の地位を向上させる——一九九五年の世界女性会議以降に広く使われるようになった用語法では女性のエンパワーメントを目指す——政策プログラムによって裏打ちされる必要があろう。

いずれにせよ、ユニセフの『世界子供白書』もいうように、「有害な児童労働の廃止は、貧困がなくなるのを待つ必要はないし、それを待つべきでもない(29)」。フィレンツェ会議で取りあげられた五か国の歴史的経験は、現在の発展途上国政府にとっても重要な教訓を提供しているといえそうである。

註

(1) *The Financial Times*, 2 November 1996.

(2) 'Ethical shopping', *The Economist*, 3 June 1995. ユニセフ『世界子供白書』一九九七年度版(ユニセフ駐日事務所、一九九六年)、五二頁。

(3) *The Independent*, 12 November 1996.

(4) F・エンゲルス、一條和生・杉山忠平訳『イギリスにおける労働者階級の状態』(原著一八四五年、岩波文庫版、一九九〇年)上、二八七、二八九頁より引用。

(5) 成果は次の刊行物にまとめられた。H. Cunningham and P. P. Viazzo, eds., *Child Labour in Historical Perspective, 1800-1985: Case studies from Europe, Japan and Colombia* (Florence: UNICEF International Child Development Centre, 1996).その構成は次のとおり。

Hugh Cunningham and Pier Paolo Viazzo, 'Some issues in the historical study of child labour'.
René De Herdt, 'Child labour in Belgium: 1800–1914'.
Hugh Cunningham, 'Combating child labour: the British experience'.
Enriqueta Camps i Cura, 'Family strategies and children's work patterns: some insights from industrializing Catalonia, 1850–1920'
Osamu Saito, 'Children's work, industrialism and the family economy in Japan, 1872–1926'.
Cecilia Muñoz Vila, 'The working child in Colombia since 1800'.
以下、各章に言及するときは、De Herdt, Table 1というように、著者名と表あるいは頁ナンバーのみを記す。なお、これら五本の国別ペーパーのうちRené De Herdtのベルギーについての章と筆者の日本についての章は以下の書物に再録された。K. Lieten and E. van Nederveen Meerkerk, eds., *Child Labour's Global Past, 1650–2000* (Bern: Peter Lang, 2011).

(6) 'Consciences and consequences', *The Economist*, 3 June 1995.

(7) C・ナーディネリ、森本真美訳『子どもたちと産業革命』(原著一九九〇年、平凡社、一九九八年)。

(8) *The Economist*, 24 June 1995.

(9) M. Weiner, *The Child and the State in India: Child labour and education policy in comparative perspective* (Oxford: Oxford University Press, 1991), p.3.

(10) Cunningham, p.41.同じ著者の 'The employment and unemployment of children in England c. 1680–1851', *Past and Present*, no. 126 (1990); *The Children of the Poor: Representations of childhood since the seventeenth century* (Oxford: Oxford University Press, 1991)をも参照。

(11) S. Horrell and J. Humphries, '"The exploitation of little children": child labour and the family economy in the industrial revolution', *Explorations in Economic History*, vol. 32 (1995), Table 4.この結果は次の論文にも紹介されている。斎藤修「近代日本の児童労働――その比較数量史的考察」『経済研究』第四六巻三号(一九九五年)、表6。

(12) De Herdt, Table 6.

(13) エンゲルス、前掲書（註4）下、三五頁。Cunningham and Viazzo, p. 18.
(14) 農商務省『工場及職工ニ関スル通弊一斑』、隅谷三喜男編『職工および鉱夫調査』生活古典叢書3（光生館、一九七〇年）所収、五五頁。
(15) 以上、それぞれ『日本の下層社会』（岩波文庫改版、一九八五年）、一八八、一六二―一六三、一五〇頁から引用。
(16) 詳細はSaito, Tables 2-6、斎藤、前掲論文（註11）、表1、2。
(17) Muñoz Vila, Table 1.
(18) Cunningham, pp. 48-50, and Cunningham, *op. cit.* (in n. 10 above), ch. 7.
(19) Saito, Table 7, and Muñoz Vila, pp. 98-99.
(20) Cunningham, Figure 2.
(21) Saito, Table 7 and fn. 16.
(22) Camps i Cura, Table 7.
(23) 一九世紀英国については、O. Saito, 'Occupational structure, wages and age patterns of female labour force participation in England and Wales in the nineteenth century', *Keio Economic Studies*, vol. 16 (1979)、西欧や北米一般にかんしてはCunningham and Viazzo, p. 15.
(24) Camps i Cura, Table 8.
(25) Cunningham, Table 1、およびE・ロバーツ、大森真紀・奥田伸子訳『女は「何処で」働いてきたか――イギリス女性労働史入門』（原著一九八八年、法律文化社、一九九〇年）、三四―三六頁。
(26) 清川雪彦「製糸業における広義の熟練労働力育成と労務管理の意義」『経済研究』第四〇巻四号（一九八九年）、三〇二頁より引用。
(27) E. P. Thompson, *The Making of the English Working Class* (London: Gollancz, 1963), pp. 331-49.
(28) Cunningham, pp. 52-53, and Cunningham and Viazzo, p. 21.
(29) ユニセフ、前掲書（註2）、一六頁。

や 行

ら 行

な 行

は 行

ま 行

た 行

さ 行

索　引

1　事項のみの索引である。
2　“ch.” は章。したがって、“ch. 2” は第二章全体に及ぶことを示す。
3　“ff” は、以下数ページにわたることを表わす。
4　ページ数のあとの “n” は註を意味する。

あ 行

か 行

《社会科学の冒険 Ⅱ期 9》

新版 比較史の遠近法

斎藤 修（さいとう おさむ）

疎開先の埼玉県秩父生まれ、慶應義塾に学ぶ。1968年同大学経済学部卒業。同学部助手・助教授、一橋大学経済研究所教授等を経て、2009年より一橋大学名誉教授。この間、英国ESRCケンブリッジ・グループ訪問研究員、シェフィールド大学ジャーウッド・フェロー、ケンブリッジ大学リーヴァヒューム客員教授等を歴任。2014年12月より日本学士院会員。専攻は比較経済史・歴史人口学。主な著作に『プロト工業化の時代』（日本評論社、1985年；岩波現代文庫版、2013年）『賃金と労働と生活水準』（岩波書店、1998年）、『江戸と大阪』（NTT出版、2002年）、『比較経済発展論』（岩波書店、2008年）、『環境の経済史』（岩波書店、2014年）などがある。

2015年2月18日初版第1刷発行

著　者　斎藤 修

発行者　早山隆邦

発行所　有限会社 書籍工房早山

〒101-0025　東京都千代田区神田佐久間町2の3
秋葉原井上ビル602号
Tel 03（5835）0255
Fax 03（5835）0256

印刷・製本　精文堂印刷株式会社

ISBN 978-4-904701-00-3　C0020